构建未来教育图景

Constructing a Blueprint for Future Education

李建平 / 著

实践以学生为中心的育人模式

Practicing Student-Centred Education

教育科学出版社
·北京·

目 录
CONTENTS

第四章

在泉城济南

尾声

前方是什么

一些未获解答的问题

2015年10月《中国教育寻变：北京十一学校的1500天》出版后，基础教育领域对北京十一学校变革的热切关注、对这一教育变革典型的强烈反响，使我从未有过"采访完成"的感觉，更不敢有停笔的念头。

2014年春天，一种全新的育人模式出现在北京海淀西隅的一座中学校园里，打破了中国教育界的平静，人们如潮水般涌入十一学校，渴望模仿、复制、嫁接的呼声越来越高。

"办得这么好！"

"令人眼前一亮。"

"这是理想中的学校，代表了未来教育的方向。"

伴随着一所又一所联盟学校的加入，"十一学校育人模式"在各地落地、生根、发芽，围绕学校转型的话题更是一波接着一波。

人们普遍关心的是——

"以学生为中心的育人模式究竟是什么样的？它是如何运转的？"

"新型育人模式为何具有极强的生命力和传播力？"

"十一学校的探索对解决当前教育问题的价值和意义何在？"

"一所中学究竟能影响多少人？一个点的成功对整个战线的意义如何？这种变革能否作用于整个教育界？"

"面对未来的挑战，教育应当做出哪些回应？"

"未来教育的图景应该怎样描绘？"

"以学生为中心的育人模式在嫁接过程中，会遇到怎样的挑战？"

"这种育人模式究竟是如何推广的？实践以学生为中心的育人模式，应当抓住哪些关键环节，要由什么样的人、经由什么样的路径去实现？"

教育界对十一学校转型的关注从未停止过，追问也从未停止过。这些问题也一直萦绕在我的心头。

学校转型是个大议题，需要深入持久地研究；有关学校转型的诸多问题，需要持续不断地回答。

我知道，要回答这些问题，唯一的办法就是到一所所盟校去亲眼看一看、亲耳听一听。怀着这样的心情，我出发了。

第一章

去青岛

一场始料未及的风暴

2019 年 7 月 14 日下午，我赴青岛参加"北京市名校长领航工程·李希贵校长工作室"（以下简称"领航班"）的学习，同车前往的还有领航班 20 多位北京学员，他们都是学校管理者。

1. 从学校组织结构入手

领航班课程总监沈祖芸向我介绍了领航班的课程设计："领航班的学习为期 3 年，每年 3 次集中学习，每次 10 天。我们聚焦学校育人模式转型设计学习内容。学习内容由 9 个主题模块——'重新发现组织''从制度到机制''学校文化''学校的内外关系''课程的规划与开发''从教学到学习''学校里的诊断与评价''360 度领导''变革领导力'组成。"

"这次的学习内容是什么？"我问。

"是如何进行学校组织结构变革。"她回答。

"为什么从学校组织结构入手？"我觉得有些奇怪。

"这次将围绕学校组织结构开展学习，进行案例研究，并通过实践体验认识组织的基本结构、功能与构建原则，帮助学员建立从组织结构入手分析学校管理问题的思维方式，并将组织运行原理用于学校真实问题的解决。"沈祖芸详细介绍道。

一群中小学管理者在这里研究学校组织结构，这是他们应该考虑的问题吗？

"组织结构能不能激发人，能不能助力育人目标的实现？课程会不会因组织结构变革而更加丰富？学校运转会不会因组织结构变革而更加顺畅？这是学校管理者首先要思考、要研究的呀！"沈祖芸的一番话让我明白了举办这个领航班的意义。

学习开始时，会议室里安静下来，大屏幕上出现一句话——"学校应有什么样的组织结构"。沈祖芸介绍道："今天的话题是学校组织结构，我们以学校组织结构为切入点来分析学校运行机制。"

领航班导师李希贵接过话筒，开始今天的第一课："我们上学的时候，都知道结构的重要意义，无论是语文老师带我们分析文章，还是物理老师教我们认识世界，结构，都是一个绕不开的话题。然而，进入真实社会后，我们却往往把结构抛至九霄云外。"

"目前的中小学管理者尤其如此。"他特别强调了一句。

"学校组织结构变革是会伤筋动骨的事情，也正因为它有这样的特征，所以，它在推动一个组织的发展方面有其他措施不可替代的作用，任何一位希望有所作为的管理者，都应该拿起这个武器。"李希贵的语气在加重。

"实现国家治理现代化背景下的教育治理现代化，这是我们的目标。那么，一所学校怎么实现治理现代化？学校组织结构到底应该是什么样的？对此，我们现在还无法完全想清楚，但是，可以借鉴已经比较成熟的经验。"

停顿了一下，李希贵接着说："当一位校长进入一所新学校任职时，他首先希望改善的是什么？根据我们的观察，绝大多数校长关注的是制度。许多时候，他们认为眼前出现的种种问题都是不合理的制度带来的。然而，在他们如愿改变了制度后，却产生了一些新问题，甚至更多、更严重。为什么？原因可能有很多，但很多时候是因为组织结构本身有问题。改革如果不能改变组织结构，取得的成效往往会是暂时的，最终逃不脱失败的结局。"

李希贵的开场白令在场的人颇感意外和吃惊："学校的组织结构是政府确定的，不是哪一位校长可以轻易改变的呀！""我们能改学校组织结构吗？"

面对大家怀疑的目光，李希贵十分肯定地说："我们无须触动原有体制下的条条框框，就可以在学校的组织结构变革方面有所作为。"

2. 令人眼前一亮的学校组织结构图

"我们知道，一所学校一般是由几种不同类别的人员组成的，习惯上他们被称为教学人员、管理人员和服务人员。在一些规模较大或者科研任务较重的学校里，还有教科研人员，尽管他们中的绝大部分是来自其他各个部门的兼职人员，但他们已经成为学校里不可或缺的群体。"

李希贵的话音刚落，大屏幕上就出现了一幅学校组织结构图，他指着这幅图说："按照杰出的管理思想家亨利·明茨伯格的理论，结合中小学校实际，我们可以从功能的角度把学校组织结构拆分为五个部分，即战略高层、中层管理者、教育教学一线、支持人员和研发平台。"

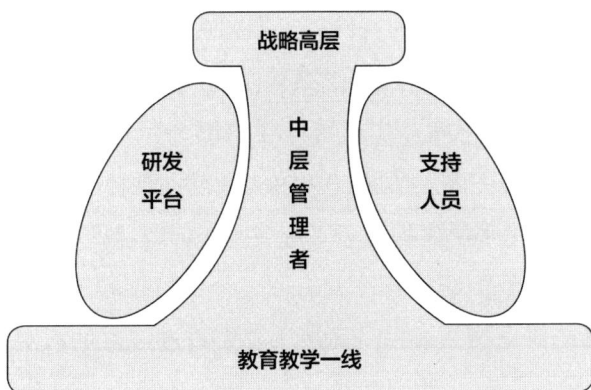

学校组织结构图

战略高层：学校决策层，由学校党组织、教职工代表大会、校务委员会、学术委员会、家长代表大会、学生代表大会六大治理主体组成。

中层管理者：连接战略高层和教育教学一线，包括年级主任、学科主任等。

教育教学一线：主要是直接从事教育教学工作的教师。

支持人员：为教育教学一线提供服务的支持人员，包括教务处、总务处、办公室、人力资源部等部门的人员。

研发平台：学校管理智囊团，通过研发课程等产品，为学校创新和变革提供智慧。

这幅图引起了学员们的极大兴趣，所有人的目光都被吸引过去，会议室里安静极了。

这时，李希贵在大屏幕前用激光笔指着"战略高层"加以解释："'战略高层'是指以校长为代表的最高决策层。习惯上，传统学校里只有管理人员群体，他们似乎都是学校的领导者，都可以对基层人员发号施令，只是因为所处的层级不同，其权力大小不同，左右基层的程度不同。然而，在这个组织结构图中，管理人员群体被拆分了。处于战略高层的管理者应该像整个组织的大脑，不能越俎代庖，权力也应该是有限的，既不可一竿子插到底，包打天下，也不应该左右横行，缺乏相互制衡。管理者应该运筹帷幄，以战略高层的身份和工作方式履职。"

激光笔的红色光标移动到组织结构图的最下端，李希贵接着解释道："'教育教学一线'是学校产出最终效益的部分，它是学校的心脏，也是学校存在的理由。其主体人员就是直接从事教育教学工作的教师，正是他们与学生的互动，带来学生的成长，形成组织的效益，彰显学校的价值。"

红色光标移动到组织结构图的右侧，李希贵接着加以解释："处在组织结构图右侧的'支持人员'，就是学校里普遍设立的教务处、总务处、办公室等部门里的人员。他们在传统学校里的角色有些复杂，既被界定为服务支持人员，又因为拥有相应的资源调配权而自然成为指挥人员。现在，我们必须对其重新界定，十分明确地把他们划为支持人员。"

红色光标又移动到组织结构图的左侧，李希贵进一步解释："处在组织结构图左侧的'研发平台'是目前学校普遍缺失的部分。然而，对一个专业性很强的组织来说，它的存在意义十分重大。由于大量工作需要专业化引领，各个岗位人员的专业素养也需要不断提升，如果研发平台能生产出大家需要的产品，就可以对组织中各部分的工作起到事半功倍的促进作用。尽管研发平台本身不需要多少固定人员，但它却应该搭建若干个平台，形成相应的机制，聚合教育教学一线的教师、中层管理者和支持人员等共同参与研发工作；有时，也会根据研发工作的需要，邀请组织外的相关人员参与。"

"研发平台相当于组织的参谋部、智囊团，帮助组织的大脑——战略高层思考，也为组织其他部分的人员提供智慧。"李希贵强调。

红色光标又移动到组织结构图的中间，李希贵进一步解释："这里的'中层管理者'仅仅是指对教育教学一线拥有指挥权的很小的一个群体，如年级主任、学科主任。其余的管理者，大都可以划归组织结构的其他部分：教务主任、总务主任、办公室主任以及分管他们的副校级领导，应该划归支持人员；课程中心主任、教师专业发展中心主任、科研室主任等负责组织研发工作的管理者，则应该划归研发平台。这两类管理者对教育教学一线不再拥有指挥权，属于职能管理者，通过为教育教学一线提供相应的支持与服务而发挥作用。"

"十一学校尽可能压缩学校组织结构层级，以最快的速度让师生的需求得到响应。学校通过调整组织结构，使各层级的管理跨度处于一个合理的范围内。学校实施'扁平化管理模式'，副校级领导都要兼一个年级或部门的主管，是主管而不是分管，分管容易增加层级。这样，教师、学生的事就可以直接进入决策层。"李希贵的语气在加重。

组织结构图介绍完，李希贵走到学员们面前，缓慢而严肃地说："十一学校采用现代学校治理结构，探索治理主体多元的学校治理体系，实行扁平化、分权式组织结构，建立民主、简洁、高效的运行机制，通过诊断与评价引导组织的各部分以师生为导向，真正实现从管理走向服务。"

十一学校之所以发起育人模式变革，是因为发现学生的需求无法在第一时间得到响应。以学生为中心早就成为教育界乃至全社会的共识，然而，目前学校科层制的管理体制并不支持这样的理念。如何让资源流向离学生最近的地方？这无法靠理念，而必须靠组织结构、运行机制的变革来实现。学校通过组织结构的变革，匹配责权利，给年级更大的自主空间和调配资源的权力，以方便其响应学生成长的需求。

十一学校的组织结构与运行机制一步步变革，一个全新的育人模式浮出水面，学校真正实现了从传统形态向现代形态的转型。可以说，组织结构变革是开启"学生第一"时代真正的钥匙。

3. 一种根本性的转型

这样的学校组织结构完全超出了大家以往的认知，学员们围绕组织结构图展开了热烈的讨论。

这次学习，让大家认识到全新的学校治理体系才是实现培养目标的根本保障。当学校提出"以学生为中心""以学生为本""一切为了学生的发展"时，传统的组织结构已无能为力，再造组织结构、改变治理体系就成为必然。

十一学校的探索使学员们受到莫大鼓舞："以学生为中心的学校并非空中楼阁，再造组织结构这一强有力的支柱，可以支撑起一种全新的育人模式。""十一学校的变革改变了我们惯常的思维，为我们提供了一幅清晰的变革路线图。""这是一种富有雄心的尝试，它颠覆性地改变了传统的学校组织结构，深刻改变了教师和学生的学习生活。""十一学校的变革不是对原有体制细枝末节的修补或改良，而是一种制度变迁。"

这些看似平实的评价，却道出了教育界对十一学校变革价值的共识。

利用课间休息时间，我与学员们进行了一次深入交流，他们兴奋地畅谈自己的收获：

"组织结构变革是实现学校转型的关键，对教育面向未来、面向个体和促进学生发展等能起关键作用。"

"组织结构变革就像一个有力的杠杆，能撬动现代学校的转型。"

"组织结构变革能为实现新时代育人使命提供坚实的组织保障。"

"十一学校育人模式创新的关键是制度创新，一旦组织结构发生变化，其他的也会随之发生变化。"

"组织结构变革能激活组织的每一个细胞。当一个组织给每个成员赋能，使其装上自我驱动的轮子时，还有什么事做不好呢？"

又一个课间，我来到第三组。来自江苏南通的缪德军感慨道："十一学校竟然做了如此深入的研究，他们的每一项措施都严密、扎实、细致、令人信服。为什么我们总觉得十一学校没法学？原因在于我们只看到了十一学校的选课走班，以及丰富的课程、多彩的活动。它如同一艘巨轮在海面上行驶，很是壮观，可保障它正常行驶的是什么，我们没看见。我们没有看到十一学校深层的变革，以及它强大的组织结构与制度保障体系，所以我们总觉得十一学校的变革无法学。"

下午，我来到第五组参加讨论。桌子上铺着一大张纸，上面是学员们绘制的一幅学校组织结构图。"传统的学校组织结构中竟然存在这么多不合理的地方。"大家感到十分惊讶。他们重新梳理了组织结构图的五个组成部分，一边梳理一边理解十一学校的组织结构。

这种学习方式深受学员们欢迎。"这是一种模拟真实情境的实战型培训。我们不断讨论，尽管有时讨论进行不下去，甚至发生争吵。每个人的思维都有局限性，我们需要借助别人的大脑来丰富自己的认识。你看，大家补充得非常好，这幅组织结构图越改越好。"来自北京的刘伟彦说。

随着组织结构图的一遍遍修改，大家越来越清楚，选择性课程的实施、人人育人的实现、学生发展需求的满足，都是由组织结构的变革带来的。组织结构越科学，就越有利于育人目标的实现。

"学校组织结构变革是外部与内部多因素交织作用的结果。"来自山东济南的原美玲说。

"这是学校组织结构、治理体系、管理模式的根本性转型，可以大幅提高组织的效能、效率、适应性和创新能力。"大家一边梳理学校组织结构，一边阐述自己的理解。

这种学习方式给学员们带来了前所未有的体验。

望着会议室里那些画得花花绿绿的纸、热火朝天的讨论场面、一个个忙碌的身影和一张张兴奋的脸庞，我感受到了一代中国教育工作者的教育激情。我甚至觉得，这间会议室里正在酝酿一件会影响中国教育发展的大事。

4. 大幅提高组织效能

一连几天，学员们围绕学校组织结构进行了深入研讨，他们越来越深刻地认识到，学校转型几乎是教育的唯一出路，学校转型必须紧紧抓住组织结构这个"牛鼻子"。

接下来，学员们围绕新的组织结构，一步步探索组织的内在运行机制。

组织结构的变革，使权力行使方式发生了重大变化。过去，学科主任、班主任是教导主任、德育主任的"下级"，现在则成为他们服务的"客户"。学员们一遍遍地模拟、推演：我对谁负责？我有问题找谁？

大家一边模拟，一边感慨：

"面对许多教育困惑，我们需要全新的思维。"

"十一学校的探索引人注目，在学校转型的关键时期，他们推动了组织结构变革，引发了一场深刻的教与学的变革。"

"过去，我们一直认为理想的教育过于美好，现实过于残酷，路途实在遥远，终是难以抵达。面对教育的问题，抱怨、指责的人不少，而提出建设性建议、给出可行性方案的却很少。我们不光要认识到道路曲折、能看到幸福的彼岸，还需要找到抵达的路径。"

大家愈发明白，构建理想的育人模式，实现促进学生发展这一目标，不能仅靠激动人心的口号，也不能仅靠超前的教育理念，还要通过组织变迁和制度重建，通过改变组织目标、激励机制、责任机制、权力结构和组织文化来达成。

"面对来自社会、家长的压力，十一学校改革的步伐十分稳健，显现出较强的定力，折射出学校的追求。无论遇到什么困难，学校都选择再往前迈一步。这是他们最可贵的地方。"

十一学校构建了一套现代学校治理体系，并且在此基础上发展出一种立足现实、更加灵活的治理理念。我想，也许这才是十一学校选课走班等一系列举措能够顺利实施，其育人模式能在几十所盟校成功实践的原因吧。

转型为基础教育注入了新的活力，这些学校管理者获得的全新认知、迸发出的教育热情，一定会在他们今后的管理实践中落地生根、蓬勃生长起来。

5. 建立制度保障体系

一天下午，学习刚开始，导师李希贵就抛出一个问题："如果经常要为同一类问题开会，说明了什么呢？"

"这是一个组织的应急状态，在没有形成制度或机制时，只能靠开会。其实，学校工作有明显的节奏与周期性，是有规律可循的，尽量不要靠开会，而要靠制度。为什么要频繁开会？因为我们缺少制度、流程，以及常规管理措施、机制。比如，学校薪酬制度规定，一位教师晋级后必须过两年才能再次晋级。三年晋级一次是常态，个别教师提前晋级，不用靠开会，完全可以靠制度解决。"李希贵强调道。

"能用结构解决的问题，就不用制度；能用制度解决的问题，就不靠开会。"当这句话显示在大屏幕上时，不少学员拿起手机拍照。

"一个组织的理想状态应当是很少开会，只有出现新的问题无法应对，需要团队协商解决时才开会。我们这次的学习，就是要通过对学校组织结构的分析重新审视学校制度，通过对学校制度的梳理、分析、评估，思考组织结构、制度、会议之间的关系，探索什么样的组织结构与制度可以催生健康的学校运行机制。"李希贵特别强调了这次学习的意义。

"改变了组织结构还不够，还要动制度。当今中小学，毫不夸张地说，最不缺的就是制度，林林总总的制度涵盖学校工作的方方面面，大到学校章程，小到门卫制度，很多学校的制度多达一百多项，有的甚至超过两百项。然而，仔细研究这些制度，就会发现问题。"李希贵的这番话引起了大家的思考。

"这些制度都是必需的吗？都适用吗？都对工作产生实际效能吗？为什么已经有了完备的制度，工作中仍有许多问题难以解决？人们是不是真的按照制度去做了？这是问题的核心。"李希贵一连串的追问，让学员们的大脑再次兴奋起来。

接下来，学员们对学校制度进行梳理、分析，对自己多年的管理实践进行反思，发现了许多制度错位、缺位的情况。

为什么要制定这些制度？深入研究后，他们发现了问题——对制度的研究不够系统、准确、清晰，制度的形成过于集中，导致制度虽然完备，却难以落实。

李希贵举例说："学校安全工作，几乎是所有中小学校长都感到头疼的事。中小学制度林林总总，细细研究会发现，安全方面的制度占了相当大的比例，由此可以看出教育管理者的焦虑。那么，学校安全工作到底包括哪些？一所学校的安全工作到底有多少关键环节？什么是最重要的环节？如何才能让安全工作有效开展，又不使师生感到麻烦？这些问题有必要先梳理清楚。"

"研究学校制度时，首先要考虑培养目标。任何一项制度都是为实现培养目标服务的，制定前都要想想学校要培养什么样的人，如何培养，工作的关键环节与培养目标是不是一致。"来自上海的苏浩泂恍然大悟，"做了13年教学管理工作，我把该干的、不该干的都干了，没有抓住关键环节。"

来自上海的管文洁边学习边反思以前的做法，有一种茅塞顿开之感："作为管理者，我们凭着自己的想法确定了学校的愿景和办学目标，而对于一线教师是否认同学校的愿景、如何达成办学目标，则没有认真去想，所以没有清晰、具体、可操作的细化指标。这次学习，让我的思维方式发生了改变。"

"过去制定规则都是自上而下，没有从师生个人感受出发；如果从师生个人感受出发，管理者就会转变思维视角。其实，制定政策并不难，难的是让政策落地。靠什么让政策落地？主要靠以人为本的学生观，也依赖于学校文化和一整套管理办法，还依赖于学校管理者全新的教育观念和教育情怀。这些是学校的核心竞争力，不是别人看几眼就能学会的。"管文洁感慨道。

"接连几天学习下来，我终于明白了，为了理清学校组织结构，并弄清楚学校是如何运转的，十一学校先将几类不同的人员放到组织结构相应的部分，然后清晰地界定他们各自的职能，最后研究制度，通过制度把他们联合起来发挥组织效力。这样的设计与安排真是独具匠心。"管文洁的体会越来越深刻。

6. 看见一种伟大的力量

十一学校的组织结构与运行机制能否真正在其他学校建立起来，并且有效运转？答案就在我们眼前。在青岛市红岛经济区，坐落着两所新建的十一学校盟校——青岛中学和青岛实验学校。

领航班学员们兴致盎然、满怀期待地走进青岛中学。

青岛中学学生服务中心是一个宽敞明亮的开放式大厅，四周摆放着书柜，中间摆放着可以挪动的桌椅，周围还有许多颜色鲜艳的矮凳。在这里，我们听取了青岛中学校长汪正贵关于学校双向聘任工作，以及教职工对校长的信任投票活动的报告。

"那天天气很热，我穿了一件红衬衫、一套深蓝色呢子西装，配了一条绛红色的领带、一双黑色的皮鞋，显得十分庄重。出门前，我特意在镜子前照了照。"汪正贵说，"头一天就把衣服准备好了。"

这是汪正贵出席重要场合的标配。在他心里，这是一个庄严的时刻。

"我事先准备了两套发言稿，万一落聘了，也不能不说话呀。毕竟是现场投票，要现场表态。虽然落聘的可能性很小，但也不能不准备。我告诉自己要'理性面对，理性接受'。"汪正贵认真地说。

"结果比我预想的略低一点儿。"汪正贵接着说，"我说了三句话：'感谢大家对我的信任，给了我继续为大家服务的机会。它既是鼓励，也是期待，更是我的一份责任和使命。我要全身心投入工作，用心做好每一件事，打造零心距团队。'"

接下来是参观学校，在去教学楼的路上，我问汪正贵："对这次投票，你有什么感觉？"

汪正贵说，望着一张张票被投进红色的票箱，他还是不免有些紧张。在20多年的学校管理生涯中，他参加过许多次干部测评。"以前也投票，也打分，但好像不一样。"

"有什么不一样？"我又问。

"那时更像是例行公事，因为结果如何并不说明什么。"他说。

"这回呢？"我再问。

"双向聘任可以构建一种相互选择、相互认可的关系。通过双向聘任，校长与教师建立起这样一种有意义的关系，大家的心就定下来了。过去学校里搞的聘任是单向的，是一种自上而下的工作安排，校长与教师之间是工作关系；而现在是我信任你，你也选择我，这种关系是有意义的，饱含责任、义务与信任。"汪正贵看了看我，神情有些庄重。

"双向聘任意义非凡。渐渐地，游戏规则改变了，学校建立起扁平化的组织结构，在这个组织结构里，每位教职工拥有最大限度的自主性。另外，双向聘任与薪酬制度相结合，使我们真正做到了人尽其才。我们还用'总量控制，人员流动'这样的办法调动教职工的积极性。"汪正贵体会到了这一做法的好处。

"那过去为什么没有这样做呢？"我追问。

"没人去想这个事。"汪正贵长出一口气，"几十年来，我们已经习惯于固定的模式、固定的套路、固定的程序，年复一年，谁也没觉得有什么不对。如今这样做，使我们学会了换位思考，更好地认识自己，更好地形成团队共识。这是一项重要的革新，使我们实现了学校治理体系与治理能力的现代化。"

"十一学校做了许多过去我们想做但没做的事。现在我想清楚了，只有真正想清楚，才能做得彻底。"他沉思道，"过去，对很多事情，我们没有想清楚，一是没有想过变革的价值、意义到底有多大；二是不知道究竟应该怎么做，不知道具体的操作方法。我们隐隐约约觉得不应该是这个样子，但是因为路径依赖，就这样一年年重复下去，以前怎么做，现在还怎么做。"

"这段经历对你来说意味着什么呢？"我渴望得到答案。

"我看到了自己的成长，更加坚定了自己的选择，对自己也有了新的认识，越来越多地发现自己以前没发现的不足。这是一个新生的过程，相当于多活了一个人生。如果我不来十一，像原来那样一直过下去，那其实是在走下坡路。"他认真地说。

试图寻找一个答案

近几年，中国教育界对十一学校育人模式的关注度始终不减。随着十一学校盟校办学成果的日趋显现，尤其是当盟校出现在离自己很近的地方时，观望的人们开始跃跃欲试。

对十一学校的变革究竟怎么看？十一学校办学理念的核心究竟是什么？十一学校的育人模式究竟能在多大程度上被教育界认可？它能否在不同的地域、不同的学校实现嫁接？十一学校的探索究竟能走多远，能对整个国家的教育产生什么影响？这样的办学理念要经由什么样的人去实现？这些是社会各界尤其是教育界十分关注的问题。

带着这些问题，我走近了领航班学员。

1. 一次全然不同的体验

领航班里这些年轻的学校管理者，都拥有教育理想、奉献精神和开拓创新精神，也具有丰富的教育管理经验、强烈的自我发展需求和较强的研究能力。他们是按照组织推荐、择优录取的方式，经过严格的笔试、面试和综合考察才最终确定的。

领航班打破地域界限，在北京各区遴选了23位具有培养潜力的年轻的学校管理者，还特别邀请了上海、浙江、江苏、山东等地的18位学校管理者参加研修。

领航班的学习安排得十分紧凑，为了不耽误学员学习，我只好利用学习、讨论的间歇采访。

一天早上，在餐厅，我采访了来自北京的陈国治。

"能谈谈你对领航班的感受吗？"我问。

"领航班的学习真是令人耳目一新。大家先阅读了《卓有成效的组织》等书，建立起对组织结构的初步认知，然后分析了十一学校组织结构的特征，再通过模拟活动获得了改造组织结构的真实体验，深刻认识了学校的组织结构和运行机制。"陈国治说。

"你以前没有思考过这个问题吗？"我很好奇，"学校的组织结构和运行机制是最关键的，办学目标就是通过它们来实现的呀！"

"刚开始听李校长说'能用结构解决的问题，就不用制度；能用制度解决的问题，就不靠开会'，我一愣，心里不服：开会就是工作呀！我从来没觉得哪里不对。"说到这里，他望了我一眼，"说真的，过去我对学校组织结构从来没有这种认识，这颠覆了我的许多认知，现在我经常把它与以往的做法进行对比。"

"能谈谈你对十一学校最初的了解吗？"我们边吃边聊。

"2011年，我从媒体上了解到十一学校，开始关注它，感觉动静挺大，'选课走班''为学生发展服务''双向聘任'等都是新提法。"

"2012年，我们学校组织干部到十一学校去考察。走进十一校园，看到生动活泼的校园生活，我感到很新鲜，脑海里第一个反应是：我们能做到吗？"

"接下来，十一学校的曝光率越来越高，我愈发感到十一学校有魄力、不一般，十一人步子大、胆子大，但也不免有些担心。"

一天上午，我参加第三组的讨论，坐在来自北京的廖克伟旁边。

"对这次学习，你感觉怎么样？"我问。

"真实模拟、实际操练，让我感受颇深。"他认真地回答。

"你感受最深的是什么？"

"我深深体会到组织结构的重要性——以学生为中心的组织结构，让'为学生发展服务'得到落实。这是了不起的改变。"

"还有呢？"我又问。

"双向聘任引入竞争机制，激发了办学活力，将最优秀的教师放到了离学生最近的地方。"

"领航班的体验活动，让我亲身经历了组织结构的设计流程，我深受触动。"廖克伟补充道。

　　"你是从什么时候开始关注十一学校的呢？"我问。

　　"2007 年，学校组织中层干部到十一学校学习，当时我是学校团委书记，看到十一学校的社团活动，我很受触动，在反思中发现自己以前组织活动总是以教师为主导，很少考虑学生的需求。"廖克伟的语气十分中肯。

　　"2010 年 4 月，我们再次到十一学校学习如何转变观念，落实以学生为本的理念。我很激动，可以说，整整一个上午都很激动。但他们是如何做到的，我并不十分清楚。这次参加领航班的学习，近距离接触李希贵校长，我才明白了背后的理论支撑和价值追求，知道了该如何去做以及为什么要这么做。"看来，他的认识已经发生了很大改变。

　　"当时我真的绝望了，甚至想离开教育行业。"来自北京的林美钦一开口便道出了那段难忘的经历。2006 年，她下决心做出改变。她和老师们以课程为突破口，在初一至高二试点开展生态文明教育，开发了校本课程，编写了 9 本教材，在校外获了很多奖。可奇怪的是，这项工作在学校里推动起来很费力，老师们并不认可，更不理解，辛辛苦苦开发的课程形同虚设。

　　"怎么这么难啊！"林美钦很失落。

　　"什么都想到了，该做的都做了，究竟是哪里出了问题？"她很苦闷，"就是找不到答案。"

　　"推不下去了，真的，走不动了。"她有一种深深的无力感。

　　"我的内心很痛苦、很纠结，我宁可不要这些奖。每次领奖回来，我心里都不是滋味。"说到这里，她的眼睛湿润了，眼角泛着泪光。

　　"2015 年，我考上了北京大学 MBA，准备学习工商管理。"林美钦停顿了一下，接着说，"说实在的，我舍不得离开教育行业，所以最终还是留了下来。2018 年，我接到了考试通知，准备参加领航班的学习。真是喜出望外，你看，我就来了呀！"她笑了，领航班打开了她的眼界，唤起了她对教育新的向往。

缪德军的学校有 3000 多名学生，在当地颇有影响力。课程改革搞得风生水起，使这所学校充满活力，赢得了很高的社会声誉。

"2015 年，一位领导在会上介绍《中国教育寻变：北京十一学校的1500 天》，回到学校后我立即给全体教师每人买了一本。我们开始研究十一学校，内心很激动，对这样的教育十分憧憬，渴望做这样的教育。可真要做，又感到束缚我们的东西太多了——经费问题、薪酬制度、双向聘任、编制问题、教室空间……。总之，我们很困惑，不知道该怎么往下走。"缪德军很有兴致地回忆着当时的情景。

稍稍停顿了一下，他接着说："十一学校的转型能够落实新时代的育人目标，培养新时代需要的创新人才。"

每次回到南通，教育局领导都要问一问"你又学了什么"，然后，他们便会围绕十一学校的话题聊很久。这让缪德军感到很温暖。

2. 改变人的思维方式

在去往学习地点的路上，来自北京的王晨告诉我："1996 年，我从北京师范大学数学系毕业，到北京市第一六一中学做教师，后来当过班主任、德育主任。2016 年 11 月，我做副校长，主持初一、初二年级的工作。2017 年，学校承办北京市第二一四中学（一所初中），让我去当校长。我对自己没信心——我是数学教师，对学校管理没有经验，只做过两个年级的负责人，对学校规划、制度建设等所知甚少。"

"2016 年，我到十一学校参加教育年会。在这之前，我对十一学校不太了解，对李希贵校长也不太了解。那天，听了他的主题报告，许多观点都让我觉得十分新鲜，不是我能想到的。后来我开始慢慢关注十一学校。"

"人到中年，有了深深的紧迫感，尤其是走上领导岗位之后，我一直处于焦虑状态，常常失眠。我很纠结，不想管得太细，又担心没有抓手；想从宏观入手，又担心不能落到实处。参加领航班的学习，对我来说真是'久旱逢甘雨'，太及时了。在我最需要的时候，它来了，学习的内容都是我期待的、我想了解的。我给自己这趟行程的定位就是学习，学习，再学习。机会难得，我一定要把握住。"

"在学习过程中我经常想：学校应有什么样的办学理念、办学目标、组织结构和支持系统？学校应该如何运转？……我终于明白，过去对别人的做法我只是知道，只停留在政策层面的理解，如果贸然拿过来用，会有问题。"王晨的一番话让我感受到此次学习对他意义非凡。

来自浙江宁波的王仕杰也深受触动："开会，在学校工作中是一件再平常不过的事，有时甚至是必不可少的非常重要的事。我们尽管不太愿意开会，但是一直找不到解决的办法。问题出在哪里？能否减少开会次数？这些问题我们从来没有认真想过。真没想到十一学校对此思考得这么深，解决得这么好。"

王仕杰所在的学校位于宁波经济发展最好的区，教育质量在当地位列前三。他告诉我："2010 年 11 月，我去十一学校学习，发现他们除了'选课走班'之外，还有许多改革，尤其是管理体制改革。他们对学校管理做了深入研究，通过组织结构变革，实现了以学生为本、为学生发展服务的理念。"

"十一学校的什么让你印象深刻呢？"我问。

"我看过一个短片，讲述了十一学校三个学生一天的生活，他们沿着三个不同的方向发展，成为他们自己。这让我很感慨：我们要勇敢迈开步伐。回去后我们立即开始探索，开设兴趣课程、公民课程、学科拓展课程等让学生选择，学科课程还不敢放开。我还需要深入学习，将十一学校的经验内化为自己的东西。真的，我想尝试一下。"王仕杰的语气在加重。

一天，吃过早饭，我们乘车前往学习地点。在大巴车上，我和来自北京的赵欣聊了起来。她是个"80 后"，2002 年大学毕业，在学校教思想政治，当班主任，带高三，做年级组长。

"你很能干啊！"我笑着说。

她摇摇头："这些年看起来顺风顺水，其实我特别困惑，我们区办学水平和其他区差距非常大，改变之路在哪里？从哪里下手？这次学习机会对我来说是最值得珍惜的，它让我对工作有了系统的思考。这非常有价值，打开了我的视野。管理是一门学问，一个组织只有具备完备的制度、合理的结构，其目标才能落地。"

来自北京的张小萌也是"80后"，她性格活泼，特别喜欢学生，一直做班主任，教学成绩也好，现在是教学副校长。在别人眼里，她蛮有成就，可没想到一开口，她竟说了下面一番话：

"以前我做许多工作都是出现问题后打补丁，是浅层次完成任务；对教学工作没有从全局考虑过，没有深入思考，每天忙于应付；总是处理临时性任务，没有规划。这导致自己越来越忙，对工作越来越不满意，成就感越来越低。"她凝重的神色让我感受到了她内心的痛苦。

我轻轻拍着她的手臂，安慰她："现在好些了吗？"

"刚参加领航班的学习时，我不清楚学习的设计思路与目标，我想：'这与我有什么关系呢？'现在我明白了，而且认识越来越清晰。这次学习改变的是人的思维方式，它给我们提供的是思维方式和思维工具，这些都可以迁移到我的工作中去。比如，教师要引导学生总结答案，可是我一直追求标准答案。你是怎么评价学生的学习的？你评价什么就会得到什么，你这样评价不就是希望得到这个结果吗？哎呀！太需要反思了。"她两眼闪烁着光芒，很兴奋。

来自北京的杨艳对参加这次学习感到非常荣幸："别看都在北京，我并没有多少机会近距离接触十一学校。2011年，我刚刚做中层管理工作，去参加了十一学校教育年会。在会上，十一学校的一位老师说：'我在十一学校20多年的时间里过着平静的教育生活，如今"拜校长所赐"，经历了前所未有的变革……'这句话对我的触动非常大，我在想：这所学校究竟在经历什么？"

"我开始关注十一学校，我把关于十一学校的书全部买来，一口气看完，并且给所有年级组长都买了。李希贵校长的《新学校十讲》，简洁精练，太有价值了，特别打动人，他办的是一所面向未来的学校。我们呼唤的教育就是这样的。他所秉持的教育价值观，即'一切为了学生的发展'，为这个激变时代的教育提供了一种很好的参照。真的，十一学校为我们描绘了一幅蓝图。"她兴奋地说。

进一步接触十一学校后，杨艳有了更深的体会："当时我内心有一种强烈的愿望，那就是学校一定要变革，虽然我们面临许多困难。我们初步尝试了双向聘任，改变了奖励、分配机制，让'踢球人'制定比赛规则，将权力下放到年级组。没想到变革特别顺利，大大激发了教师的积极性。由此我看到了希望。"

3. 一个有力的杠杆

一天早上，我在餐厅里遇到了管文洁，便与她聊了起来。

"第一次听说十一学校，是 2012 年在上海市教委开办的校长班上祝郁告诉我的。当时我在嘉定区教师进修学院任副院长。她的话音未落，我的第一反应是什么时候我要去学习一下。从那时起，我便开始关注十一学校，内心有一种特别的期待。"管文洁慢声细语。

"你是如何了解十一学校的呢？"我问。

"一直听说十一学校的变革动静挺大，真正接触是在 2015 年 2 月，我到十一学校去参加教育年会。我们去了 12 个人，听了十一学校老师们的报告，发现他们从微小的地方切入，一点儿一点儿改变教育、改变学生的学习生活，特别感人。"管文洁回答。

"什么让你感受最深？"

"让我感受最深的是他们的学生观，他们真正以学生的发展为本。这一点给我的启发最大。我们必须开阔眼界，打开心胸，迈开脚步上北京。"管文洁语气坚定地说。从那天起，她一直关注十一学校的公众号，篇篇不落。

"2015 年暑假，我第二次去北京，旁听了十一学校教师关于课程研发的汇报，内心越来越坚定——学校变革完全可以朝着这个方向走。那段时间我一直在想如何借鉴十一学校的变革经验。我很纠结，但是内心求变的渴望十分强烈，箭在弦上，不得不发。2015 年最后一天，我的工作有了变化，我被调到嘉定一中做校长。到学校后，我按捺不住内心的激动，对全体教师说：'说干就干，一边学习，一边改变。'"

"你们是从哪里入手的呢？"我好奇地问道。

"2016年6月，我们参照十一学校的做法，开始进行组织结构变革，通过变革激发办学活力。当时学校中层干部的平均年龄为51.5岁，我们先迈一小步，让真正能干的人上。我把变革方案递给上级领导，得到的回复是：'你胆子太大！'"

"我又向祝郁副局长做了汇报，她听完后说了一句：'你很难。'"

"你做了吗？"我问。

"做了呀！"她点点头。

"结果如何？"我再问。

"组织结构变革让我们一下子贴近了学生，中层干部的平均年龄变为40.5岁。"说到这里，她笑了，然后接着说，"区长来了，点头称赞：'很不容易呀！'短短三年，学校面貌大变，我们更是信心十足。新高考试点以来，上海市教委第一次高校招生工作会议在我们学校召开。在会上，上海市教育考试院将我们学校作为案例进行分析。"

"来领航班学习有什么打算吗？"

"未来三年，我们要在学校制度、文化、机制方面进一步变革、进一步完善，所以，我对后面的学习很期待。虽然学习很烧脑，但我愿意否定自己、挑战自己、更新自己，重启自己的教育人生。"

说完，管文洁起身慢慢离去。望着她的背影，我仿佛看到了一股蓄势待发的力量。

午餐时，我选了临窗的一个座位，窗外灿烂的阳光照在翠竹上，让人赏心悦目。坐在我旁边的是来自江苏南京的居艳。她是苏州大学数学系优秀毕业生，喜欢法律的她以前从来没有想过当教师，毕业后却当了教师，而且一当就是20年。她工作热情高，性情直率，喜欢创造，想法很多，也很敢说。

谈到十一学校的变革，她说："我并不认为学不了，我喜欢接受新事物，喜欢挑战自己、改变自己。同时，我认为，十一学校之所以能做到，一定是有原因的，他们有我们没有注意到的地方，有我们没有做到的地方。只要我们愿意打开自己，愿意倾听，就会发现这些不一样的地方。我们需要先做起来，不要总是观望。"居艳坦诚地向我表露了内心的想法。

"我一边学习一边把十一学校的学习方式嫁接到我们学校。我让学生讨论自习课的规则：该不该讲话？能不能喝水？能不能下座位？通过充分交流、讨论，最后把大家认为最有价值的观点集中起来，形成方案，要求大家共同遵守。哎呀！学生的变化太大了，现在自习课的纪律特别好。"从居艳的话语中，我感受到改变已经发生。

4. 一次大胆的尝试

2010年夏天，一个偶然的机会，王明慧听了李希贵校长介绍十一学校变革的报告，她很吃惊："这怎么可能实现呢？"之后，这个事情就过去了。

随着时间的推移，十一学校的影响越来越大，改革成效越来越显著，王明慧的内心再次掀起波澜，但她依然觉得"这离我们太远了"。

之后，她的职务发生变化，她对十一学校育人模式的思考越来越多。"这样的教育让我真正向往。"她既兴奋，又紧张，甚至有一种冲动，"不管行不行，我都要试一试。"

如果真的进行变革，从哪里入手呢？一系列问题困扰着她。

2018年，她参加了领航班，一边学习，一边领悟，一边实践。每次学习回去后，她都第一时间与学校的干部沟通："双向聘任、绩效工资能不能实施？如何实施？"

在之前的学习中，她发现十一学校高度关注教师的需求，再次受到触动。她在脑海中反复问自己："我关注教师的需求了吗？这是他们想做的吗？我们准备好了吗？我们注意策略了吗？"

在这次学习中，她终于下定决心，在学校进行一次模拟双向聘任。"在模拟双向聘任过程中，教师可以充分表达意愿，充分进行双向交流。而以前我们只是单向安排，每人填一张表格，太简单了。"她一边吃饭，一边不停地发信息。

"你在忙什么？"我很好奇。

"在与同事商量从哪里改起。"她头也不抬，忙着敲字。

"看到十一学校的组织结构图，我发现我们学校有个空白，缺少研发部门。所以我立刻发信息与同事商量。他们也认为这个做法不错，立刻采取行动，增加了一个研发部门。"王明慧抬起头望着我，笑了。

郑先翠来自江苏淮阴。"我特别喜欢这个领航班。"刚一开口，她就按捺不住内心的喜悦，"江苏有 5 个名额，我们苏北地区就 1 个。哎呀！我好幸运。"

"你以前了解十一学校吗？"我问。

"之前看过李希贵校长的书，还听过他在中央电视台《开讲啦》栏目里的演讲，第一次了解十一学校时，感觉这所学校离我们太远了。说实在的，对教育现状，我们感到很无奈。然而，我们一直想做的事，他们已经做到了。"

一天课间休息时，我来到几位学员中间，问他们："你们觉得十一学校育人模式可否推广？"

"如果在更大范围推广，当然需要大环境。"来自浙江杭州的李华斌直截了当地回答，"我一直认为，十一学校处在教育观念开放的北京，大环境好，能得到社会的认同；李希贵校长名气大、人脉广，他对教育，无论是在微观还是在宏观上，都有深入研究。而我们所处的环境有一定的限制，在这样的环境下，要嫁接十一学校的模式，很难。但是，改变的机会不能放弃，我们可以尝试做出不同程度的改变，我们渴望十一学校育人模式在我们那里落地、生根、发芽。"

"面对教育困惑，我们需要全新的思维，这是任何学校和教育工作者都需要的。"站在一旁的林美钦十分肯定地说，"十一学校的变革让我对教育有了新的认识。十一学校让我特别信服的是，他们并不是条件具备了才去改变的，而是创造条件去改变。他们把不可能变成了可能，这是十一学校最伟大的地方。工作 25 年，我一直忙着做事，没有聚焦'人'。其实，最应当考虑的是教师如何发展、学生如何发展。"

"教育如何变革？我们学校能够做点儿什么？现在已经到了变革的关键时刻，不是你愿不愿意的事，而是你必须变革。这是一个很大的挑战。比如，对于双向聘任，我们经费不足，无法全面推开，但是我们可以评优评先，激发教师的荣誉感；可以提供更多培训机会……。"来自江苏常州的曹新跃说。

我知道这是一些学员学习时最初的反应，而有些学员已经更进一步，付诸行动。

一天下午，领航班在青岛中学开展体验式课程。一个游戏结束，我问来自上海的谢慧芳："你感觉如何？"

她一边擦汗，一边气喘吁吁地说："这个游戏让我体会到，如果制度设计得不合理，即便团队成员目标一致，即便他们都很努力，也很难形成合力。改革开放40多年来，中国基础教育改革从未停步，步伐越来越大，也越来越深入，我们不断学习先进的东西，吸收同行的创新成果。李希贵校长一方面把握世界教育发展趋势；另一方面，沉下心来，潜心研究学校治理体系、组织结构、制度、机制等方面的问题，形成了适应时代发展需求的新的学校运行机制。这一运行机制保障了育人目标的实现。"她开心地笑起来。

"你是从什么时候开始关注十一学校的呢？"

"是从2014年开始的，当时我是副校长，看到有关十一学校的报道，我在想：'怎么会有这么美好的一所学校？'真的挺向往的。"近距离接触了十一学校的办学理念后，谢慧芳用"了不起"来形容自己对十一学校的感受，"但变革在现实中操作起来有难度，因为它是个系统工程，不能从一个点或者一个方面去模仿。"

"你回去后会做点儿什么？"我问。

"首先在观念、方法上做一些改变。"她肯定地回答。

"你之前做过什么改变吗？"

"以往新生入学教育，大多是校领导讲话，介绍学校的规章制度，然后学生回到班里，老师再次强调各项纪律。去年我们改变了做法，在教室窗外挂一排花盆，给学生分发一些泥土、种子，由他们认领并负责种植、养护。学生可喜欢了，国庆节放假时他们把自己种的花抱回家，节后再抱回来。哎呀，他们可上心了！"

"就这些吗？"我又问。

"入学教育还有一项活动——'发现校园中的美'，我们请毕业生回来交流，还让学生设计班徽等。没想到只做了这些小小的改变，家长就打来电话：'太需要这种文化传递了！好感动！'过去，我们把学生的作品集中放在一间教室里展示。今年，我们设计了学校文化长廊，专门开辟了一块地方展示学生的作品。许多老师都将珍藏多年的学生作品拿出来。150米的长廊里，展出了几百幅作品。"她有点儿兴奋地说。

停顿了一下，她接着说："过去，学校公共区域展出的照片几乎没有学生的；现在主要是学生的。过去，教学楼每层的走廊上我们只在中间放一个茶炉；现在，摆上书架、桌椅，教师和学生可以在这里看书、交流。"

5. 内心深处的反思

一天早餐时，我来到来自山东青岛的王世柱旁边坐下，听他讲述他的过去："1994年，我大学历史系毕业，在初中教课，当班主任，第二年当大队辅导员兼班主任。1999年，领导对我说：'你愿意教高中吗？'我说：'我感觉在初中挺好。''咱们这所中学，好老师一般都去高中了。'领导继续做我的工作。这句话让我心动了，到高中接了一个班。"

"2000年，我到教学处分管德育工作，后来又当了三年学生处主任、三年教务处主任。自2013年至今，我一直当副校长抓教学。"他继续说。

"你很能干啊！"我夸奖他。

"我能力有限，但很认真，无论干什么都用心去做。我能站在教师的角度考虑问题，不以权压人。"他谦虚地说。

"那你对自己有不满意的地方吗？"

"我可以说是教学能手，对教学成绩一直比较满意，但内心深处对我们的教育是不满意的。我们面临着很大的高考压力，千方百计提高学生的学习成绩，直到把他们一个个送到大学去，才觉得成功了，终于松了一口气。然而，我们真的成功了吗？这是我经常反思的问题。究竟什么是对学生真正负责？这个问题经常浮现在我头脑中，困扰着我。"

"很久以来，我认为自己所做的一切都是'为学生好'。因为学生没完成作业或学习成绩不理想，我罚过学生、骂过学生。当时我没有想过这样做有什么不妥，反而因学生'服服帖帖'、家长'感激不尽'而沾沾自喜，还以'对学生和家长负责任的教师'自居。我也曾因自己'出色'的表现和'优秀'的教学成绩而受到嘉奖。现在想来却有几分后悔和后怕。"

停顿了一下，王世柱继续说："2014 年，我到十一学校去参加教育年会，听了李希贵校长的报告，接触到十一学校的办学理念。之前我听说过，但没上心；那次则不同，我对自己的过去产生了深深的怀疑。原来，我们总说'我都是为你好'，没想到这是最恐怖的一句话！当时，我豁然开朗，满怀欣喜地回到学校。然而，做了之后又退回去了。"

"为什么？"我很好奇。

"面对环境，我感到力不从心。"他摇摇头。

"比如？"我追问。

"我尝试表达了一个想法——'我们不是管理学生，而是服务学生'。没想到，不光老师不认可，领导也不认可。"

"他们是什么反应呢？"

"他们说：'如今的学生已经很难伺候了，还提服务？真是站着说话不腰疼。'"

"你怎么说？"

"我说：'我还真没站着……'"王世柱很不服气。

"后来，学校的一名毕业生让我对自己的工作产生了更深的怀疑。那个男孩，高中三年几乎不说话，他成绩好，很听话，但从不参加任何班级活动，对外界也从不回应；研究生毕业后，一直待在家里。这个男孩的事对我的触动非常大，也引起了许多人的反思。"

"老师们怎么说？"我问。

"他们说：'这是成功了，还是失败了？''我们究竟怎样做才是真的为学生好？''学校该不该只把目标定位为把学生送入大学？'"

"你呢？"我又问。

"我也开始反思，我们死死盯着升学率，对教师的评价往往就是看考上'211''985'大学的学生人数，并以此计算奖金。"

王世柱的一番话让我体会到圆梦之翼有多重。他们渴望改变，试图改变。无论是顺势而为，还是逆流而上，改变，正在发生。

山东是人口大省，长久以来，山东考生背负着沉重的压力。高考，在当下已成为最受关注的社会热点之一，它犹如一场旷日持久的"战争"，裹挟着学生，牵动着家庭，影响着社会。

"2019年春季开学，我提出开展优质服务行动，把学生放在中心位置。我说：'教师为学生服务，学校为教师、家长服务。学生是我们的服务对象，而不是我们工作的产品。'此时老师们都抬起了头，还对着PPT不停地拍照，过去开会时他们总是低着头看手机。我说：'学生有问题，正是你工作的价值、存在的价值；帮助他们成长，正是我们的工作。'尽管眼下我们还做得不太好，但这个观念老师们是接受的。"王世柱说道。

"不错嘛！"我对他的做法表示赞同。

"我也是现学现卖。"他笑了。

"必须承认，现在很多教育问题，不是技术问题，而是组织结构的问题，是教育理念的问题。组织结构和教育理念跟不上社会的发展步伐，无法解决社会发展带来的新问题。我们学习十一学校，学习李希贵校长，重要的不是学习具体怎么做，而是学习如何真正'把人放在中央'。"他语气坚定地说。

"要想还原教育的本来面貌，就应该换个视角看教育，跳出教育看教育。我们经常津津乐道的教育艺术、课堂艺术、管理艺术等，是教育实践智慧的总结，值得学习，但这些'艺术'停留在教育的微观层面，停留在一个个具体问题上，缺乏宏观层面的整体把控。而李希贵校长告诉我们：'能用结构解决的问题，就不用制度；能用制度解决的问题，就不靠开会。'站到高处俯视，我们就能看到全局，看到问题的本质。"他说道。

"2014年12月之前，我对十一学校仅限于知道，知道原来大名鼎鼎的李希贵校长在十一学校任职，知道十一学校是一所教育改革名校，但从未现场近距离感受过。2014年12月，我和几位同事报名参加了'中国新学校年度发现·2014"走进十一学校"'活动，现场聆听了李希贵校长的报告，聆听了十一学校教师团队的教育智慧，近距离感受了十一学校一年一度的校园狂欢节的热烈。这给我带来了深深的、从未有过的震撼，让我眼界大开。当时已工作了 20 年的我才知道教育还可以这样做，师生关系还可以是这样的。我告诉自己，这是真正的教育，是以学生为中心的教育，是我喜欢和想做的教育。"

"激动之余，内心另一个声音告诉自己，这不可能做到。这里是北京，校长是李希贵，大环境和教育资源与我们不一样。于是我激动的心情重归平静，但心中的教育理想一直都在，我一直在思考可以改变什么以及如何改变。"

谈到领航班的学习，王世柱坦诚地说："一开始我对这种学习模式不看好，也不接受，因为用了 10 天时间，一个问题也没解决。"

"后来呢？"我不太相信。

"后来感觉就不一样了，这样的学习看似慢，其实一点儿也不慢。首先是积累和总结规律的阶段，等过了这个阶段，学习自然就快了。"他接着说，"尤其是到大企业去参访的活动，看似离教育很远，没有意义，其实是让我们换个角度看问题。"

过了一会儿，他接着说："过去我常常抱怨，抱怨上级不理解，下级也不理解；如今我做出了改变，认为问题产生时责任不在对方，而在我自己。上级为什么不支持？因为你没有拿出让上级支持的理由。真的非常庆幸自己进入了这个领航班学习，没想到人到中年竟然还有这么一个学习机会。这真是天上掉下来的大馅饼砸到我头上了。"

"除了感动还是感动，除了感恩还是感恩。我越学越感到自己欠缺的东西太多了，如果这个机会我没抓住，我会后悔一辈子。"

沉默许久，王世柱接着说："改变真的太难太难了，彼此支持太珍贵了。"

"这是改变中国教育的一股力量。"望着王世柱，我在心里默默感慨。

6. 终于找到了答案

我在青岛踏踏实实听了 10 天课，李希贵的课让我如芒在背。对照十一学校的做法，我们对许多问题的认知恐怕落后了不少。

这么多年，我一直没搞明白为什么这些做法在十一学校可以，而其他学校则说做不了。我接触过的许多中小学校长，只要谈到教育变革，几乎众口一词："教师队伍的管理是一个老大难问题。这个问题不解决，培养目标、办学理念根本就无从谈起。"

十一学校究竟是怎么解决这个问题的？调动教师积极性的关键是什么？这些问题我也思考了很多年。2015 年出版《中国教育寻变：北京十一学校的 1500 天》时，我得出两点：一是拥有一个伟大的梦想；二是无论遇到多大困难，都不放弃。

这次参加领航班的学习，我渐渐明白，能够做到以上两点的学校其实挺多，但真正进行组织结构变革的却难得一见。很长一段时间以来，我认为自己不够了解十一学校，尽管我已经跟踪采访它十余年，与十一人有过深度接触。他们将许多不可能变成了可能，这既让我感到惊喜，也一次次改变了我对十一学校的认知，并且让我隐约感觉到，十一学校真正伟大的是其"软实力"，是其对组织与人性的深刻洞察和理解。

业内曾有一种说法："十一学校的经验学不了，我们学校没有那么多名校毕业的优秀人才。"对此，我并不认同。我认为，十一学校的核心竞争力并不是拥有许多毕业于名牌大学的一流人才，而是能对这些人才进行有效管理。如果没有构建起现代治理体系，即便学校拥有再多优秀人才，也无法形成强大的创造力。

我坚信，这里发生的一切，是一场巨变的开端。

第二章

去往天涯海角

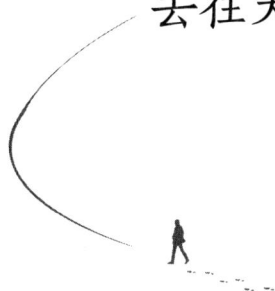

来自五湖四海的校长

2019 年 9 月 18 日，我登上航班飞往海南，参加中国教育学会举办的研讨学校如何转型的公益项目。来自 19 个省市的 36 位校长将在这里与李希贵校长一起梳理、研究学校转型的理论与实践。这一项目将持续三年，每年两次集中学习、研讨，这次聚焦"重新发现组织"。

飞行途中，我与十一学校副校长张之俊谈起了十一学校办盟校的情况。

"现在，整个教育界的变革仿佛在加速。几乎每一个接触到十一学校办学理念的人，都会认同它，一所又一所学校在悄悄发生改变。无论是在首都北京，还是在祖国最南端的海南、远在天边的新疆，人们好像都有所行动，是这样的吗？"我问。

"面对时代挑战，人们越来越意识到学校变革已无法回避。"张之俊回答。

"基础教育领域对十一学校的办学理念高度认同，为什么？"

"李希贵校长常说，我们要为社会进步做点儿事。可以看出，他不仅在十一学校，而且要在更大范围内、更高层面上去做事、去影响更多人。他做的事，对推动社会进步具有积极意义。"稍停片刻，他接着说，"他是一个不走寻常路的人。从他做的每一件具体的事中，我们都能深深体会到他的情怀——对社会负责、对人民负责、对国家负责。如果没有这种情怀，他就不可能去做这些事。正是这样一种情怀与责任感，使我们在他的领导下不怕困难，一往无前。"

"我们凭着信念与信心走到了今天。当你想挑战没有人做过的事情时，你要不停地问自己：为什么要这样做？这一点非常重要。"张之俊特别强调。

停顿了一下，张之俊平静地说："我们知道我们的责任，我们肩负着我们的使命。不论有多少困难，我们都有自己清晰、坚定而高远的志向。"从他的话语中，我深切地感受到，有一种东西，在十一人身上顽强地生长。

"十一学校育人模式在教育界被广泛传播，它的传播期就是它的生长期，可以这样说吗？"我问。

"十一学校不断有新的探索、新的发现。我们从客观实际出发，不断强化问题意识，积极面对和化解前进中遇到的问题，坚持实践第一的观点，不断推进实践基础上的理论创新。毫不夸张地说，现在盟校办一所火一所，十一学校育人模式的溢出效应已经显现，而且影响很大。"张之俊的话让我忽然发现了自己所做事情的价值和意义。

在实现 2035 教育强国建设目标的道路上，十一人是勇敢的探索者、开路者、追梦者，他们的探索与实践，能推动教育强国梦的实现。作为媒体人，我了解这场变革的价值，我希望观察、记录十一学校盟校的追求与探索，总结这场教育变革的巨大成就和宝贵经验，为广大教育工作者提供借鉴。

1. 感受全新的组织结构

9 月 19 日上午，开班仪式在美丽的海南生态软件园举行，中国教育学会秘书处秘书长杨银付深情地说："有一批好校长，就能带动一批好学校；有一批教育家，就能影响我们国家的未来。"

著名央视主持人白岩松称"这是带有未来色彩的培训班"。他做了一场别开生面的报告，以全新的视角讲述了教育要如何面向未来、应该培养什么样的人、要怎样培养未来的中国人，他以大量生动的事例诠释了德智体美劳全面发展的时代意义，表达了社会对教育的热切期待，令在场的教育工作者备受鼓舞。

这次学习的主要内容是重新发现学校的组织结构、制度和运行机制。36 位校长分成 6 组，他们按照学校组织结构图，寻找每一个岗位的客户，梳理每一个岗位的职责、权力、评价指标等。对他们来说，这是一项全新的工作，大家绞尽脑汁思考、研究……

整整一个上午，他们都在认真研究学校为什么需要设置研发部门、哪些工作应放到研发部门、研发部门应由哪些人组成等问题。讨论十分热烈，甚至发生了激烈的争执。

"学校为什么需要研发部门？"李希贵强调，"面对新时代、新挑战，学校之外有许多好的经验，而学校的研发力量相对薄弱，所以我们需要借鉴，把好的东西拿来，经过比对，挑选出适合学校的提供给教师。针对工作中的痛点和长期解决不了的问题，我们要集中各方面的智慧，凝聚力量，形成系统的解决方案。关于学校发展的战略思考，我们要未雨绸缪，为未来做准备。同时，成立研发部门也是促进教师发展的一项策略。"

大家结合学校实际工作，发现教师发展、技术助力课堂、学科诊断等工作比较容易被忽视，因此，成立研发部门是必需且紧迫的。

"有了研发部门，学校还需要什么？谁是支持人员？支持人员的职责是什么？如何对支持人员进行评价？"讨论继续深入。

"支持人员能否指挥下级？"一位学员问。

"不能。"另一位学员回答。

"支持人员是为教育教学一线提供服务的。"又一位学员说。

接下来大家的任务是弄清岗位与岗位、人员与人员之间的关系。大家围绕部门的职能寻找客户，明确服务对象。"这里有一个重要原则，就是谁离学生最近，谁就最有可能成为支持人员的客户。为检验支持人员服务的质量和效益，我们要让被服务者对他们进行评价。"李希贵提醒大家。

通过对中层与中层管理者进行区分，包括支持人员在内的一大批中层不再作为中层管理者，他们直接服务于教育教学一线。那么，他们服务的对象是谁呢？李希贵借用了商界的一个概念——客户，寻找客户的过程，就是明确支持人员岗位职责的过程。

"要找到他们的客户，让他们清楚为谁服务。"李希贵强调，"组织结构变革涉及两个基本要求，一是要把组织里的人员拆分到不同的部门；二是要把不同的部门和不同的岗位协调整合起来，以实现最终目标。"

为了进一步帮助大家理解，李希贵组织学员举行了一次"为支持人员寻找客户"的模拟活动。大家围绕图书馆长与图书管理员、保卫主任与巡夜保安、人力资源干事与教师发展中心主任、会计与出纳、信息中心管理员与初二教务员等岗位，展开讨论。

他们有了新的发现：在这一流程中，下一道工序的人员往往是上一道工序人员的客户，他们协同服务于一线师生。

他们进一步发现，支持人员有了明确具体的客户后，便没有了互相推诿的理由，也不再为自己的岗位边界争执，客户的诉求就是他的服务范围，客户满意就是他追求的目标，他会尽己所能，设身处地为客户考虑。

"寻找客户并不限于支持人员，组织中其他各部分人员也应该如此，比如学校战略高层中的领导、学校中层管理者等。即使是在教育教学一线的教师，也有寻找客户的必要。"李希贵强调。

大家终于明白了，这样，不仅将管理和服务分清楚了，也将职能部门和每个人的责任分清楚了。此时，人人眼中有目标，个个肩上有责任。

无论是小组讨论还是分组汇报，大家都兴致勃勃地谈论着自己的收获。

"一旦客户清楚了，服务意识便有了。"

"教育是服务，如何落实服务？如何让服务意识走进教师的心里？如何通过一个个具体的教育行为将服务落实到学生身上？要回答这些问题，教师的角色定位与心理定位必不可少。在新的组织结构中，他们要以为学生发展服务的眼光重新审视、定位自己的角色，打破习以为常的工作模式、流程、习惯。"

"权力与其行使方式发生了重大变化，管理者要做的不再是自上而下指挥控制，而是合作、协商、提供服务，行政色彩弱化了，指挥控制减少了。随着组织结构的变革，学校开始转型。"

2. 梳理岗位职责

接下来，学员们分组逐一梳理教导处、总务处、办公室的岗位职责，明确什么是服务、服务对象是谁、什么样的服务能够满足客户的需求、怎样的流程能够提供高效服务。

"确立了客户关系，明确了岗位职责，大家就有工作积极性了吗？工作任务如何落实？工作目标如何实现？对校领导、年级主任等应当设立哪些评价指标？"李希贵的这些问题一抛出，立刻在学员中引起强烈反响。

于是，大家开始研究图书馆长、保卫主任、人力资源干事、信息中心管理员等的评价指标。

李希贵说："对学校教育教学一线的评价，决定一所学校的发展方向，决定学校要往哪里走。"

他还提醒大家："一定要分清什么是真正的业绩。出了几本书、发表了多少篇文章、上了多少节公开课，算不算业绩？我认为，那是教师的素养，只有学生的发展才是业绩。不能把过程当业绩，过程和结果一定要区分开来。一旦评价过程，就会出现弄虚作假的情况。"

"重要的是成绩是如何取得的，违反教育规律、以伤害学生身心健康为代价取得的好成绩是不被允许的。"李希贵特别强调道。

一连两天，学员们结合学校日常工作，绞尽脑汁研究详尽的客户评价指标。关于这些指标，李希贵提醒大家："每一项指标都要从人的感受出发，正面描述，对教师起引导作用。"

经过研究，学员们梳理出各个岗位的职责与评价指标。下面是其中一个组梳理出的学科组长的评价指标：

学科组长对组内教师公平公正，一视同仁；能结合每位教师的特长，合理安排教师的工作，促进教师发展；能很好地把握学科教学改革的方向和节奏；清楚教师的学术发展需求，支持教师的成长；有清晰的学科课程开发和建设思路，能有效组织大家开发、完善、实施课程；能积极争取外部资源，为教师的成长搭建平台。

教研活动丰富实用，教师感觉收获很大。学科组内教师之间关系和谐，资源共享，合作意识强。青年教师能得到学科组内骨干教师的指导和帮助。学科组内教师都有清晰的成长目标和发展规划，积极寻求自身的发展。

第二天下午，会议室四周的展示板上，贴满了花花绿绿的大纸，各组的研讨结果都被张贴出来。

首先，大家阅读各组的研讨结果，互相借鉴。

接下来，各组派代表汇报。听着学员代表的发言，李希贵高兴地说："一所学校把每一个支持人员的客户弄清楚，再把对他的评价指标弄清楚，学校工作就差不到哪里去。"

突然，他话锋一转，又提出一个问题："各个部门的岗位确定后，如何将不同的部门和岗位整合起来，形成组织合力？其中最重要的就是制度设计。"

他进一步解释："组织结构不能解决所有问题，还需要一些制度。规则越清楚、越明确，所指向的行为主体越具体，就越容易实现制度的激励作用，越能保护、激励并发展人性之善，从而确保秩序的正常稳定。"

之后，大家梳理出制度的五种类型——岗位职责（客户评价）、组织规则（团队诊断）、风险管理（双线监督）、工作流程（团队诊断、客户评价）、奖励办法（受益方发起），以及制度的不同作用——鼓励性、补偿性、限制性、警示性、禁止性，并明确了应当针对不同的情况发挥制度的不同作用。"比如，限制性制度，要弄清楚限制什么、限制到什么程度、用什么方式限制；鼓励性制度，要弄清楚鼓励什么、鼓励到什么程度、用什么方式鼓励。"李希贵的解释，帮助大家进一步认识了制度。

"仅有制度是远远不够的，我们还要研究制度是如何激发人的。"李希贵的一番话引发了学员们对自己多年管理工作的反思，他们发现了许多制度错位、缺位的情况。

"如何保障制度真正落地？还要靠监督机制，同时要有相应的措施，以形成制约或双线监督。"李希贵再次提醒大家，"这样，学校所追求的目标、希望实现的理想就能实现。"

"由谁来制定制度，这很关键。管理者是从管理的角度出发，还是站在被管理者的角度考虑，会引发完全不同的行为。"李希贵的话促使研究越来越深入。

"有了制度就够了吗？制度如何落地？如何将制度转化为结果并且使其能够得到衡量？"李希贵的提问越来越深入，"仅有制度是远远不够的，还要实现学校治理体系与治理能力的现代化。仅有原则是不够的，如果没有程序和细节，原则就难以操作。"

循着这些问题，学员们发现还应当有标准化工作流程。

"标准化工作流程是针对岗位职责的，是办事规程或行动守则，是一种制约；而制定工作流程是对岗位职责的再认识，是对重要节点的提示。工作流程是可执行的，有了工作流程，制度就不难落地。"李希贵的课引发了密集的思想交锋和碰撞，真的很"烧脑"。

这些举措对学校管理会起什么作用呢？休息时，通过访谈，我收集到了学员们的反馈。

"可以把每一个岗位的价值具体化、显性化，把过去我们常说的'为学校做贡献'变得具体可感，这样，大家就会有成就感。"

"可以化解管理中的矛盾，减少管理者与被管理者、服务者与服务对象之间的矛盾。"

"每个人都十分清楚自己的职责是什么、自己存在的价值是什么。这就像给每个人装上了轮子，给每个人赋能，使其拥有一种强大的内驱力。"

"有了明确的评价指标，再通过客户评价，就可以撬动组织的积极性。"

"可以真正解决管啥、谁管、咋管的问题。"

"你没服务好是你的过失。你是服务方，就得提供好服务。这样，管理者就变成了主动服务者。"

"管理者与教师之间、教师与学生之间会出现崭新的关系。"

"这让复杂的评价进入聘任工作，让基层管理者拥有应有的权力，让聘任双方都有一定的压力，可以消解工作分配和落聘的矛盾……"

"这是一种体系化、结构化的思维方式。"

"这些举措极具实用性、策略性和可操作性。"

随着讨论的步步深入，学员们对十一学校变革的理解更加深刻了，并了解到他们是怎样通过组织结构变革这一关键，把教育引导向一个新的方向的。

3. 自下而上的力量

"对十一学校的探索，你怎么看？"利用课间休息和用餐时间，我尽可能多接触学员，了解他们对十一学校变革的看法。

"真正有价值的东西，真正美好的东西，一定经得起实践的检验，跟得上时代的步伐。"

"教育需要一个'新剧本'，是用老办法解决新问题，还是正视新问题，寻找新的解决办法，这个选择关系到未来。"

"十一人绘制了通往学校治理新境界的草图。"

"十一学校试图描绘出一幅契合时代发展需要、为我们所向往的未来教育图景。"

"毫无疑问，十一学校的理想是伟大的，但要实现这个理想，并不容易。"

一天晚饭后，我和几位学员边走边聊。他们认为，大家一直期待并过于依赖外部的改革，包括高考改革、人才观念的变化、就业环境的改变等。而十一学校不一样，他们聚焦于大家习以为常的每一个教育环节、每一个教育行为，向内寻找，叩问学校的组织结构、管理方式、运行机制等，用全新的教育理念重新审视教育，由此引发了一场群体性反思。

"这次学习对我冲击很大，让我感觉很震撼。十一学校真的是以学生为本，我内心对它十分认可。"来自四川成都的胡平感触颇深，"传统的学校组织结构已不适应今天的发展，很难实现教育创新。十一学校的顶层设计、战略思考，是我们从来没有的。十一人既拒绝固守传统模式，又拒绝简单模仿，从国情出发，既学习、借鉴，又自主创新，探索出一条适合中国教育实际的路径。"

"十一学校改变的是我们的思维方式。"来自山东济南的武树滨十分认同胡平的话，"过去我们想的是具体事物；现在要注重战略思考、顶层设计，要从整体看，目标清晰、路径清晰。过去我们是靠经验的积累，现在则要基于专业做事，仅凭经验难以做好管理工作，更难以引领学校走向优质。"

学员们普遍认为，今天，中国教育事业真正摆脱了基础薄弱、经费短缺、师资匮乏等状况，基础教育开始由规模发展走向内涵发展。在这样一个新的转折点上，必然要有对基础教育育人模式、治理体系、教与学的再认识、再思考。

学员们的观点让我看到了一股自下而上的力量浮出水面。近年来，中国教育界出现了一股强有力的改革热潮，这股热潮是自下而上的、缓慢的。但是，它却具有历史必然性，摒弃了极端化、片面化、简单化。这孕育着一种小趋势，一种能够引起大变化的小趋势。

4. 边学边做的学员

课间休息时，我问来自北京的李文："怎么样？收获大不大？"

"烧脑！"李文直截了当地表达了参加学习的感受，"我工作30年了，29岁时当了副校长。经过不断追问，我对教育有了较深的理解，但要真的做出改变，我才发现得对自己狠一点儿。"

"向十一学校学习使我学会了如何思考问题，改变了我的思维方式。做教育这么多年，我从来没有像十一人那样思考过教育的问题，只是一件事一件事去做，终日忙忙碌碌，只盯着事情，而忽略了人。经过追问，我发现了制度、结构的问题。那么，制度、结构完备就能解决教育的问题吗？再一追问，我又发现了价值观的问题，教职工在学校愿景、使命上没有达成共识。"她十分坦诚地说。

"究竟什么是办学的关键结果？必须是对办学目标的有力证明，必须落到学生身上。"李文看了我一眼，接着说，"我开始照猫画虎学起来，还没真动呢，只是微调了一下，已经不一样了，学生的素养明显提高，办学效益、教师的积极性明显提高，学校跃升至区级示范校的水平。"她有点儿兴奋。

"你调整了什么地方？"我问。

"我只是减了一个管理层级，使学校管理变得稍微扁平了一些。"李文抬起右手往水平方向划了一下。

"后来呢？"我再问。

"今年我们又做了调整，下决心施行年级管理，在初一试行。不知从什么时候起，家长的反映不一样了，在他们眼里，我们学校越来越好了。"她笑了。

"如果更多学校按照十一学校育人模式办学，基础教育会不会有很大改观？"我问。

"那可不得了，会取得非常伟大的成就！"李文眼中闪烁着兴奋的光芒。

我又问来自四川成都的李萍："听说你已经开始行动了？"

"是啊！我最大的收获是将碎片化的、零散的理解系统化，站在更高的层面理解教育。上次学完回到学校后，我立即开始行动，将原来的处室调整为五大服务中心，即教师发展中心、学生发展中心、资料管理中心、综合服务中心、后勤保障中心，并让六个年级独立管理。这样调整，育人效果明显提升。我们做了好几件漂亮的事。"李萍的脸上露出喜悦的神情。

"这么快？"我有些不太相信。

李萍笑着说："是啊！我们彻底解决了学校门口的交通安全问题。这过去一直是我们学校的一个老大难问题。这次由家校委员会、学校安全办公室、社区、交警联合开展'为学生安全保驾护航'行动，实现了高峰期无拥堵。"

"升旗仪式单一也曾是困扰我们的一个问题，现在由每个班轮流主持，激发了年级的潜力，大量原创设计深受学生欢迎，每周一的升旗仪式成为全校师生特别期待的一件事。"

"还有什么？"我问。

"教学中老师们尝试跨学科融合，开展深入持久的学习，比如开展'立体化学元素周期表''奇妙液体的启示'等学习活动，实现多学科的融合。"说完，李萍笑意盈盈地转身离去。

"学习十一学校从何入手？如果我没有机会进入十一学校，那么我如何实践呢？"安雪峰庆幸自己能来这里学习，"我最大的收获是改变了思维方式，从组织结构入手考虑问题。"他来自内蒙古呼和浩特，他所在的学校地处城乡接合部，初中、高中都有，约有1500名学生、150名教师。"我十分渴望采用十一学校的育人模式，但倍感艰难，每往前走一步都感觉困难重重。虽然已经到了知天命之年，但我仍想再拼一下。我非常珍惜这个学习机会。"

　　带着全校教师的期待，代红亮踏上了学习的旅程。"这是一次难得的机会，我是广西柳州唯一的代表，周围学校的人都很羡慕。"代红亮很是珍惜，"2012年以来，我一直在苦苦思考、探索如何改变教育现状。人们往往习惯走一条比较熟悉的、容易的路，改变、创新是很难的。我们达不到十一学校当前的高度，但是我们要学习他们的起点和路径。"

　　接触到十一学校的育人模式，来自吉林延边的毛剑锋感到十分震撼。"这是未来的教育。"他的语气中充满向往。但是，想到自己身处的环境，他摇摇头，说："感觉嫁接不了，我们那里的教育环境、社会观念、家长观念不同。说实在的，我的内心很挣扎，我渴望改革的步子再大一点儿，可是又感到困难重重。"

　　田俊友来自吉林舒兰，他所在的学校是一所初中，有900多名学生，办学水平在当地名列前茅。他说："十一学校是一所非常有名的学校，这些年我一直关注十一学校，从报刊、书籍中，从朋友那里了解了十一学校方方面面的变革，非常认同他们的教育理念，心里有一种强烈的感觉——这是一所面向未来的学校。我做了10年校长，很少像他们那样考虑问题。这次学习令我耳目一新。让我感触最深的是，它全是实战性内容，直指当前教育最迫切需要解决的问题，针对性极强。"

　　"有一种教育值得我们全力以赴。"看得出来，能来参加这次学习，苏静很兴奋。她来自辽宁大连，她所在的学校是一所高中，有1200多名学生、120多位教师。"十一学校这个名字，对我来说如雷贯耳。我是从《人民教育》杂志和《中国教育报》上了解到的，我非常认同十一学校的办学理念，它对我影响很大。"

"这次别开生面的学习满足了我对校长成长的全部期待。"苏静显得有点儿兴奋，"有情怀的一群人，在做自己热爱的教育，与他们在一起我感到特别幸福。在这里我找到了好伙伴、好朋友，找到了精神归宿。"

这次学习虽然时间短暂，却在学员们心中留下了深深的印记。

在为期 5 天的学习中，我再次感受到教育工作者追求理想教育的热切期望。这次学习对他们的冲击很大，更重要的是，很多人已经开始行动起来了。

造访海南微城未来学校

新型学校是什么样的？这些学校如何运转？他们的教学组织形式有什么不同？他们的育人模式究竟发生了怎样的变化？这种不一样的学习生活会使学生获得怎样的成长？而这又会怎样影响他们的未来？总之，带着一连串问题，我走进了海南生态软件园，这里有一所新建的十一学校盟校。

1. 不可思议的建校速度

2019 年 9 月 19 日是个晴热的日子。那天下午，在一间幽静的茶室，我见到了海南生态软件园集团有限公司总经理杨淳至。

在海南生态软件园里建一所学校，决策层是如何考虑的？为什么选在这个时间点？这里对教育有哪些需求？海南有 4000 多所中小学，为什么选择这所学校作为基础教育创新实验学校？带着这一系列问题，我与杨淳至边喝茶边聊天，希望找到答案。

谈到海南生态软件园，杨淳至很兴奋："它是中国电子信息产业集团有限公司和海南省人民政府的战略合作项目，于 2007 年启动建设，按照'政府支持，市场化运作'的模式开发、招商、运营、管理。园区按照'一里一聚落、一舍一方田、一水一公园、一隅一天地、一键一世界'的理念建设，打造 15 分钟生活圈，让生活在这里的人实现事业、家庭、健康的平衡。"

"我们把海南的自然生态环境优势发挥到极致，让科技人才在花园里办公。我们提出：'创业的终点不止成功，还有幸福。'"

"这里已成为中国互联网产业新的聚集地。目前，园区吸引了腾讯、华为、百度等企业落户。在海南自贸区背景下，园区正成为国内外高层次人才聚集地，而满足高层次人才子女的教育需求，把他们留住，成为我们的战略选择。"

杨淳至描绘了一幅未来生活图景、一种未来生活模式："我们的目标，就是要打造一个未来城市模式，而教育和医疗是这个城市的有机组成部分。"

"我们提出了'美好新海南，幸福微城市'的园区建设愿景，而教育是'幸福微城市'非常关键的组成部分。我们办学的最初想法是把人才留下来，但和很多学校接触、交流后，我们发现传统教育面临着一些待解决的问题，我们意识到不能只是做一个配套设施，还应该为基础教育创新做些事。"

"这里是一座微城市，园区企业员工已达一万多人，他们的子女上学是个问题。我发现，要想留住人才，仅仅提供现代化的办公环境与休闲设施远远不够。高科技园区对优质教育的需求十分迫切，办一所让人信得过的学校，为高层次人才扎根海南提供服务，成为一项十分紧迫的任务。"

"全国名校众多，你们为什么选择与十一学校开展战略合作？"我问。

"我们一直期待办一所面向未来的学校。未来创新人才如何培养？这些年国家在教育上投了不少钱，但并没有收到预期效果，为什么？这非常值得我们反思。我们与全国名校几乎都接触过，与有些学校甚至有过较长时间的洽谈，但总觉得他们还缺点儿什么。"杨淳至摇摇头。

"你们是如何想到与十一学校合作的呢？"我又问。

"一个偶然的机会，我的同事胡珊认识了十一学校一分校校长刘艳萍，我们接触到了十一学校的办学理念。后来，在党的十九大召开期间，我作为十九大代表去了北京，与李希贵校长见了面。没想到，我们一拍即合。我从中国教育改革的先锋人物身上，找到了清晰的目标，看到了未来的方向。我们下定决心，与十一学校开展战略合作，建设一所以'未来'命名的学校。"杨淳至兴奋地说。

"听说学校一年就建好了。"这样的建校速度让我很好奇。

"是的，学校占地250亩，建筑面积20万平方米，投入20亿元建设资金，13 个月完成规划、审批、建设。这样的建设速度可以说是创造了一个奇迹。"

"在这里办学有什么优势呢？"我问。

"这里聚集了许多企业界、科技界的精英，这是学校非常宝贵的资源。整座微城市都是学生的学习资源，学校可以共享微城市得天独厚的资源，利用互联网、大数据、人工智能等前沿科技赋能教育，为学校管理、教师教学、学生学习、家校互动提供便捷、高效的解决方案。学校与园区融为一体，很难想象十年后学校是什么样子。可以说，整座微城市就是学校。"杨淳至十分自豪地说。

品了一口茶，杨淳至接着说："十一学校有全新的教育理念、育人模式、课程体系和教学方式，我们将在借鉴这些成功经验的基础上，整合园区产业资源，用科技赋能教育，构建一所开放互联、没有围墙的学校。海南省教育厅破格为我们学校授牌'海南省基础教育改革创新实验学校'。目前，我们是海南第一所也是唯一一所改革创新实验学校。"

沉思片刻，杨淳至再次表达了他的心愿："建校初衷是做好园区配套，吸引高层次人才入驻，但是随着海南自由贸易港建设的推进，我们更想为海南教育创新做些事，希望能够真正推动中国教育的改革。我们十分认同十一学校的办学理念、教育情怀，我们渴望办一所面向未来、具有中国特色的国际化学校，给孩子们一种不一样的教育，给家长们一个不一样的选择。"

午后的阳光透过窗户照进来，茶室显得愈加明亮、安静。杨淳至深情地说："教育强国如何实现？我们需要一批有责任感、有使命感的人来办教育，需要社会资本深度介入，需要政府政策支持，实现体制机制的创新，助推学校发展。"

2. 面向未来的选择

当地政府对这所学校十分重视，也寄予了厚望。但是，一些人在兴奋之余仍不免有些担心：考试怎么办？面对这种担心，李希贵平静地回答：

"变革是一项系统工程，一定有确保教育质量的完备体系。十一学校历经十年变革，学生的成绩一直保持在很高的水平。"

停顿了片刻，李希贵接着说："未来的学校教育到底是什么样的？我们今天必须有构想，必须未雨绸缪。对海南来说，建设微城未来学校，打造和国际接轨的中国特色课程体系，是为建设中国特色自由贸易港培养人才的现实需要。海南教育要聚焦海南自贸区和自贸港建设战略，探讨基础教育改革发展和人才培养的途径。"

"今天的孩子跟我们这代人不一样，他们更看重的不是改变命运，而是被尊重和实现自我价值，在此基础上为国家、为民族、为世界做出贡献。所以，我们在研究面向未来的学校教育的时候，就要思考面对这样的孩子，我们应该确立什么样的教育目标。今天校园里的学生，正是将来实现伟大复兴中国梦的社会中坚力量。让他们真正成为推动社会进步的有用人才，既胸怀天下又脚踏实地，既有世界眼光又有中国灵魂，需要我们共同努力。"李希贵面对时代挑战的深刻思考与博大胸怀深深感动着现场的每一个人。

"我们希望以海南微城未来学校这个创新基地为依托，率先起步研究新时代的学校，弄清楚应该培养什么样的学生。这样，中国教育才有可能走在世界教育的前列。"李希贵的一番话让在场的人更加了解办好微城未来学校的意义。

建设微城未来学校是一件影响海南教育的大事。2019 年 4 月 20 日，学校进行招生宣传，在媒体上发出消息后，不到 10 小时，点击量达到十几万，完全超出了预期。4 月 21 日，有数千位家长在网上咨询，甚至有人从外地飞到海南参加招生说明会。

这所学校为什么如此受关注？从某种意义上说，这反映了人们的心态。现在家长对学校的选择非常理性，他们知道未来已来，想要选择面向未来的学校，渴望孩子接受面向未来的教育。

3. 一所面向未来的学校

微城未来学校的蓬勃生长力体现在何处？

学校邀请美国帕金斯威尔建筑设计事务所和北京市建筑设计研究院这两个著名设计团队联合设计，将"以学生为中心"的教育理念融入学校空间设计，将学生的学习生活、精神成长和学校物理空间相融合，将东方书院和西方学院相结合，建设了"一轴两院""四馆九场"，让学生既能在静谧的书院思考学习，也能在广阔的草坪上放飞自我。

学校借鉴美国弗吉尼亚大学以绿地为中心的校园空间模式，以800平方米的林荫草坪为校园中心。同时，学校以中国书院为原型设计中小学教学、生活一体化空间，小学庭院参考游乐场设计，以充分释放孩子的天性；中学庭院以艺术与科技为主题，促进学生科技创新意识和美学意识的培养。

学校还建设了"四馆"，即图书馆（含国学馆）、综合体育馆（含游泳馆）、综合艺术馆（含专业剧场）和教师培训馆。这四馆可以与社区共享。这样的设计体现了学校无围墙办学和学生德智体美劳全面发展的教育理念。

每一间教室都自带阅读室，图书就放在孩子们触手可及的地方。图书馆底层采用架空设计，是一个很大的空间，这里是家长等待孩子的场所，可遮风挡雨避暑。"图书馆不定期举办各种活动，欢迎家长参加。"陪同我参观的罗钧老师说，"这也体现了学校的教育理念，学校不只是学生接受教育的场所，家长在此也可以受到熏陶。"

来到操场上，罗钧介绍说："学校建有主操场、低龄儿童操场、风雨操场、棒球场、网球场、篮排球场、轮滑场、橄榄球场（足球场）、高尔夫球训练场等体育场馆，可以提高学生的身体素质，促进学生之间的交往，满足学生个性化发展的需求。"

沿着操场一侧，我们来到一片绿地旁。"学校还规划了一片'花果山'自然营地，孩子们可以在这里户外露营、爬树采摘、亲近自然、探索世界。学校还在软件园区内建设了学生上学安全通道，方便学生步行或骑车上学。"罗钧说，"学校的整个设计都体现了'以学生为中心'，孩子们可以到大自然中去学习，可以到高科技企业去学习，整个微城都是孩子们的开放课堂。"

身处这所建设理念、设施设备全新的学校，校长秦建云感到重任在肩："诞生在高科技人才聚集地的学校，继承着创新的基因，承担着创造未来教育新气象的使命。学校有小学、初中、高中和国际部，设置了2400个学位；采用十二年一贯制、'534'分段培养机制，小学五年，初中三年，高中四年，没有小升初，也没有中考，中间不淘汰学生。这样，一方面可以尽量遵循学生的认知规律、成长规律和年龄特点，不打断学生的学习节奏；另一方面，可以最大限度地避免教育的急功近利，不以短时间的表现片面评价学生，尽可能降低学生成长中的风险。"

"除此之外，学校还安排部分教师担任导师。在这12年里，他们会成为学生成长过程中不可或缺的引导者。"秦建云介绍道。

"你们是如何按照十一学校的理念办学的？未来有何打算？"我问。

"从一人一张课表到一人一套成长方案，每个学生都有自己独特的成长路径和学习方式。我们借鉴十一学校的经验，充分考虑学生的不同需求，结合学科特点，提供个性化课程体系。这意味着学校要采用小班化教学方式，取消传统学校的教师办公室、行政班教室，建立学科教室，并以此为纽带组织资源，让学生有条件按照自己的安排进行学习。在这里，知识变得不那么重要了，重要的是增长学生的智慧，让学生具有超强的学习能力，发现自己、唤醒自己。"

"此外，学生还可以利用学校各类资源，结合自身的兴趣和发展规划创办社团、组织活动，在开放、自由的环境里体验、学习、合作、互动。学校将充分利用海南生态软件园产业平台，利用互联网、大数据、人工智能等前沿科技，将优质社会资源引入教育，联合园区高科技企业开设'科技课堂'，启发学生面向未来的思维；携手科学家、知名创业人士设立'名人讲堂'，用榜样的力量激发学生的学习内驱力，建设一所开放互联、没有围墙的学校。"秦建云特别强调。

最后，秦建云说："我们的改革只是打开了一扇窗，窗外便是大千世界。未来的教育是什么样的呢？我们无限憧憬，也倍感压力。"

4. 一条少有人走过的路

罗钧毕业于北京师范大学数学系，曾在贵州贵阳的一所中学工作过，2018年辞职。

"你为什么辞职？"我问他。

"这些年，我经常读教育方面的书，越来越喜欢思考、研究教育，一直想找到一种不一样的教育模式。2018年辞职后，我曾在广东中山的一所中学工作过一年，发现那里的教育与我此前所做的教育没什么两样，许多学校对学生的管理达到了极致。这当然有其合理性，但这样的学校暮气很重，让我一直想逃离。"他认真地回答。

"你为什么会在这里停下脚步？这里究竟是什么吸引了你呢？"我问。

"这里是真做教育、真研究教育，这是最吸引我的地方。另外，这里吸引我的还有扁平化的组织结构，这在其他地方是很难做到的。"他坦诚地回答。

"我无意中接触到秦建云校长，也熟悉十一学校的潘国双、王春易、汪正贵等老师，经常从报刊上看到他们的文章，我渴望做这样的教育。于是，我决心加盟十一，追随十一人。"他被这种教育追求的高远目标深深打动。

"来到海南，我发现这所学校的教育理念与其他学校全然不同，他们具有教育情怀，是真做教育。"停顿了一下，他接着说，"十一学校的育人模式让我看到了另外一种可能，它让我知道，教育还应该有其他方式。"

"接触秦建云校长，你有什么感觉？"

"他很坦诚，没有官员做派；有教育情怀，不是口头上的，是真有。这所学校非常注重细节。我每到一所学校都会关注教室，关注学生的学习状态。这里的老师备课是真备课，而不是仅凭经验。这里的大单元教学、主题式教学、项目式学习，挑战很大，好像把我过去15年做的全推翻了。"

接下来，罗钧讲了一个细节。2019 年 9 月 19 日上午，在中国教育学会公益培训开班仪式上，他终于见到了李希贵校长。"李校长，我等你 10 年了。"他握着李希贵校长的手激动地说。

"我请李希贵校长在他的书上签了名。我一直在追随他，当他站在我眼前时，我丝毫没有陌生感，好像我们相识了很久，很熟悉。这种感觉太好了！"罗钧兴奋地说。

"来到微城未来学校，你最渴望做什么呢？"

"重新做一名教师，这是我最朴素的想法。这些年，教学、行政，我什么都干，已经有点儿不认识自己了。对我来说，来到这里最大的挑战是重新建构，是转型，从只关心教转向关心学，从只关心教学转向关心教育。"

一所面向未来的学校，新在什么地方？新在选课走班、扁平化的组织结构、学生成长动力机制……。无论是办学理念、育人模式、教学方法，还是学校建筑、学习空间设计，抑或是学习资源配置，都刷新了人们对学校的认知，让学生对学习有了完全不一样的体验。

"为了每一个学生的发展"已经变成了实实在在的行动。十一学校创造了以学生为中心的育人模式，这种育人模式有规模化推广的潜力，因为它已经在一些学校成功实践。

这一模式蓬勃的生命力已经初步显现，它正在慢慢改变中国教育的生态，就像一颗饱满的种子，只要假以时日，它就能结出甘甜的果实。它的萌芽、发展、推广充分表明，这是一项富有生命力的教育创新。

第三章

再去青岛

有点儿不一样的学校

2021 年 4 月，我又踏上了去青岛的列车，此行的目的是探访青岛中学。

1. 使命在肩

青岛中学地处青岛高新区，与青岛实验学校遥遥相对。

业内人士说："这是一所从诞生之日起就有点儿不一样的学校。"

究竟哪里不一样呢？

4 月 21 日上午，在一座颇具传统建筑风格的教学楼里，我见到了汪正贵。他递给我一本《青岛中学办学大纲》，一本薄薄的小册子，淡黄色的封面，小小的开本，很朴素，也很平常。我翻开第一页，仔细读着："青岛中学因为探索中国非营利 K-12 教育模式而诞生……，建设一所与世界对话、全球一流的中国式学校。"

"真是大气魄！"我在心里暗暗佩服。

"《青岛中学办学大纲》对我们学校来说相当于陶行知的《中华教育改进社改造全国乡村教育宣言书》。第一次读这份宣言书时，我被震撼到了，之后每次读都会激动，都能从中获得能量。不是获得一个办法，而是获得一种能量。"汪正贵望着我，认真地说。

"教育变革、学校转型，根本上需要的是使命感和担当，需要的是教育信念和情怀。"他停顿了一下，接着说，"现在入学的孩子到 2035 年、2050 年是什么样子，取决于我们今天的教育。'为中华民族培育栋梁'，这是我们的使命。我们不是在办一所学校，我们是在完成一项使命。"

汪正贵的语气很重，我心头为之一振，一份敬意油然而生。

"由这样的使命，我们提炼出学校愿景和核心价值观。为了使核心价值观落到实处，我们制定了行动纲要，也就是师生的行为准则。"他指着《青岛中学办学大纲》说。

"我们着眼于每一个学生，学生任何时候进来都不会被淘汰，我们会一直将他护送到高中毕业。这样，学生就会有大量时间去做自己喜欢的事情。学校因学生而存在，老师因学生而相聚。一切为了学生的成长，只要对学生的成长有好处，我们就会不遗余力地去做。"他进一步解释，"学校实行小学到高中十二年一贯制，探索'534'分段培养机制，不设置小升初、初升高分流筛选机制，以全纳教育最大限度地满足学生成长需求。"

"这种无淘汰教育，对办学者来说压力很大呀！"我不免有些担心。

"是的，目前在我国基础教育领域，这样的学校很少，可以说我们是在'孤军奋战'。能不能坚持到底，很考验我们的意志。能不能一路披荆斩棘，考验着我们所有人。"汪正贵语气坚定地说。

"学生没有升学考试的压力，学习动力从何而来？"我问道。

"外在的压力没有了，完全靠内动力。把'为什么学习'这个问题解决好，对学生的未来特别有价值。"汪正贵十分肯定地说。

"这个问题可不好解决呀！"

"是啊！这就是我们的使命，我们要为未来的基础教育探路，解决好这个问题。"

"如何解决呢？"我追问。

"我们要探索学生学习的内动力机制，启动学生的自我系统和元认知系统，给学生装上自我成长的发动机，帮助学生在自由中学会自律、在自律中走向自主。学校采用选课走班制和导师制，探索全员育人模式，坚持立德树人，把学生放在心上，坚持个别化原则，因材施教，为每一个学生的发展奠定基础。"汪正贵列举出一项项举措。

"那么，如何帮助学生学会学习？"我再问。

"具体来说，就是通过设计明确的学习目标，设计低门槛而又有挑战性的任务，提供学习策略、方法、工具，开展评估与诊断，引导学生学习。"

"我明白了，学校以课程育人，通过课程为学生成长提供服务。"我赞同地点点头。

"学校的价值观、战略选择、培育目标，必须也只能通过课程落地。"汪正贵十分肯定地说。

"'与世界对话，全球一流'，你们拿什么与世界对话呢？"这一大胆的提法深深吸引了我。

"当然是课程。我们有没有一种课程能让世界认可，能不能拿出一种课程与世界对话呢？我们视课程为学校产品和核心竞争力，致力于构建K-12中国系课程。我们要在遵循国家课程标准的基础上，经过若干年的努力，构建起小学超学科融合课程、初中分学科课程＋跨学科课程、高中分学科课程＋国际课程的课程体系。"汪正贵很有信心。

"目前进展如何呢？"

"学校开设各类课程160多门，通过提供多样化、可选择的课程，满足不同学生的多样化需求。我们注重课程的贯通性，研发幼小、小初、初高衔接课程，增强课程的实践性，注重指向核心素养的深度学习。"汪正贵回答。

接着他说："纵向上，我们实行十二年一贯制，将学段打通；横向上，我们追求融合，融合国内外先进的教学理念，融合时代发展的最新成果。在实践中实现深度学习，既培养学生发现问题的眼光，又培养学生解决问题的能力，使他们学会多角度发现问题、发现问题背后的问题。"

"融合可不好做，多少人望而却步。"我说出了自己的担心。

"是啊！分科简单，融合难；照本宣科简单，实践难。"汪正贵缓慢而低沉地说。

"你们明明知道难，为什么还要做，还要为难自己？"我故意问道。

"我们是从人出发，从学生的成长出发，从未来社会对人才的需求出发，探索一条新路。如果走老路，那就没必要办这么一所学校，那样的学校太多了。"汪正贵严肃地说。

"短期内我们可能会很辛苦，甚至很孤独，但如果在一个较大的时间尺度上看我们今天做的事，就很有价值。"汪正贵边说边伸出两只手拉向两边，"拉长了看，一定会看到不一样的东西。教育不是要适应未来，而是在创造未来。只有与现实保持一定的距离，始终看到未来，才能创造一个不一样的未来。"

"这是十分超前的探索。这一步关乎当下与未来，着眼于一个人的终身成长、一个国家和民族的未来。这是使命使然。"我再次被青岛中学的追求深深感动。

"教育部基础教育课程教材发展中心拟将青岛中学作为基础教育课程改革实验基地。我们力争 10 年后为中国基础教育课程建设提供样本。"汪正贵信心满满。

"这是一条艰难的、少有人走的路。我从安徽到北京，又到青岛，远离家乡和亲人，远离熟悉的环境，越走越远，心情蛮复杂。坦白地说，青岛中学的办学规模、师生数量不及马鞍山二中，但在这里压力更大……。"汪正贵十分动情地说。

随后，他站起身，望着窗外的红瓦绿树，深情地说："一座城市的梦想与追求，一旦融入国家战略，就被赋予了特殊使命。中央全面深化改革委员会审议通过的《中国—上海合作组织地方经贸合作示范区建设总体方案》，将青岛推到了中国发展的最前排。教育是发展的先手棋，青岛中学应当肩负起相应的使命。我们将为青岛培养人才，也将更广泛地辐射青岛乃至整个山东的教育，更好地为青岛经济、社会发展服务，更好地服务国家战略。"

我被汪正贵的执着以及他改变中国教育的雄心和抱负感动。

2. 一支课程研发的生力军

走出汪正贵的办公室，我沿着办公楼一层楼道朝东走去。楼道北面墙上镌刻的几行大字吸引了我的目光。

青岛中学视学生成长为第一利益。

青岛中学肩负使命，为中华民族培育栋梁。

构建中国系课程，涵养华夏根文化，培育民族魂学子。

立足青岛，扎根中国，拥抱世界。

这是青岛中学的办学宗旨、立校之魂，也是全体教师面向未来的豪迈宣誓。

穿过走廊，我乘电梯来到教学楼 A 区 4 层。在 403 教室，我见到了高中年级主任王东刚。

"当时研发课程是一种什么样的情形？"我开门见山。

"研发课程重新燃起了我对教育的热情。小学、初中、高中十二年如何打通？比如，数学培养抽象能力，一到十一年级如何螺旋式上升？我们自己编写读本，如《数与式》《方程》《不等式》《函数》《数列》《立体几何》《平面几何》《解析几何》《概率》等，满足不同学生的学习需求。我们一年就做出来了，这很有意义，很有价值。我很兴奋，节假日也不休息，常常做到夜里两点。"回忆起研发课程的经历，王东刚很兴奋。

"我常想，如果没有高考，学生还学不学数学呢？如何激发学生的学习内动力，这是我们一直在研究的课题。数学究竟有什么价值？这门学科对我们有什么意义？通过这门学科的学习，我们可以感受美的存在，如对称美、不对称美、逻辑美等，可以体会发现的乐趣。我们培养的是思维方式，研究的是生活中的问题。"王东刚继续说。

"这样教学，家长不担心吗？"我轻声问道。

"我们不按老路走，而是选了一条艰难的路，帮助学生发现学科内在的规律，用研究的方法解决问题。短时间内家长发现成绩不够理想，确实有点儿担心。没想到，学生会劝家长：'妈妈，你不要焦虑，我知道怎么学会。'"王东刚笑了。

"学生学得如何？"我追问道。

"很明显，学生的数学阅读能力大大提高了。他们会对信息进行识别、思考，然后推导出结论，并用符号、图形来表达。这是有逻辑的表达，十分难得。"他特别强调了这一点，"分数只是阶段性学习结果，不应当是我们追求的目标。"

2016年冬天，高丽霞老师到北京参加新学校年会，被邢凤玉和史建筑老师讲述的学科教育故事深深打动："这是我一直追求的理想教育，这样一种生命状态真好！"2017年夏天，结束了一个学期的工作，高丽霞登上了去往青岛的列车，来到青岛中学。刚一入校，她便满腔热情地参加了课程研发工作，在全新的挑战中体味生命的鲜活跃动。

"小学课程围绕'我与我们''我们与自然''我们与社会''我们与世界''我们与未来'五大领域开设，通过话题展开。一个话题配备一个资源包，课程是开放的，设置一个情境，还原世界本来的样子。课程不是拼盘，而是统整，是融合。这样，学习就与生活密切相关，而且我们从一开始就将评价嵌入其中。"担任小学部主任的高丽霞兴奋地谈起研发课程的经历。

"现在看来，培养学生的自主学习能力是重要的课程目标，而要实现这个目标，我们就要研究学生学习的个性化和多样化，帮助学生学会学习；还要关注学生学习意识的形成、学习方法的选择、学习进程的评估等。这对教师的教学设计挑战巨大。"我知道，这对她来说不是一件容易的事，但她还是想试一试。

在杜威老师眼里，十一学校是个神奇的存在："学生脸上有笑容，在那里仅仅待了半天，我就被震撼到了。"2019年，一个春花烂漫的时节，杜威来到十一学校，看见一群学生在校园里赏花、拍照，心里一阵激动："这才是生活本来的样子。"

他是青岛中学最早一批参与课程研发的老师。"想想自己的成长经历，那些无休无止做题的日子，令人不堪回首。我们到底要教给学生什么？他们最需要什么？要通过这一学科锻炼他们的什么能力？我们一直在思考这些问题。"

"2017年，我们做出了第一批学习任务单，用实验推动学生学习知识、推导出书上的结论，让学生在经历无数次实验、无数次推导后，获得学习能力。这是教师的使命，也是学校存在的价值。学习能力是面向未来的重要能力，只能在学习过程中获得。有了这个能力，学习起点就不是问题，进度快慢也不是问题了。"杜威说话很有底气。

他递给我一份"种群与群落"学习任务单，有好几页，大约有6000字。第一部分是学习目标，共六条，每一条都直指教学重点、难点，清晰、适切，具有可操作性。第二部分是自主学习要求和清晰的任务，特别明确了阅读时需要思考的问题。第三部分是实验和活动方案，告诉学生可以用什么方法进行调查、分析，如何使用数据等。第四部分是检测。这样的学习任务单不仅提出了学习目标，而且提供了帮助学生学习的工具、方法、脚手架等。有了它，学生自主学习就成为可能。

刘宝林老师原先在淄博教书，2016年来到青岛中学。尽管教了十几年书，但他说："融合课程如何做，对我来说还是很难。我一直在纠结，怕打乱学科体系。数学到底是什么？经过无数次争论后，我终于明白它只是工具。当我们用数学思维和方法去解决问题时，心结一下子就打开了，不害怕了。2017年，曹君老师从北京带来了一个案例'有趣的动物世界'。我一看，这就是融合呀。接下来，我开始尝试做融合课程，聚焦学习目标，设计真实的任务，提供丰富的资源。比如，'胶州湾鱼类近30年的变化''心律测量统计''我爱运动''管好我的压岁钱''认识时间''认识方向'等，一个个真实的任务借助数学完成了。当数学从儿童感兴趣的活动或真实生活中自然生长出来时，学习数学就变成了一件好玩的事"。

"你在做融合课程时觉得最难的是什么？"我问。

"寻找恰当的融合点最难，犹如大海捞针。"他说，"运算不大好融合，如何帮助学生建立量感、数感，比如'克'是什么，可以借助一个相关情境。平移和旋转知识也不好融合，比如小车为什么会动，可以在游戏中引入。"

"有没有融合得比较好的？"我又问。

"当然有。"他肯定地点点头，"融合得特别好的是统计、图形、数的认识等，这些知识在生活中应用广泛，学生一般有相关经验。"

"你们是如何解决建立知识体系的问题的？"

"我们用思维导图建立知识体系，这样既可以很好地融合知识，又不失数学的逻辑，还能培养学生的思维能力。这是我们努力的方向。"

说完，刘宝林打开电脑，指着屏幕上密密麻麻的图说："一张张思维导图，将同一主题的知识联系起来，有时是对一个单元内的知识进行梳理，有时是从一年级到五年级纵向贯通，以帮助学生在头脑中建立起学科网络。"

"我们的目的不在于把一个完整的知识体系呈现给学生，而在于教给学生思维方法、基本原理和核心概念。在进行教学设计时，学生的学习基础、学习态度、思维方式、知识在整个体系中的位置和知识的价值都在考虑之中。"他特别强调。

"儿童的世界本没有学科之分，有的只是生活和玩儿，你给他提供的课程只要能触动他敏感的神经，让他感觉好玩儿、有意思，学习就会变成自然而然的事。"刘宝林一边讲，一边滑动电脑屏幕让我看。我发现了一个细节，每个页面下方都放有一句话："把学生放在心上。"

3. 这样教书很幸福

张文婷老师 2017 年从北京师范大学毕业后来到青岛中学，她说："没想到这里的课程理念很新，我们将国家课程标准进行拆分，形成每一学段、每一单元的层级目标，依据学生的发展需求，开发出丰富的选修课。这种创造性工作，是教师幸福的一个重要来源。"

李琳老师谈到来这里最大的感受，笑着说："我终于可以按照自己的想法备课了。"

"你是怎么备课的呢？"我很好奇。

"我们将 5 本必修教材、3 本选修教材中的 48 个模块重新整合成 14 个大单元，在'人与自我''人与社会''人与自然'的主题下，设计任务群、检测指标等，帮助学生学会学习。备课过程极具挑战性，很有意思。"

"在'人与社会'主题下'文学与艺术'大单元中，我整合了 5 本教材中的 6 个模块，使单元内容丰富而紧凑。学生不间断地围绕一个话题学习，词汇复现率极高。他们惊讶地发现，精读文本中出现的词汇和表达形式在泛读材料中也会出现，唐诗中对山水的表达在其他艺术作品中也会出现。这样，词汇输入是成块的、整体的、有结构的，有利于学生写作时的整体输出和表达。在完成整个大单元学习后，学生对'文学与艺术'会有一个比较完整的认识，从历史背景到文学、艺术形式，再到中外作品的表达形式和如何赏析文学与艺术，他们都会有自己的理解。这对培养学生的批判性思维和国际视野是很有帮助的。"李琳兴致勃勃地介绍。

"举个例子？"我说。

"十年级'Travelling'大单元，我整合了三套教材（人教版、外研版和北师大版）中相同主题的语篇，把关于 New Zealand（新西兰）、Australia（澳大利亚）和 Canada（加拿大）三个国家人文地理和旅行的语篇汇总在一起，编成项目式学习手册，将核心任务设定为：制订一份高中毕业后'无家长嗨旅'计划。"

"怎么样？学生喜欢吗？"我追问了一句。

"期末复习时，学生谈论起当时的学习情景，仍然十分激动，这让我感到很欣慰。我在这个单元好好'玩儿'了一把。"李琳笑了。

在青岛中学，每一位教师都有课程研发任务，这是他们的教学工作不可或缺的一部分。

纪琳老师 2016 年从哈尔滨师范大学毕业后来到这里，谈到课程研发，她一开口便说："探索很难，但激情还在。"

"为什么这么说？"我问。

"这条路是正确的，对孩子们有好处，对他们的成长有好处。"纪琳的语气很坚定。

"目前你的研究处于什么状况？"

"慢慢找到感觉了。"纪琳笑了。

这里的教师工作量很大，尤其是课程研发任务很重，可孙宝石老师说："工作愉快，累点儿也没事。"

体育老师张小萌笑盈盈的，我问她："你喜欢当教师吗？"

"特别喜欢。"她回答。

"为什么喜欢?"

"我是学羽毛球的,可我不是来'教'羽毛球的。"她把"教"字咬得很重,"我们的体育课程门类很多,我们的目标是培养学生健全的人格。不同门类的课程承载着不一样的育人功能,比如,通过健美操、街舞等培养学生的自信心,通过射箭等培养学生沉稳的性格,通过击剑、跆拳道等培养学生急中生智的能力、果敢和坚毅的品质,通过篮球、棒球等团队项目培养学生的合作意识,通过乒乓球、羽毛球等培养学生做一步想三步的能力和战略布局意识。18 门体育课程学生都非常喜欢,小学每天一课时,初中、高中每周四课时。"张小萌很兴奋地说。

"我们实行分层教学,每门课程都分为水平Ⅰ、水平Ⅱ、水平Ⅲ。"她又说。

"这对教师挑战很大呀!起码工作量加大了。"

"是的,主要是课程设计挑战很大。例如,一个学生选了 7 个学期的羽毛球课,我们单独为他设计课程,带他参加省级、国家级比赛。我们为学生提供一个平台,让他们掌握一项终生受用的体育技能。"她认真地说。

"设计课程时,我们考虑的是教什么,而不是怎么教。拥有这样的自主权让我感觉特别幸福。我特别清楚我要做什么、我未来的发展在哪里,我对自己的事业发展有很高的期许。"说完,张小萌笑着赶去上课了。

任艺平老师很有艺术气质,他用音乐熏陶学生。"音乐课的目标不是把学生培养成演奏家,而是使他们懂得欣赏,感受到美。"

2021 年春季学期的第一堂音乐课,他将电影《你好,李焕英》中的插曲《萱草花》变成课程资源。学生小心翼翼地看着他们不熟悉的五线谱弹奏,旋律出来的一刹那,他们眼中突然放光,兴奋地边笑边说:"哎哎哎,这不是那个……那个寒假里上映的电影中的曲子吗?"

下课了,学生还在弹奏,任艺平布置了一个任务:"回家试一试,当你和父母说话时,脑子里飘过这段旋律,看看有什么感觉。"

第二天,一个同学找到任艺平说:"老师,我按你说的试了一下,突然感觉我妈妈说话变温柔了，之前一直觉得我妈妈唠唠叨叨的，有点儿烦，好像一下就变了。好神奇啊！"

任艺平动情地说："这堂课已经过去5周了，学生坐电梯或去食堂吃饭时还经常哼着这个旋律。"

4. 发生在教学楼里的故事

陈学姣老师是北京大学硕士毕业的。即将毕业时，她一直在想："我是学环境工程的，到学校能做什么呢？"听了十一学校的招聘宣讲后，她说："这种教育太美好了！正是我渴求的。"2019年，她怀抱一种理想、一种使命感来到青岛中学。

教学人体骨骼时，为了帮助学生认识人体骨骼，理解骨骼具有运动功能，她设计了一个学习任务单，包括具体的检测指标，让学生尝试用木条做人体骨骼模型。"学生很兴奋，从做规划开始，一步步安排好，然后分成小组测量每个人的头、脖子、肩膀、大臂、小臂、大腿、小腿、脊椎、手掌、手指、脚，甚至脚趾也量了。之后每个学生根据数据画出了清晰的人体骨骼图，并标明各部位的名称、长度等，展示了学习的另一条路径。"

很快，陈学姣便看到了更加深刻的变化。"学生还在人体骨骼图上标明了人体各部位的长度比例，所需木条、木板、细绳的数据，具体的打孔位置，以及如何展示骨骼支持躯体的功能、如何展示四肢和颈部的灵活运动、制作骨骼模型分哪几步等，最后小组合作完成骨骼模型制作。"谈起学生的学习过程，陈学姣如数家珍。

更让陈学姣吃惊的是，周一她一进教室，便发现自己的办公桌上摆满了学生的作业——一个个形态各异的骨骼模型。她连忙掏出手机拍照。学生获得的发展超出预期，让她很有成就感："当老师，你的喜悦都来自学生，都是学生带给你的。"

对陈学姣来说，这是一个难忘的经历。"如何让学习变得更有吸引力？如果学生没有事做，他们的时间就会流失掉，学习成绩就会下降，他们很快就会厌学，教师也会有挫败感。"于是，她开始向更深处探索，改变了以往的做法，从如何学的视角考虑教学设计，一场脱胎换骨的惊人转变开始了。

接下来，她带学生做了皮肤模型、消化系统模型。她下定决心要把学生教好，不被分数绑架。"每次考试我们都会面对来自家长的压力。他们虽然也希望孩子在理想的教育模式下学习，在孩子进我们学校的那一瞬间也是坚定的，但是，看到别的孩子反复做题、训练，而这里没有刷题，家长就慌了。每当这时，我总是对他们说：'请想一想你家孩子这两年变化大不大。'"

"你很坚定吗？"我故意问道。

"我很坚定，两年来我从没动摇过，这样的学习对学生未来的人生一定有用，等他们到了高校就知道了，他们的思维能力、创新能力、表达能力都会和别人不一样。"

"你为什么这么有把握？"

"一是因为我的认知、我的学习经历；二是因为我的学生，他们的表现让我感到惊讶，他们今后一定会很棒。"陈学姣十分自信，"某次检测我们可能考不过别人，可那是暂时的，放在一段很长的时间里看，我们一定会不一样。"

每天和学生在一起，陈学姣感叹道："我们原来有那么多交汇点，我们的认知竟然如此相通。我们讨论问题时，每一次心领神会、每一次情感共鸣，真是无与伦比的、奇妙的快乐。"陈学姣眼中闪烁着幸福的光芒。

下课时，一群十几岁的孩子围着陈学姣说说笑笑，他们亲切地称呼她为"老陈"，这是一幅多么美好的画面！

离陈学姣的教室不远处，是周芳颖老师的教室，她毕业于北京协和医学院生物医学工程专业。2019 年 7 月，她意气风发地来到青岛中学。"我们研究了国家课程标准，包括科学、物理、化学、生物学课程标准，还借鉴了国外的研究成果，最后整合出科学课程框架。我们从对学习目标和路径的解读开始，设计问题串和一系列探究实验，给学生提供丰富的个性化学习资源，最后通过诊断反馈学习效果。"周芳颖仿佛在自言自语。

如何融合各学科内容呢？一直找不到突破口，周芳颖十分焦虑。后来，她终于找到了一个案例——"秦岭"。

秦岭横贯我国中部，是一条东西走向的古老褶皱断层山脉，它不仅是中华文明的发祥地之一，还是中国"南方"与"北方"的地理分界线。"横贯东西的高山阻挡了来自南方的暖湿气流，使秦岭南北坡的地理环境、生物特征有了很大区别。通过秦岭的真实情境，我们可以将物理中的物态变化、物质测量，生物学中的微生物、植被分布，化学中的化学变化、水循环，地理中的天气变化、经纬度知识有机融合在一起。"这一新的教学思路，使周芳颖兴奋不已。

在研究了《浅谈秦岭的地理分界意义》《秦岭地区夏季气温的时空分布特征》《陕西传统民居地理研究》等十几篇参考资料后，他们根据课程标准，设置考查点，创设情境，比如，爬山时发现山上、山下温度和植被有差异，山上水会沸腾但食物煮不熟等，让学生从气候、地质地貌、水文界线、土壤界线等八个板块进行研究。在老师的带领下，学生开始了"秦岭之行"。从神秘的藏宝图开始，到最终发现鱼化石，近万字贴近生活的背景材料和图片，全面展示了秦岭的地貌特征。

"我们团队负责教授六至八年级科学课程，我们将传统初中课程体系中的物理、化学、生物学、地理等学科知识有机整合起来，同时参考国外优秀科学课程，从科学大概念出发，注重科学的本质，对真实问题进行探究，实现了真正的跨学科融合。"周芳颖十分自豪地说。

看了期末诊断卷子，家长被震撼到了。有家长给周芳颖发来微信："完全不一样的学习！简直太赞了，完全是学以致用，看得我都想带孩子去秦岭了。"这对她是莫大的鼓励。她激动地说："真实生活中面临的问题往往是复杂的、开放的、没有标准答案的。我们坚信，一旦打破物理、化学、生物学等学科的壁垒，就可以引导学生全面地看问题，而不是从单一学科视角看问题。要尽量建立知识与真实生活的联结，这一定是未来的大方向、大趋势，这样的学习是科学的，是符合未来发展需要的。这才是真实的世界里真实的学习。面对复杂的场景、真实的问题，用分科的方式是走不远的。"

这段经历让周芳颖深深体会到："只有教师从融合的视角看世界，学生才能如此。每天晚上科学组的老师都在加班，我们好像重新过上了读研的生活，并且是在研究新的领域。我觉得这很有价值，我感觉很幸福"。

陈学姣和周芳颖的宿舍紧挨着，有时候，陈学姣晚上备课时突然来了灵感，便立刻敲开周芳颖的门，俩人抱着笔记本电脑站在门口就聊起来。"这是常态，很辛苦，但很快乐。"陈学姣笑着说。

青岛中学与其他学校不一样的，绝不仅仅是建筑，这里的每一个生命、生命的每一次跃动，都个性鲜明、与众不同。

5. 不一样的学习

沈文华老师常常戴一顶别致的帽子，学生亲切地称她为"帽子老师"，他们这样描述她：

> 作为一位语文老师，她的情趣可不一般呢！她的笔袋里装着各式各样精美古典的钢笔。她认为，钢笔能体现一个人的情怀，现在的人天天使用签字笔，很少用钢笔，这样一种情怀正在逐渐消失。
>
> 帽子老师的教室是最独特的，里面不仅有标配的现代厨具，还有许多她以前在上海旧货市场购买的书橱。这些书橱看似破旧，但包含了很多很多的故事和韵味。老师告诉我，现在的书橱虽然精致，但没什么美感，而她收藏的古典书橱，放在教室里别有一番风味。
>
> 帽子老师的收藏品中，还有一样让我们感触特别深，那就是她精心选购的古代砚台。那可是货真价实的呀！这些砚台绝不像现在的砚台，只有用处，却不能带来视觉上的美好体验。老师的两方砚台，别致而带有古典美。她认为，将砚台放在桌角，能够让人从工具上感受到写书法的乐趣，享受写书法的过程。老师现在将砚台作为语文教学的重要工具，它们能让同学们更加喜爱语文。

第一次踏进青岛中学时，沈文华心里一阵惊喜："我来啦！这就是我应该生活的地方。"建校之初，她便从上海来到这里，并由衷地喜欢这里的课程。

在教室里，她谈起了刚刚结束的单元学习。

"这是一种综合性学习。"沈文华开门见山，"通过这样的学习，学生知道了电是自然界中存在的一种能量表现形式，光、热、风等也是能量的不同表现形式，电能与光能、热能、风能等可以相互转化；知道了哪些材料是导体，容易导电，哪些材料是绝缘体，不容易导电；认识了电路的必要元件，如电源、导线、用电器、开关等；知道了通过切断闭合回路可以控制电路；了解了电池的不同用途，认识了不同型号电池的正、负极。"

如何让电看得见呢？老师们设计了一个核心任务——"制作创意小灯，点亮'时尚来电节'"。学生要完成这个核心任务，先要完成一系列子任务，比如学习电学小常识，设计简单的串联、并联电路，制作手摇发电设备和水果电池，利用能量转化规律获取电能。

为了帮助学生感受电在人类生活中的重要作用，老师们让学生查找资料，了解中国的用电情况和重要的电力工程，调查自家的用电情况，制定家校节电措施，写节约用电倡议书和作文《假如世界没有电》。老师们还提供了丰富多样的资源和工具，为学生自主学习提供支持和保障。

任务刚一发布，学生便表现出极大的兴趣，他们跃跃欲试，选择自己感兴趣的话题。几天后，一场精彩的汇报活动开始了，同学们围绕电的发现、电是什么、雷电、电池、电的故事、电的传说、关于电的奇思妙想、水果电池、欧姆定律、用电安全等，讲述自己的研究成果。

沈文华兴奋地说："这个任务引导着学生，使学习一步一步真正展开。他们学习使用电费缴纳工具调查家庭用电量，了解疫情居家期间全国用电量，学习写倡议书，发出倡议。在研究用电量时，他们利用数学知识，用含有多个字母的式子表示数量关系。学习写倡议书时，他们不仅学习了倡议书的基本写作格式，还学习了有中心、有条理、重证据地思考和表达，把自己的感受和观点写清楚。他们还利用信息科技课上学到的知识制作幻灯片。"

"如果核心任务是躯干，子任务便是四肢。"沈文华强调，"子任务——学习电学小常识的语文学习目标是能使用速读、略读的方法把握主要内容，按时间顺序梳理电的发现历程。在完成这个子任务的过程中，学生的阅读量得到扩大，阅读速度得到提升。"

让沈文华感受最深的是，"学生的作品不仅立意新颖，科学性强，而且充满童趣。通过各种活动，学生加深了对电的重要性的理解，增强了节约用电的意识。这是有意义的学习，是深度学习。这也意味着学生不再被动地处于课程开发的末端，而是以灵活、主动的方式参与到课程建构中，他们是学习的主体、发展的主体、创造的主体"。

这样的学习方式得到了家长的赞许，他们在微信中纷纷点赞、留言：

"学习不仅在学校里发生，也在家里进行。"

"在学校里，老师给孩子们埋下了科学探究的种子，使他们充满好奇心。"

"当一项充满趣味的、有挑战性的任务诞生时，学习就会自然而然地发生。"

学校不遗余力地增强课程的丰富性、选择性，拓展学生学习、实践的空间，使服务于学生成长的"跑道"无限延伸，为"人的全面而富有个性的发展"提供了广阔的空间。

6. 全然不一样的研究状态

初晓楠老师的教室位于教学楼 A 区三层，桌子上、椅子上、沙发上、墙角的边台上，都是适合学生看的书，还有学生的作业、作品。这间英语教室，简直就是一个色彩缤纷的外语世界。

初晓楠的故事与别人有点儿不一样，她硕士毕业于中国石油大学（华东），在山东科技大学教了 10 年英语后，去美国哥伦比亚大学读双语教育硕士。2018 年暑假，在哥伦比亚大学深造的她带着美国朋友参观青岛中学，被震撼到了！"这里和我儿时读书的学校太不一样了！"一个偶然的机会，时任青岛中学执行校长的秦建云去美国参访，和她畅谈中国基础教育的未来。那天晚上，她做出一个重大决定——马上回国。

谈到英语课程实施大单元教学，初晓楠一下子兴奋起来："一看五大领域我就兴奋，就热血沸腾。这是一项创造性工作，现在框架已经很清晰了，下面要做的是继续填充内容，不断丰富、完善这个框架。自己虽然很渺小，但只要能为这一伟大事业尽一点儿微薄之力，就很好了。"

和初晓楠同在一个教室的葛畅老师毕业于美国波士顿大学，她2020年底加入青岛中学。"我们六位教师一起研发小学一至五年级英语课程体系，大家不拘泥于一套教材，而是取众家之长。"葛畅笑着说。

我环顾四周，发现墙上贴满了动物主题的画，上面有极地动物、森林动物、沙漠动物、草原动物、海洋动物等，还有动物吃什么、喜欢去哪里、如何保护动物等内容，十分有趣。这些是学生自主组成小组学习研究的成果。

一阵悦耳的铃声响起，同学们走进教室上课，我也坐在教室后面听课。桌子上有一个大大的本子，是初晓楠的备课笔记。

"我爱运动"主题教学设计

［日期］

2020年10月27日

［教学目标］

社会情感目标：能够识别自己的身心状况。知道在极端身体状况下（例如很饿时）做出的判断时常不准确，情绪激动时（例如很生气时）做出的决定时常不正确。还知道在这些时候，可以使用一些调整状态的小技巧，比如细嚼慢咽、深呼吸、找人倾诉。

内容目标：能够根据健康饮食搭配原则设计午餐食谱，合理设计饮食方案／聚会活动方案。

语言目标：能够交流食物／运动／身体话题，可以表达自己的喜好，可以在模仿的基础上灵活使用英语创作计划书。

文化目标：通过阅读和总结已学过的知识，能够了解并尊重不同文化背景下人们的饮食习惯（如食物／餐具的不同）。

持久理解目标：能够持久理解以下内容——只有了解自己的身心状况，才能更好地思考；健康饮食是均衡搭配；分享是快乐的源泉之一。

……

备课笔记里还有评估诊断的内容，比如对学生学习兴趣的诊断，学习兴趣分为认知兴趣、参与兴趣、阅读兴趣、倾听表达兴趣等，每一项都有具体的观察点和评估指标。

下课后，初晓楠走过来说："我们的课程目标指向英语核心素养。我们认真研究了各版本义务教育英语课程标准，对比教学建议，依据新的变化和要求，根据学生的认知发展规律，为学生量身绘制了一张从一年级到五年级螺旋式上升的学习地图。"

"接下来，我们对国内外经典教材、各类文本进行甄选，取众家之长，有梯度地搭建适合学生学习的内容，并且制作分层阅读手册，包括阅读内容、阅读指南、阅读工具等。我们既遵循基本的教学原则，又有适合学生的创新实验。"初晓楠指着我身后的一排书柜说，"这里面都是分级阅读书籍。"

教室南面墙边上，立着一排矮桌子，上面摆满了一个个大盒子，盒子里面是学生的作业。这可不是一般的抄写作业，而是按照老师的要求填表格、涂颜色、做标记等。我拿起一个本子，其中一页上面是一个大三角形的屋顶，下面有三个支柱，每个支柱涂了一种颜色——三角形屋顶代表主题，支柱代表关键内容。教学重点、难点不再只是简单地用语言描述，而是用一幅生动有趣的图画、一张表格、一张卡片、一本折叠小书等，通过不同的色彩、图像表述出来，让学生一看就懂。这就是工具、方法、脚手架。这些改变，使学习变得不一样。

初晓楠自豪地说："英语是我们学校五大领域的重要学科之一。我们的主题教学有利于学生成长，让学生在完成真实任务的过程中综合运用知识和技能去理解学科大概念，发展学科核心素养。"

他们的改变远不止这些，所有课堂都不再是单纯讲授，而是设计话题，通过核心任务引导学生学习。

丁瑶老师对课程研发也有极大的兴趣。在她的教室里，我被"我和草原有个约定"主题学习深深吸引。学生在这个主题下了解草原、认识草原。他们研究草原的气候、环境、歌舞、饮食以及描写草原的文学作品等。该主题融入了语文、数学、科学、艺术、体育与健康、技术等学科的知识。学生的阅读量也增加了，教师补充了《在草原上》《蜘蛛开店》《小毛虫》《小图雅搬家》《非洲草原王者》《苏和的白马》《玛依拉的鹰》《草原大追逃》等十几本绘本。"学生非常喜欢，非常投入。"丁瑶自豪地说。

学生还要做小导游，他们不仅要介绍草原的气候、环境、植物、动物、景物，而且要介绍草原文化，包括饮食、歌舞、文学作品等，还要为游客安排食宿、解决购物问题。其间，学生要学习有余数的除法、长方形与正方形的特征等，做指示牌时要利用科学课上所学的知识，标明天气，标明位置与方向等。

丁瑶的教室门口，有一张长长的大桌子，上面摆放着一排排大文件夹。我拿起一本认真翻看，里面有学生写的、画的，有文字、图表、计算，从中可以看到学生丰富的学习经历。

"这很有创意！"我对站在一旁的张彦会老师说。

"这是我们最拿得出手的东西。"张彦会十分自豪地说，"这样的学习最大的好处是作业很少，几乎没有单纯抄写的作业。这是一个学习手册，活页的，可以随时增补新内容。学生完成的一张张任务单，合起来就是厚厚一大本。这是对学生学习的记录。"

"这样的学习模式对教师的挑战是不是很大？"我问。

"是的，设计任务单工作量很大，知识和能力都得融入其中。学生按照任务单自己学习，教师则加以点拨、指导，随着学习的深入，教师的讲授明显减少。"张彦会说。

"任务单是一种引导学生学习的工具。师生只有充分掌握教学和学习的工具、模型、脚手架，才能高效达成课程目标。"张彦会接着说。

"这样是不是就可以避免'一收就死，一放就乱'的问题？"我又问。

"是的，但必须完善课程链的各个环节，教师要从课程目标、课程内容、课程实施、课程评价与诊断等方面系统思考，让它们环环相扣，以增强课程实施的整体效益。"张彦会特别强调道。

张彦会 2017 年从长春来到青岛中学，目前负责年级工作。他看重这里平等、尊重的人文环境："这是我期待的教育，让我很有成就感。"

在这座校园里，我看到的、听到的都在告诉我，它的的确确和别的学校不一样，它有不一样的选择、不一样的定位、不一样的路径，以及全然不一样的教育姿态。

7. 别样的风景

教学楼 A 区三层东侧楼道拐角处有一排书架，上面摆放着学生的游学笔记。张望之同学写了一大本厚厚的《长安古意》，里面有课程安排、游览图，图上标注着袁家村、秦始皇帝陵博物院、大雁塔、明城墙、大明宫国家遗址公园等，还有学习资源，包括游学地点简介、学习任务、学习目标、知识链接、研究专题参考、游学规划书。更让我感兴趣的是西安地势图，还有唐大明宫图、唐长安城商业和娱乐场图等。这是学生游学的成果，这种在丰富资源支撑下的真实的学习的确与过去不一样。

我将学生的笔记放回书架上，朝教室走去。迎面走来一位家长，她是六年级吴吉贺同学的家长金吉霞女士，是来参加家长会的。她笑着告诉我："孩子很喜欢上学，明显感觉这里和其他学校不一样。"

"哪里不一样呢？"我很好奇。

"学习方式不一样，这里采用跨学科学习的方式，比如研究植物的结构、植物的营养、蛋白质、脂肪等时，连英语课也是这样的教学内容，英语阅读理解正好是关于蛋白质的。这样学习，学生融会贯通的能力一定很强。"她笑了。

"你不担心孩子的成绩吗？"我追问。

"第一次科学考试，孩子的分数不够理想，但是，他对学习有兴趣，常在家里动手做模型，画根、茎、叶的结构图。在动手过程中，他已经掌握了很多东西。"她又笑了。

不一会儿，我又遇到了陈襄华同学的母亲。"孩子上几年级？"我问。

"初一。"她回答。

"感觉怎么样？"

"当然好啦！"

"哪里好啊？"我又问。

"哪哪都好！"说着，她扑哧一声笑了。

"你是怎么知道青岛中学的呢？"我很好奇。

"我在北京时邻居家的孩子是十一学校的，我知道这是一所很了不起的学校。老师们尊重孩子的个性，关注孩子的全面发展，导师对孩子的心理健康非常重视。听说青岛中学是十一学校的盟校后，我便将孩子转过来了。"她缓缓地讲给我听。

"青岛中学哪方面让你印象深刻？"我问。

"老师的专业水准和对孩子的爱让我印象深刻，和其他学校的老师相比，他们有太多不一样的地方。"她回答。

"还有吗？"我又问。

"他们不光尊重孩子的个性，让孩子放飞自我，而且注重培养孩子的规则意识，全方位关心孩子。"她的语气十分肯定。

下课时，楼道里挤满了学生，金周蒂同学见到母亲笑着打招呼，母女俩和我聊了起来。金周蒂的母亲说："把孩子转过来我下了很大决心。孩子是五年级时来的，这儿包容的环境允许孩子犯错，而且孩子犯错后，老师会引导孩子反思、修正错误，一个一个地解决问题。这样的包容不是所有学校都能做到的。"

"您是李记者吗？"一位中年女性朝我走来。

"是啊！你怎么知道我？"我对她的话充满好奇。

"我听一位家长说您在青岛中学，我就是看了《中国教育寻变：北京十一学校的 1500 天》，才下决心把孩子送到这里来的。"她回答。

"噢！你怎么有这本书？"我又问。

"我是在网上买的。哎呀，看得我热泪盈眶！这就是我们期待的教育。我发现孩子在这里变化特别大，就把另一个孩子也送来了。"

与几位家长告别后，我来到教学楼 A 区四层。这里是一个安静的教学区，在这里我听到了两位老教授和两名中学生之间的感人故事。

2017 年，北京师范大学七十多岁的数学教授王昆扬、张英伯受邀来到青岛中学为高中学生开设数学选修课。

"没想到，每次上完课，学生都十分兴奋。"这让两位大学教授很高兴。

"干吗那么兴奋呢？"王昆扬教授问学生。

"因为我学会了呀！"学生骄傲地回答。

"他们学会了有挑战性的内容，他们喜欢数学，追着老师学，我也教得特别有感觉。"王昆扬教授很有成就感。

高一学生李中原、黄冠翔已经学到大学一年级的高等代数、数学分析了，而且学得非常好，学得轻松愉快。

"他们常常给老师派活儿，让我们给他们讲大学二年级的多元函数、多重积分等。他们的感悟力、领悟力特别强，逻辑推理能力也特别强，我们很少遇到这样的学生。"张英伯教授十分欣喜地说。

"他们反应极快，只要老师起一个头，就开始讨论，我们以前没有遇见过这样的学生。"王昆扬教授由衷地说。

"做中国的世界教育"，"构建中国系课程，涵养华夏根文化，培育民族魂学子"，青岛中学的领导和老师们正在为实现这一宏伟目标不遗余力地奋斗。

把学生放在心上

初夏，我来到青岛金家岭学校。

金家岭学校的建筑是圆形的，远远望去，一个巨大的银白色圆柱体矗立在蓝天白云下，与周边的一座座大厦交相辉映，构成一幅现代化的壮丽景观。朱则光校长介绍说："学校建筑面积只有约 12 万平方米。因为受限于占地面积，学校有不少空间在地下，可你却感觉不到它们是在地下，我们通过引入自然光，让地下空间也变得比较明亮。楼顶也利用上了，建成了一个大大的环形跑道。"

"这是上天入地呀！"我不禁赞叹道。

"建校之初，李希贵校长亲自修改图纸，充分考虑学生的特点，将整个楼群连成一体，楼与楼之间无缝连接，学生从任何一道门进去都可以到达想去的地方。所有空间都不安装吊顶，采用工业风裸顶设计，这样，既节约成本，又方便维修。"朱则光自豪地说。

"这样做最大的好处是为未来课程实施埋下了伏笔。我们是先有课程后有学校。"为什么这么说呢？朱则光继续介绍说："早在学校还未开工时，教师就已经部分到位，开始研究课程，建筑设计完全是按照课程实施的需要进行的，所有空间都能支撑课程的实施。"

1. 金家岭的笑声

这是一所年轻的学校，2017 年开始招生。这是一所深受学生和家长欢迎的学校，教室是学生最喜欢的地方，课堂学习是学生最喜欢的活动。

这个令人神往的巨大的圆柱体里会发生什么样的故事？这所学校和其

他学校有什么不同？

每天早晨 7 点 40 分，朱则光都会和老师们一起站在校园里迎接学生到校。大门一开，学生就像小鸟一样飞进校园，心中满是喜悦和幸福。他们喜欢学校、迷恋学校，周末也不愿意回家。学校很快就得到家长的认同，周围的家长纷纷把孩子送到这里来。

刚开学不久，一位一年级小朋友夜里做梦时笑醒了。家长问他："你笑什么呢？"他说："我梦见学校了。"一翻身，又睡着了。这时，家长睡不着了，一直在想：究竟是什么样的魔力，使孩子如此喜欢学校？第二天，家长找到朱则光说："我一定要为学校多做贡献，我家里还有一个孩子，将来也送到这里。"

家长们发现了一个很奇妙的现象：孩子上学短短两三周后，就变得特别自信、有想法了，在家遇到事情也敢做主了。他们用好奇的眼光打量这所新学校："为什么孩子那么喜欢学校？"

一天早上，我早早来到学校，发现学生走到学校门口，保安会热情地跟他们打招呼。学校共有六位保安，他们认识每一个学生。再往里走，校长和值班老师会笑盈盈地迎接每一个学生，跟他们相互问好。走进教学楼大厅，角落里传来美妙的钢琴曲，一个学生正在聚精会神地弹琴，用那跳跃的黑白键抒发着愉快的心情。

每次开学时，全校学生都会收到一封邀请函："每一天，每一刻，都是我们生命中的唯一一次，让我们一起用仪式感去迎接每一个早晨吧！"学校开发了一门课程，叫"早上好"，还专门成立了钢琴演奏乐队，每个学生都可报名参加。为了争取到演奏机会，他们都十分努力。一个学生提前几天在家里练琴，有时练到晚上 10 点多钟。家长十分不解："每次上钢琴课都是逼着去的，多练一分钟都不行，这回是怎么了？"朱则光的回答是："空间和场景变了，他在学校弹奏时，许多同学站在一旁观看，他有一种被重视的感觉。"

一天下午放学后，朱则光走进大厅，看到一个学生在忘我地弹琴，身边一个听众也没有，而他却是那样投入。朱则光默默地看着，内心涌动着特别美好的感觉。

朱则光还向我描述了他观察到的一个场景："一天，一个学生在那里弹琴，一位老师站在他身边吹笛子，大厅里，钢琴与笛子的和声、老师与学生的交流，哎呀，真是太美好了！那个画面令人陶醉，我看了许久，悦耳悦目，悦心悦意，悦志悦神。求知的快乐、探究的快乐，是人类最大的快乐。作为一位教育工作者，能够从事这样的教育，我心里充满了幸福感。"朱则光的眼里闪烁着兴奋的光芒。

停顿了一下，他认真地说："这个场景让我对儿童有了更深的认识。童年不应只是为成年做准备，儿童一点儿都不幼稚，他们也是独立的个体，他们的情绪、他们的反应都非常珍贵，我们要尊重每一个生命个体。"

我赞同地点点头："十一学校办学理念对我们最直接的启示或许就是这一点。"

张宸赫同学的爷爷说："选择这样一所'把学生放在心上'的学校，我们不仅看到了孩子全方位的进步，更看到了他每天都开开心心上学、高高兴兴回家。"

"这里的文化温暖人心。"陈英老师谈到这里的学习、生活和工作神采飞扬。钟燕老师感觉"来到这里后，翅膀展开了"，每个人脸上都挂着笑容，每个笑容都那么灿烂……

欢声笑语盘旋着散入澄澈的天空。

2. 北京来的校长

朱则光曾是十一学校的语文教师，颇受学生爱戴。

他是何时接到任命，以何种心情来到金家岭学校的？他是如何在金家岭学校践行十一学校办学理念的？

2018 年 11 月 20 日晚上，十一学校学术委员会开会讨论 2019 年工作计划。会议结束后，朱则光回到家，不一会儿，李希贵校长给他打来电话："到操场上转转？"

"好的。"他挂了电话往外走，心里在犯嘀咕："一定有事，但是，是什么事呢？"

朱则光和李校长沿着学校操场慢慢走，走了约半圈，李校长说："给你提供一个更大、更有挑战性的平台，怎么样？"

"您是不是有新想法？"朱则光问。

"是的。"李校长点点头。

"去哪儿？"朱则光问。

"去接金家岭吧。"李校长说。

"去金家岭？"朱则光感到有点儿意外。他知道，秦建云要去海南一所新的盟校赴任，金家岭学校需要有人接替，但离开北京，他担心家人反对，况且他本来是从山东调到北京的，也怕老家人说"怎么又回来了"。

然而，朱则光心里对李校长是深深敬佩与信服的，几十年来，他一直追随着李校长。看了李校长的《为了自由呼吸的教育》，他把书中的一句话"不要像一般人一样生活"放到电脑桌面上，作为对自己的激励。在十一学校这些年，他一直站在改革的风口浪尖上，做了许多从前连想都没想过的事，也不知道自己今后还会干些什么。

"我观察你不是一天两天了，早就看好你了。"李校长鼓励他。

"可是我没有管理学校的经验啊！"尽管感到有些意外，但他心里是平静的。他心想："这是领导对我的信任，领导安排的事，我不会拒绝，一定把它做好。"

"你肯定能干好。"

临行前，李校长送给他一本书《新官上任一百天》，并签了名，还嘱咐他："你去了一个新的环境，容易下手太快。记住，100天内，不要做深度变革，要注意多观察、多倾听，取得认同。"

谈起当时的心情，朱则光说："我的心情很复杂，既忐忑又坚定。为什么这么说呢？说实在的，我不太相信自己有这个能力，原先我一直在教学，没有管理学校的经验；但我又有点儿自信，李校长让我去，肯定有他的道理。我知道未来有许多未知和不确定性，充满挑战，但从2012年至今，我在十一学校得到培养，因此有责任去推动教育事业的发展。另外，我对李校长的信任也心存感恩。"

尽管朱则光没有管理学校的经验，但他毅然接下重任。对他而言，这就像一种神圣的使命。

3. 勇于探索的教师

这里的教师不仅专业水平高，而且有教育情怀、开阔的学术视野和终身学习能力。他们是课程研发的主体，课程研发与建设是每位教师的权利和义务。课程研发是深度教研，课程建设是群策群力。每位教师都十分清楚课堂教学改革的方向，不仅研究教，更研究学，以学生的学习为中心设计教学。

高祥虎老师 2019 年 9 月从山东济宁来到金家岭学校。我问他："你在这里的教学与以往有什么不一样？"

"太不一样了！我经常有一种深深的恐惧感，真的害怕掉队。"

"这里给你的挑战是什么呢？"

"我们备过无数次课，以前我从来没有觉得备课这么艰难，这是一条少有人走过的路。备课时的头脑风暴非常烧脑，让我们的内心特别挣扎：有没有一种现成的方案让我们看一看？这是大家特别期待的。可是，没有。"

"为什么要进行课程融合？"高祥虎说，"以往大多数学习停留在记忆层面，缺少理解和应用，课程融合可以解决这个问题。它与生活的关联更多，对学生更有意义。这能撬动学生的学习内驱力，这样的学习才是真学习。"

谈到课程融合给教师教学带来的变化，高祥虎认为："无论是大概念、大单元，还是核心任务，实际上都是为了实现从教走向学。在这个背景下，各学科综合协同育人，教师互相了解对方在做什么。这可以消弭学科之间的界限，使学科间互相配合成为可能。"

为了说明这一变化，他拿出教学设计给我看。教学目标非常清晰，教学内容主次分明。而且，每个教学目标和教学活动既相互独立，又有机联系。

"当然，开展融合课程需要教师有很强的整合能力。在开展前，教师要思考学习目标是什么、有哪些证据可以表明达到了学习目标。只有明确了学习目标，我们才能产生合适的教学行为。"高祥虎特别强调道。

"这对学生的发展有什么好处呢？"我问。

"这可以培育学生终身发展所需要的核心素养。为了完成学习任务，学生要阅读文本，要讨论、合作、反思等。学生的目的地是一样的，但抵达的路径、方式、过程是不一样的，学生的经历、感受、收获也是不一样的。"

"我一步一步往前走，一直在进步，我感觉自己的生命在不断成长。团队的力量鼓舞着我，我愿意和大家一起努力发光。这是个新世界，我想挤进去。"高祥虎的话语中透着兴奋，"附带说一句，虽然很辛苦，但我真有一种'山重水复疑无路，柳暗花明又一村'的感觉。"

4. 学生有了学习内驱力

钟燕老师说："学习过程中'快乐'和'挑战'是相伴而生的，学生的所有感官都被调动起来了。"她的话引起了我的兴趣。

"你是何时加入金家岭学校的？"我问道。

"三年前我从山东济宁来到金家岭学校，现在教小学三年级语文。"钟燕爽快地说。

"在这里工作感觉有什么不一样？"

"一开始内心像突然受到某种冲击一样，渐渐地，那种感觉又像涟漪一样一圈一圈向远处舒展、延伸。每天都是崭新的，每天都有新的活力，每天都充满期待，每天都打足十二分精神去学习新的东西。"

"你对这里的融合课程适应吗？"我继续问。

"刚开始完全是陌生的，但我愿意努力，我们集体备课，一起探索。比如，'陶与瓷有故事'是我校三年级上学期的研学内容，我们围绕这个话题设计了三个任务：通过寻找身边的陶瓷来认识陶瓷，了解陶瓷在生活中的应用；调动多种感官，留心观察陶瓷，并用表现事物特征的词语将观察所得记录下来，为陶瓷制作名片，向他人展示学习成果；动手做陶瓷，参观陶瓷博物馆等。"钟燕强调，"这个内容我们教了三届，每一届都有迭代更新，越做越有感觉。"

"学生学得如何呢？"我问。

"学生忘我投入，他们在支持性环境中自由探索未知、思考问题，并尝试解决问题。"

钟燕把她的教学设计拿给我看。其中有一段话，令我印象深刻："除了落实本单元'联系上下文和生活经验，了解词语的意思'这一语文要素，还要落实语言表达和语言积累，培养学生的知识迁移能力。"在这里，她强调了知识迁移能力，可见她对语文教学进行过深入探索。

5. 终于开始向"学"移步

2016 年 7 月，陈英老师来到金家岭学校，成为这所学校的第一批教师。

"我一入职就加入了学校融合课程研发工作，将第一届学生从一年级一直带到五年级。"她的语气中透着满满的幸福感。

"高年级学习内容好融合吗？"

对这个问题，她深有感触："高年级的确难度大，但融合是方向，其目的是培养学生的综合素养，让学生将学习与生活实际联系起来，进而理解学习的意义。融合指向的是真实问题的解决或深度思考，其方式可以是跨学科或超学科课程统整，也可以是学科内整合。我们要尊重学科的特点、学生的特点，教学目的是让学习与生活关联起来、与学生的素养关联起来，强调的是关联。"

她的这番理解出乎我的意料。原来，她读研究生时学的是课程与教学论专业。

"学生的反应如何呢？他们喜欢这样学习吗？"我问。

"学生眼里有光，他们对学习有浓厚的兴趣。这让我感到做这件事是值得的。"

"有没有融合得比较好的例子？"

"我们刚刚学完的'大航海时代'就是。"陈英兴奋地回忆，"我们将四年级数学'方向与位置'的学习融合进去，围绕'我们与世界'领域，以'大航海时代'为主题，设计了核心任务，让学生通过游戏，'游历'不同的国家，确定其方向与位置，并了解航海知识和航海人物；又将道德与法治'我们神圣的国土''多元文化　多样魅力'等内容融合进去；还将科学课程'浮力'的学习融合进去，让学生动手做小船模型，学生的参与度很高。"

"这一融合课程的学习目标是什么呢？"我问。

"追求真理，提升科学素养，培养人文气质，以多元视角看待世界，具有敏锐的洞察力，学会用恰当的方法解决问题。"

我想，他们抓住了学习的本质。

陈秀兰老师40多岁，她那轻柔又甜美的声音让人感觉她很年轻。而她更打动人的，是她身上散发出来的幸福感。学生都十分喜欢她。

陈秀兰2002年参加工作，之前一直在甘肃兰州教小学中高年级数学，2018年来到金家岭学校。她感觉这里的备课不一样："以往教数学用教材上的例子，课件是配套的，直接拿来用就可以了；现在则要绞尽脑汁去设计学习任务。"

她以四年级上册"大数的认识"为例，讲述了不一样的学习。他们以"大数知中国"为主题，设计了学习任务：正确读万以上的数，并在恰当的情境中对万以上的数进行合理估计；知道"十万"不仅是一个数字，也是一个计数单位，进一步理解十进制计数法，认识计数单位万、十万，感受十万的意义，形成数感；通过大数据认识美丽中国，认识祖国的河山、资源、人口，认识家乡。学生以极大的兴趣认大数、读大数，了解大数的组成。

"你对'十万'有感觉吗？"陈秀兰让学生选一袋瓜子，估一估大约有多少粒，再数一数，并算一算：一万粒瓜子大约有这样几袋？十万粒、一百万粒呢？她又让学生测量一百张纸的厚度，并估一估：一万张相同的纸摞在一起大约有多厚？十万张、一百万张呢？接下来，她让学生用十万以上的数来描述自己了解的事物。

学生四人一组，为心目中的"十万"代言，代言内容包括如何数出"十万"、哪里有"十万"、"十万"有多大等。通过人口数量、土地面积、矿产资源储量、粮食产量等，学生找到"十万"与真实世界的联系。代言方式可以是一段视频、一张海报、一段文字，也可以是一首歌、一次演示、一段讲解。学生收集素材、整理数据、拍视频、做海报……，有单独完成的，也有小组合作完成的。

"这样的学习时间一般拉得很长，需要一周、一个月甚至一个学期，但对学生的成长非常有益处。学生很喜欢做这些事。你不用告诉他数学有用，通过做这些事，他自己就能体会到。"陈秀兰深有感触地说。

"学生的学习发生了什么样的变化呢？"我问。

"学生的主动性、探索欲望、研究意识更强了，他们变成了探索的主体，自己寻找答案。这样的学习更加丰富、多元、扎实。核心素养如何培育？它一定是在学生有所经历和体验后形成的，没有实践过程是没法培育的。学生每天忙忙碌碌干这干那，实际上这是培育核心素养的一个个阶梯。几年下来，如果因为某个学科，学生变了，那这个力量就太大了！"

"教师的教有哪些改变呢？"我又问。

"教师不再按照课时讲授知识，而是设计一个个学习单元，以项目的方式推进学习，整合所有学习内容，以培育核心素养。"她想了想，接着说，"教师过去是在知识与理解层面设计学习任务，如今则是在分析、应用层面设计。只有这样，真正的学习才有可能发生，核心素养才能得到培育。"

"而且这样做，创新精神、实践能力、交流合作、沟通妥协、自我调适、反思评价、学习力、终身学习习惯、人生规划等，都涵盖在里面了。许多过去困扰我们的问题，比如教书育人'两张皮'的问题，都解决了。"

6. 平等的师生关系

这里散发着勃勃生机，充满源源不断的创造力。我想了解其中的奥秘。

金家岭学校行动纲要里有这样一句话:"'教育教学一线'是学校产生最终效益的部分,是学校的心脏,也是学校存在的理由。"

从教学楼大厅到教室,都有这样一句话:"把学生放在心上。"这是件辛苦的事,每天与学生朝夕相处,从早晨相见时的一声声问候,到午间陪餐时的一次次叮咛,再到放学时的一声声"再见",他们无时不将学生放在心上。

学生喜欢学校的原因是什么?朱则光与老师们一起分析了这个问题,大家一致认为,排在第一位的是丰富、多元、可选择的课程。这些课程应该覆盖所有学生,学生总会从中找到自己喜欢的课程。排在第二位的是平等的师生关系。学生犯了错,老师不会发火,因为他们对此早有心理准备。排在第三位的是充分的空间资源。这个巨大的圆柱形建筑永远不会让你一览无余,它充满探索和想象的空间,吸引你往前走,对学生的学习起到积极引导作用。

"学生喜欢学校并不一定是因为想见我们。"朱则光诙谐而自谦地笑了。

"在金家岭学校这三年,让你印象最深刻、令你最感动的是什么呢?"我望着他问。

他想了想说:"'把学生放在心上',它不是口号、决心,而是行动,是行为方式和习惯。然而,说起来容易,做起来很难。我们要了解学生真正的需求,发现真实的学生……"

7. 一场令人难忘的对话

"为什么一所新学校有如此大的魔力?为什么学生这么喜欢这所学校?在升学竞争如此激烈的地方,一所新学校能活下来就不错了,可金家岭学校不仅活下来了,而且活得很好,为什么?"我问朱则光。

"因为十一学校办学理念的生命力很顽强。"他回答。

"十一学校办学理念的生命力为什么如此顽强?教师的工作热情为什

么这么高？"我不断追问。

"我也很奇怪，我们并没有刻意要求，可刚来的新教师都非常爱学生。"朱则光一脸骄傲，"他们热情高涨地投入工作，很愿意去做事。"

"这是什么原因呢？是入职培训做得好吗？"

"要通过培训达到这种程度，那得费多大的劲啊！"朱则光摇摇头，否定了我的说法。

"那究竟是什么起了作用？"

朱则光想了想说："我认为是招聘环节，除了学历等基本条件，我们更看重的是价值观、学生观，我们把真正愿意做教师、喜欢学生的招进来。"

"就这些吗？"

"学校氛围也很重要，它会影响人、感染人。"

"志同道合者聚嘛。"我赞同地点点头。

"这是教育理想主义者的共鸣。"朱则光感到幸福和满足，"我知道这是正确的，我知道为什么要这么做。"

"还有什么呢？"我问。

"盟校，意在联盟，不分大小、主次，关系平等、融洽，人员、资源等实现共享，互相支援。我们感觉不是独自在战斗，其他学校往往是各自为战。"

"举个例子。"

"比如，十一学校的研究成果我们可以拿过来用，而且拿得理直气壮。"朱则光笑了，"盟校不一样的是校名、规模、地理位置、环境，但它们的魂是一样的。"

"它们的魂究竟是什么呢？"

"以学生为中心的价值观。"朱则光肯定地回答，"有的学校办分校，办着办着就变味了。如今，十一学校的盟校已经办了几十所，都没有变味。"

朱则光的这番话，在其他盟校得到了验证。一次，在青岛中学学生中心门口，我看见一幅大海报，是对十一学校王笃年老师的宣传介绍，他利用暑假到那里与青年教师一起研究如何备课。没过多久，我在北京亦庄实验小学参加研讨，谈到如何做好教学诊断时，史丽英校长感到有些为难，不知从何做起，十一学校一分校刘艳萍校长对她说："你带几个人到我们学校看看，参加教师沙龙……"

刘艳萍说这话时特别自然，她们就像一家人，非常坦诚。

"你经常回十一学校吗？"我问刘艳萍。

"我并未离开十一学校，我觉得自己只是串了个门儿。"刘艳萍爽快地回答，"盟校有和十一学校相同的文化、价值观，有适宜的土壤、环境，有和十一学校相似的做事风格，也有开放的心态。因工作需要盟校之间会有人员调动，但我并没有被调走的感觉。"

十一人对理想教育的追求是真诚的，对学生的情感和持久的付出是发自内心的。只要与他们深入接触，我们就会对未来的教育充满信心，对中国教育事业充满希望。

渔村的孩子笑了

青岛实验学校坐落在胶州湾南面，与青岛中学遥遥相望。

这两所学校不仅距离近，而且是办学理念、育人模式一样的共同体，都是十一学校在青岛的实验项目。在青岛人心目中，它们是一所学校。

青岛实验学校是九年一贯制学校，这是一所年轻的学校，2016 年 3 月奠基，2017 年 9 月 1 日首次开学。学校现有教师 200 多名、学生 2000 多名。

1. 一批有梦想的实干家

2019 年 7 月 20 日，在青岛实验学校，我见到了高仁辉校长，他从四川成都来到这里的时间不长。

"感觉如何？"我问。

"这一年多来，经过学习—实践—再学习—再实践，我越来越深刻地理解了十一学校的办学理念，这个过程对我来说特别重要。"高仁辉谦虚地说。

他与老师们一起明确学校战略，优化学校组织结构和运行机制。这激发了教师的内动力，为学校发展打下坚实的基础。后来因为盟校发展需要，他赴浙江衢州去办一所新的盟校。

2022 年 7 月，邢凤玉从十一学校来到这里接任校长。据她介绍，原来这里是一片盐碱地，连公交车都没有。相当一部分学生是本地居民，学生的家庭情况差别较大，有些家长文化水平不高，对孩子的学业发展没有明确要求；有些家长是新兴产业的员工或管理人员，他们学历较高，有过良好的教育经历，对孩子的学业和综合发展要求较高；还有少数家长因为对十一学校教育的向往，到这附近买房，他们对教育的期望非常高。因此，教育的可选择成为学校的关注点。

办一所家门口的好学校，办一所学生向往、教师幸福、家长放心的学校，这是学校办学之初的目标定位。为了实现这一目标，学校通过丰富、可选择、与学生生活相关联的课程为学生提供服务，下大力气创造支持性环境，坚持实验创新，赋能师生成长。

邢凤玉说："学校想尽办法开设课程，通过丰富的课程，让学生看到了不一样的世界。学校让课堂与世界相连接，让学习与生活相融合，打通学科界限，使学生既有发现问题的眼光，又有解决问题的能力。发现问题与解决问题应该成为学生的关键能力。"

说完，邢凤玉站起身："走，我们去楼道里看看。"来到楼道里就如同进入了展览室，这里有丰富的学习资源，对学生有很强的吸引力。每层都有不同的主题：二层是艺术之窗，三层是自然博物馆，四层是科学廊道。邢凤玉指着"变化的科学""电路板原理"等展板说："这是配合科学教室做的。"

来到四层的一间物理教室，潘新远老师正在备课。他毕业于华北电力大学，已经在这里工作 4 年了。他是一位很阳光、很有活力的年轻教师，他喜欢这里的氛围，热爱自己的工作。教室前面是学生的座位，后面有六组实验台，上面摆放着实验设备，四周的柜子里也放着实验器材。邢凤玉告诉我："学生在课堂上随时可以做实验。你看，实验台下面有轮子，随时可以调整位置，方便学生使用。"

2. 构建全新的课程体系

高悦老师是学校课程与教学研究中心负责人。在北京化工大学读研究生时，她拿到了教师资格证；毕业找工作时，她鼓起勇气投了简历，申请任教青岛实验学校小学科学课，没想到成功了。

青岛实验学校行动纲要中，对课程有以下描述："学校视课程为学校产品，通过课程为学生成长提供服务。学校的价值观、战略选择、培育目标，必须也只能通过课程落地。"于是我问高悦："你们是如何系统建构课程体系，助力学生成长的？"

她告诉我："贯通、多元、融合是学校课程体系的三大特色。第一大特色是贯通，基于学校九年一贯制的特点，将一至九年级划分为四个学段，同时实现八大学科领域一至九年级的贯通。第二大特色是多元，从分层、分类、综合、特需四个角度，进行课程多元化建设。第三大特色是融合，在第一、第二学段，进行超学科融合，建构小学融合课程体系；在第三学段，也就是六、七年级，实行跨学科融合，其中比较有代表性的两门课程是科学课程和人文与社会课程。"

"小学融合课程是一至五年级学生的必修课程，每周 20 课时。其特征是基于儿童的认知规律和国家课程标准，突破学科界限，融合语文、数学、英语、科学、道德与法治、艺术、体育与健康、信息科技、综合实践活动等学科，以回归儿童的生活世界、注重真实体验与探究为指导思想。整个课程的设计逻辑是基于学生发展核心素养，结合学校九年一贯制育人目标和国家课程标准，将学生的探究范围确定为'我与我们''我们与自然''我们与社会''我们与世界''我们与未来'五大领域，再围绕这五大领域形成系统的课程实施架构，为学生的成长赋能。"

"具体如何实施呢？"我希望了解更多。

"我们对五大领域的内涵和外延进行描述，确立了领域目标；再结合不同年龄段儿童的特点和国家课程要求，确定了年级领域目标；在年级领域目标下，结合不同年级儿童的特点，设计了一系列话题，再设计核心任务、配置学习资源，并在实施过程中进行诊断和评价。"

"你们在研究过程中遇到过问题吗？"我问。

"小学融合课程从 2017 年开始实施，到今天，经历了两次比较大的变革。第一次是 2017 年，形成小学融合课程蓝图 1.0 版。当时我们借鉴了 IB 课程，将学生的探究领域确定为六个，实现了从单科教学到融合课程的第一次跨越。2019 年，我们参与了十一学校 K-12 课程项目，和青岛中学、金家岭学校一起成立了课程攻坚项目组，将小学融合课程蓝图 1.0 版升级为 2.0 版，学生的探究领域由原来的六大领域变为全新的五大领域。从 2017 年到现在，每个学年我们都会对话题重新进行梳理，也会根据学生的情况设计一些新的话题。所以，从话题建构来看，小学融合课程也在不断发展。"高悦说道。

"你能举个例子吗？"

"2017 年，我们在原来六大领域之'自我认知'领域下，结合三年级学生的特点，选择运动员作为切入点，带学生了解运动员的生活，设计了'奔跑吧，少年'的话题，并结合当时的领域目标，整合了一部分学科资源，实现了从学科教学到融合课程的第一次跨越。"

"在课程实施中我们遇到了问题。之所以选择运动员作为切入点，是因为我们认为学生会喜欢运动员，对这个话题会很感兴趣。但真正实施时，我们发现学生的兴趣其实并不大，他们对运动员的生活很陌生。"

"于是，2018 年，我们舍弃了运动员这一切入点，更关注学生的真实生活，尝试用问题驱动学习，但在实施过程中又出现了一些问题。我们希望用问题去驱动学习，但是我们对问题的把握不够精准，甚至设计了一些假问题，比如，'你认识"运动"这个词吗''你与运动有关联吗'，这样的问题实际上是不能真正驱动学习的。"

"我们从学生出发重新设计任务，关注学生的生活经验，让学生通过讲述自己的运动故事和倾听别人的运动故事，建立自己和运动的关联，继而挖掘运动本身，从不同的角度探究运动的秘密，明确运动与身体、运动与健康、运动与精神的关系。"

"就这样，我们一路探究、一路学习，最终又回归学生的生活，由原来的'假'问题发展到'真'探究。"

3. 丰富的体育课程

宋华老师是运动员出身，高高的个子，红红的脸庞，乌黑的头发系在脑后，显得很有朝气。她来自山东菏泽，2019 年从北京师范大学运动训练专业毕业后，来到青岛实验学校。

说起来很有意思，一天，她偶然看到青岛实验学校的招聘简章，非常好奇。据她了解，全国几乎没有一所学校，尤其是中小学，招聘专业的橄榄球教师，况且学校已经有武术、射箭、棒球、游泳、自行车、轮滑等30多门体育课程。

带着好奇心，她走进了青岛实验学校。这是一所一切从学生的需求出发，助力学生全面而有个性地成长的学校。就体育学科而言，虽然学校已经开设了30多门课程，"但学生需要更丰富、更多样的体育课程。学校希望学生不出校门，就能接触到更多体育项目，这些项目或者成为他们的终生爱好，或者成为他们的特长"。

"这里的教育理念真是太有意思了！这所学校实在太有意思了！学生肯定也很有意思！"这是宋华来到学校最初的感受。她问学生："你们觉得体育课怎么样？"他们说："我们很开心！""我们玩得大汗淋漓！""我们有很多收获！"

为了满足学生的需求，学校组建了两支橄榄球队，每队20人。每队每周4节课，加上体育课，宋华每周24节课，十分辛苦，但她乐在其中。

开课三个学期了，很多学生一直在选橄榄球课程。他们升入初中后，如果继续玩触式橄榄球，是达不到一定深度与高度的。于是，学校决定通过分层教学，让学生不仅能体验到橄榄球运动带来的快乐，也能看懂国际赛事，感受橄榄球运动的魅力。

"我们举行小学师生对抗赛、初中师生对抗赛等，不仅学生、老师参加，还有家长参与进来。"宋华打开电脑，让我看一场比赛的视频，"这些孩子的个头，相差一大截。这是12岁与10岁姑娘们的较量，在大家看来，这是不公平的。由于疫情，多个U12女队未能过来参赛，赛事组商议让U12女队参与U10组比赛，作为挑战赛，仅参与，不计分。于是我们学校U10女队迎来了第一站比赛的第一场挑战赛。赛前为了减轻孩子们的心理压力，我和她们沟通：'这就是一场挑战赛，输了没关系，他们比我们大两岁呢，放手去打吧！'"

比赛一开始孩子们比较紧张，慢慢地她们进入了状态。董珂雨边路绕跑突破。"1：0！"全场家长呐喊。孩子们兴奋极了，聚在一起互相打气，高呼"必胜"。没一会儿，他们中路假动作突破，赛号响起，比赛结束。U10女队2∶0击败对方，挑战完胜，孩子们跳起来了，家长们也沸腾了，宋华为孩子们使劲鼓掌。

"前面的同学勇往直前，后面的同学即使被突破，也穷追不舍，这就是体育精神。孩子们充满能量、充满自信，只要敢接受挑战，一切皆有可能。"宋华边移动鼠标边说。

宋华还告诉了我一件让她感动的事：乐淘是球队主力队员，赛前不小心摔伤了，比赛时还未完全康复，很遗憾未能参赛。但她人在医院，心却伴随着球队，她关注姐妹们参与的每一场赛事，为她们失分而难过，为她们赢得比赛而欢呼。而队长杨增冉同学，也没有忘记一起奋斗的姐妹，在领奖时和颁奖的领导说："我们有一个队友一直坚持训练，但比赛前受伤了，很遗憾未能参赛，能否再给我们一枚这样的奖牌？"球赛组委会被孩子们感动了，真的多给了她们一枚奖牌。等到乐淘康复回到学校，她们一起为乐淘佩戴奖牌，小小的橄榄球将孩子们凝聚在一起。

宋华认真地对我说："孩子们前几场比赛打败了对手，后来因一分之差惜败，赛后她们哭得稀里哗啦。让学生懂得既要追求赢也要学会输，这会影响她们一生。于是，我告诉她们，体育赛事也好，未来的人生也罢，我们都会经历输和赢，输了并不可怕，失败会让我们发现问题，只要我们敢于面对，用心总结失败的原因，我们就会成长，就会变得更加强大。"

最后，宋华深情地说："三年来，我每天都觉得很幸福，因为每天都能看到孩子们在快乐成长。见证孩子们的成长，让我感受到了做老师的意义。"

4. 助力学生成长

2017年，王寒从华中师范大学毕业，怀着对教育的憧憬，她来到青岛实验学校。入职几年，她在三个岗位上待过，从年级教务处到学校教务处，再到学生发展中心，在转岗过程中她遇到了很多挑战："这种育人模式本身就是挑战，有形的、无形的、心理的挑战，都是自己不曾经历过的。许多过去熟悉的应对办法都用不上了，必须寻找新的方法、开辟新的路径。"

在学校新的组织结构中，王寒是支持人员，负责团委、少先队、教务、学籍、校服、德育、评优评先等工作，每天大量时间都花在细碎小事上。有时候为了一个活动，整整一个上午都在和家长发微信。她喜欢与学生和家长打交道，觉得"小事也很有意思"。

2019年4月3日，她发现初一年级张清昆同学制作的微视频《我的家》荣获青岛市第六届中学生社团文化节之"'我与时代同行'学生微视频大赛"一等奖，立刻以喜讯形式将这一信息发在学校的微信公众号上。为了鼓励学生，她组织了一场首映活动，邀请全校同学观看，这让张清昆同学很激动。"我的工作量已经饱和，几乎每天都在加班，我为什么还要做这件事呢？因为它对学生的成长有意义。"

通过一个实例，她讲述了自己的转变之路。2022年，作为支持人员，她拿到了客户的评价报告，心情非常低落，因为很多数据亮起了红灯。经过反思，她认真梳理了自己的客户群体，在学校诊断组的帮助下，明确了自己的岗位职责和具体服务内容。

"学校因学生而存在，应当视学生的成长为第一利益。"这是她最深的感受。她拿着一本小册子告诉我，这是一款产品，其中的作品是学校社团文史诗社的一个社长创作的。它是怎么诞生的呢？

王寒说："一天，我经过一间教室时看到了一个场景，这位社长正在跟社员们津津有味地讲他新创作的《满江红》。我看到大家听得认真，就让他现场朗诵，他激昂的语气深深感染了我。我拿起他的其他作品欣赏，尽管他的字写得歪歪扭扭，但我依然很受感动，就拿手机悄悄拍了下来。我花了很长时间把它们誊写出来，于是就有了这么一款产品。我把它放在展台上，这位社长经过展台时看到了，非常激动，将它拿起来说：'老师，能帮我和它合个影吗？'"

一个学生连续5年参加了学校市集售卖活动，前4年都是亏损的。去年因为疫情，活动有可能会被取消，但是他和妈妈商量后，还是制作了大量生肖兔手绘产品。没想到，他的产品一经上架就销售一空。了解到这件事后，王寒联系了学校记者团，请他们对这个学生进行了采访。

通过这件事，王寒更加明白，每个学生都有让人印象深刻的地方，我们只有善于发现，才能给他们提供更多舞台，为他们的成长赋能。

"如何巩固这一成果？未来你有什么打算？"我问。

"分析客户的需求，提供适切的服务。"什么是适切的服务？应当怎样提供？比如，她面临大量联络工作，能否让年级教务员去联系学生？显然不妥。于是，她通过企业微信联系学生和家长。这引发了她的另一个转变，那就是运用工具思维和标准化流程去提升自己的服务效率。

又如，学校的电子屏和公告栏应当怎样高效利用？每周一，他们会在上面对本周的精彩活动进行预告，并对上周的精彩瞬间进行展播。这样，学生慢慢就会形成看电子屏和公告栏的习惯，知道自己在什么地方、通过什么方式可以获取信息。这就是工具的力量。

再如，许多工作需要审批，所以他们建立了一个标准化审批流程，包括桌椅调配、学籍申请、门禁维修、团组织关系转出等，为学生提供更加高效和便捷的服务。

今年，王寒拿到评价报告时心情很激动，因为老师们对她的工作非常认可，尤其是在"对活动提出建设性的、可供参考的意见"方面都打了满分。

"这种评价是一种自我更新的机制。"她感受最深的一点是，"当你真正站在学生的角度思考问题的时候，就能助力学生成长，自己也会收获成长"。

5. 一群朝气蓬勃的年轻人

在这片新生的土地上，有一群朝气蓬勃的年轻人。

程凤仪老师打开手机，让我看她带着学生做的表情包，各式各样，非常有创造性。这让她很有成就感。

程凤仪非常有艺术感，她是中央美术学院吕胜中老师的最后一届学生。她选择做中小学教师，是因为她认为"做艺术工作需要一种纯净的环境去创作，校园相对比较纯净"。

孙世龙老师从中国人民大学毕业后来到这里，他说："和孩子们在一起，使我有更多时间和机会去探究，课程的沃土生发出许多意想不到的结果。"他告诉我，学校初中部开设了油画、版画、陶艺、微电影、影视、动漫、书法、戏剧、舞蹈、音乐等课程，学生对戏剧课程的需求特别大，他们的表达欲望非常强烈。

林俊成老师教九年级，他的课深受学生喜爱，而他谦虚地说："我做得还很不够，但只要迈出第一步，就可以不断反思、改进，并深入研究所提供的资源是否丰富、工具是否合理。"

他接着说："什么是好学校？答案可能有很多种，其中之一是学校生活能给学生留下深刻印象。我们要通过自己的努力，借助自己的专业眼光，让学生接触到人类精神文明的精华，为他们的未来提供能量。教师本身就是一种资源，我们今天所做的一切都指向学生的未来。"

……

一批批教育工作者加入新型学校，义无反顾地投身于学校变革中。

6. 一个了不起的决定

我再次见到了李爱华老师，真是激动又兴奋。

2019年7月，我第一次到青岛实验学校时遇见了她。当时，她45岁，在原来的学校，她曾获得过许多荣誉。

"你在当地教得好好的，为什么会选择来这所学校？"我问她。

"有一年，我去十一学校，那里即将迎来一场规模宏大的教育年会，我就是奔着那场盛事去的。"回忆起那段时光，她依旧充满深情。

停顿了一下，她继续说："这是一所面向未来的学校。这是我期待的教育，也是我想做的教育。十一人的教育理念代表着教育的未来，他们身上洋溢着一股让人一见难忘的活力。这种教育有无限魅力。"李爱华心向往之。

"来到这里感觉如何？"

"这里让我心潮澎湃，最打动我的是能让我看到教育的未来。"李爱华激动地说。

"是什么让你有这种感觉？"

"这里特别关心人、尊重人，这里有共同的价值观和大家都认同的教育理想。有这么多志同道合者，我们会走得更远。"她想了想说。

第四章

在泉城济南

走向更美好的教育

　　盛夏，我来到山东省济南第十四中学（以下简称"十四中"），正值校园里繁花怒放、绿叶擎天，高大的绛红色建筑群掩映在一株株高大的树木中间。

　　校园里十分安静，然而，一场变革正在发生，每一位教师都在经历一次蜕变。

　　三年前，我来到十四中，杨荣耀校长在学校门口迎接我。"我们正在过大关。"刚见面，他便神情严肃地说。

　　"我们不愿意再听表扬。我们很忐忑，啃的都是硬骨头，让人头皮发紧。选课走班真的不算什么，比起它，更大的战役才刚刚开始。"他继续说。

　　"目前，你认为最难的是什么？"我问道。

　　"最难的是一看就明白，一做就遇到挑战，一走不通就想退回去用过去的办法。"他回答。

　　"任何改革都存在两种可能性，我们愿意朝着好的方向努力。我们不能退回到老路上去，必须循着正确的道路走下去。"杨荣耀的语气十分坚定。

　　"我们现在要紧紧抓住关键环节，牢牢把握方向。我们正在走向一条自由而开阔的道路，每天都在鼎新革故。我们所有的努力，都是为了学生更自由、更幸福，为了教育更开放、更开阔，为了离未来更近一点儿。"短短几句话，让人看到了他的决心。

　　"无论遇到什么困难，无论过程如何曲折，改革的目标都不容改变。"他语气坚定，不容置疑。

十四中在十一学校的盟校中比较特殊，校长既不是十一学校派去的，也不曾在十一学校浸泡式学习过。他完全凭着一种信念、一股热情到十一学校参观学习，阅读与十一学校有关的书，聆听李希贵校长的报告……，然后，真刀真枪地干起来。

1. 一个无法消除的执念

这次，我知道杨荣耀有更多话要说。

一开始，他给我讲了一个"蚂蚁死亡旋涡"的故事。这个故事说的是一种自然现象：没有视力的行军蚁，多由一只领头蚁带领，它会分泌一种踪迹信息素，其他行军蚁则通过嗅觉辨识出这种信息素，从而跟随在后面。一旦领头蚁失去方向，就会导致踪迹信息素出现混乱，令整团行军蚁迷路，甚至陷入"死亡旋涡"，持续转圈，最后因体力耗尽而死亡。

这一现象触发了他的思考："路径依赖会阻碍学校发展。走一走，再退回去，我们永远也走不出那个圈。"

2010 年，45 岁的杨荣耀成为十四中校长。把学校带往何方，这是每一位校长都必须考虑的问题，杨荣耀也不例外。他下决心好好干一把，连续几年外出学习，北京、上海的一些名校也去了，去了后他总是摇摇头："这是小打小闹，那个圈还是没被打破，他们还是没有从中走出来。"

2015 年 6 月 14 日，杨荣耀带四位教师赴北京参加"新学校"选课走班制教学研修班。听了李希贵校长的报告和老师们的发言，他坐不住了："十一学校是真的改革，是真的从圈里走出来了。"

在北京亦庄实验小学、十一学校一分校，杨荣耀并不看学校的环境、设施，也不看教学楼里的各种展示，他专门盯着学生看，看他们在教室里如何上课，看他们课间休息时在楼道里跑来跑去、放学时开开心心回家的模样。他在心里惊呼："这可不是小打小闹，这是真改革啊！"

"是什么让你认定这是真改革？"我问。

"我从学生脸上看到了无忧无虑，这是最真实的反映。"他的语气十分笃定，"这样的学校才是我们理想中的学校。"

多年的寻觅和摸索终于有了收获，他被十一学校追求目标之高远深深打动："教育的诗和远方在这里。过去，教育的诗和远方在哪里，人们不知道；现在，十一学校做出来了。"

杨荣耀被震撼到了，他的心里翻江倒海。此时他已年近50，一般人到了这个岁数，心态会发生变化，求稳往往是他们的首要选择，而杨荣耀却选择了一条少有人走的路。

他要走出"死亡旋涡"。

没有人知道，打开一扇门时，有什么在等待他。

2016年9月1日开学时，十四中迈出了第一步，响亮地提出"创造适合每一位学生发展的教育"，帮助学生发现自己、唤醒自己、成为自己。他们竭尽全力帮助教师，以便教师竭尽全力帮助学生。学校提供可选择的课程，把资源放在离学生最近的地方。学科教室和楼道里增加了大量非正式学习区域，摆上沙发、圆桌、书架，放上绿植。

接下来，学校进行组织结构变革，实施扁平化管理，重新设岗，明确岗位职责，引入竞争机制，建立各项制度和机制。教师全程参与，公开透明，这样教师就有被尊重感和安全感，就有话语权。这大幅提高了组织的效能、适应性和创新能力。

"改革中最难的是什么？"十四中是一所老校，建于1956年。由于建校时间长，学校存在许多多年遗留下来的问题，这样的学校如何实现转型？

"最难的是打破舒适区。老师们发现，如果还想拿原来的薪水，就要多干好多活儿。所有人的工作量都增加了。由于实行小班化教学，教师的课时由原来每周9节、10节增加到15节。我们遇到了过去从未遇到过的问题，触碰了人性深处最敏感的地方。难，是正常的，是必然的……。"大家熟悉的秩序突然遭到破坏，以前的许多做法受到质疑，杨荣耀的内心泛起两种对立的情感：对变革的巨大恐惧和对奇迹诞生的巨大渴望。

有人劝他："咱们改回去吧。"他摇摇头："不行啊，开弓没有回头箭。"

"我听说，面对大家的不理解，你曾几度落泪。你图啥呢？"我忍不住问他。

"是啊！我也问过自己：'我图啥呢？'"

杨荣耀喜欢看《射雕英雄传》，他笃信人性中有美好的一面。无论受到多少质疑，遇到多少困惑，他都坚持一点："起码它比原来好，比原来合理。"

"不是没有办法，而是怎么想办法。'想总是困难，做才有答案'，我们把这条标语挂在学校餐厅北面的墙上，只要你去吃饭，抬头就能看到。"杨荣耀说。

"你认为改革的风险是什么？"

"校长的心态很重要，你要什么，你必须付出什么，要想明白。可以说，校长是最大的风险点。你敢不敢革自己的命？你有没有大无畏的精神？遇到困难的时候，不能摇摆，要坚定。"

"是什么让你们坚持下来了？"

"我们是凭着信念与信心走到今天的。"杨荣耀认真地回答，"学校重构其实就是价值观的重构。正如李希贵校长所说，如果你真是为了学生成长，全世界都会为你让路。我们有一个团队，大家抱团取暖……。领导的支持、鼓励，许多人的帮助，太珍贵了。"他的眼圈红了。

"你认为实现学校转型最关键的是什么？"

"是打破多年的思想禁锢。"他毫不犹豫地说，"我们已经走到了必须变革的节点，而要大踏步前进，就要大胆破冰，打破思想禁锢。人天生有一种抗拒改变的惰性思维，现实的积弊太深，一种想法落实到实践中，往往会有种种变形，甚至会在各种力量的牵制下变得面目全非。其实，我们只要挺过最难熬的日子，再遇到困难就不觉得那么可怕了。"

杨荣耀说，一天，他找到十一学校副校长秦建云询问有没有什么好办法，秦建云风趣地说："哪有什么好办法？熬呗！"杨荣耀明白了，需要承受的东西太多了，要让老师们熬过去。老师们需要转变观念，而这需要时间，需要经历一件一件具体的事。

"建立新的秩序需要时间，需要慢慢熬。"杨荣耀进一步解释，"最需要改变的是人的思维方式，一定不能待在舒适区。我们动的是什么？是支撑舒适区形成的标准和行为习惯。这些标准和行为习惯与现在国家对教育的要求相脱离，不匹配了。"

2. 一种连锁反应

谈到学校转型，白福利老师最深的感受是"作用力是多重的、综合的，来自制度、文化、管理等多方面。当所有作用力结合在一起时，它们便具有极强的力量，每个人都会被推动、被席卷"。

白福利原先在一所乡镇中学安安稳稳教了 13 年书，2015 年来到十四中，本想凭着多年的经验一直干到退休，没想到第二年就遇到了学校转型。学生的学习场所不再是固定的，找不到学生是最让他头疼的事，一向沉稳的他傻了："这彻底把我打败了。惯性思维可以带来安全感和舒适感，却无法让你面向未来。"他嗅出潜在的危机并看出已经发生的变化，"想待在自己熟悉的领域，不去应对变化，恐怕不行了"。这是一个异常痛苦的过程。"以前的路走不通了，教师只能提高课堂效率，充分利用 45 分钟精讲精练。"

白福利是数学教研组长，教研由每周一次增加到三次还是不够，甚至大家每天都要碰头，有时连早餐、午餐时间都不放过。研究教学内容、教学方法、教学诊断……，对成绩差的学生要单独辅导，作业要个别化布置，测试命题分 A、B 卷。八位教师分工明确、资料共享、相互协作，常常出现双师课堂甚至多师课堂，学生可以随时找老师答疑。

他们付出了两倍甚至三倍的努力，虽然很辛苦，但白福利的幸福感特别强："学生有明显的成长，我很欣慰。我自己也在成长，对事物的看法不一样了，现在遇到再大的事都不恐惧了。同事们心是敞开的，大家就像兄弟姐妹，氛围特别好。"

更让他感到欣慰的是，教师的工作方式甚至生存状态变了。过去评价指标针对教师个人，教师会不自觉地卷入竞争，结果可能是互相抢资源、互相攀比，挤占学生的时间，人为造成紧张焦虑，甚至逼出了人性中丑陋的一面。如今，教师评价变了，年级是一个整体，教师不再单打独斗，而是相互合作。

付蕊老师走路很快，讲话也很快，细细的声音中带着笑意。

她是语文老师，担任过班主任、年级组长、教导处主任、学部主任，学校转型让她在感到痛苦的同时也看到了机遇。

"以前我在教导处工作时，对学部主任略有微词，感觉他不够配合，现在理解了，学部工作更细碎、挑战更大，许多地方要想得多、想得细，遇到问题要想更多办法。"

她常常提醒自己："不慌，不急，慢一点儿，缓一缓……"也不知道从哪天起，她的心态变得平和了。

让她感受最深的是，所有老师都面临挑战，他们在不断打破"我的学生"的概念，现在所有学生都是"我的学生"，大家不再计较，心很齐。

对成绩付蕊一点儿也不担心，她自信地说："做这么对的事怎么可能不出成绩？过程是对的，结果一定好。"

年轻的田玮老师是 2021 级学部主任，至今她还清晰地记得学校改革前，杨校长带着他们走进十一学校时所带来的冲击。"从研学前置课程和线路的选择到教学分层、作业分层的选择，选择的背后是个性化，个性化的背后是帮助学生发现自己、唤醒自己、成为自己。"

为了减少学生在课间有限的时间里走班带来的消耗，每个学部都将学科教室进行合理布局，把资源安排在离学生最近的地方。比如，语文、数学、英语学科教室尽量放在一起；生物学、物理等学科教室里既有学习区域又有实验台，学生在课堂上既可以在实验台上动手操作，又可以随时回到学习区域进行小组讨论。

田玮打开电脑里的图片给我看："这是我们学校每层楼的非正式学习区域，学生可以在这里读书、下棋。这是我们利用一楼大厅的台阶和钢琴开展的学生展示活动，学生可以利用身边的空间随时展示。这是给没有带水杯的学生准备的纸杯，可以随时去取，及时喝水。"

王寿鑫老师 2011 年从山东师范大学毕业后来到十四中，他从心底拥护变革，认为"变革给年轻人提供了机会，只要有能力，你就能脱颖而出"。2017 年，他担任学科主任，带领一个 24 人的团队。"每个人都成长得很快。无论是学生的日常活动，还是教育教学、教师研修等，方方面面都蕴含着变革的可能。"他沉思片刻，深有感触地说，"为了学生的成长，我们必须研究怎么学。现在我们真的实现了教师少讲。学生自学多了，成绩未必差，兴趣一定会激发动力。"

姚瑶老师 1999 年来到十四中，2016 年 5 月担任英语教研组长。一次教研活动中，学校请十一学校王鲁豫老师来评课。听了王老师的点评，姚瑶兴奋极了："王老师的做法很先进，太好了！"

"以前我们的做法是先教会学生单词，然后练听力，一直没觉得这样做哪里不好。而王老师他们是先创设问题情境，让学生在真实情境中感知、探讨，再让学生通过文本阅读去印证，然后调动已有知识，挖掘文本背后的东西。他们还要求学生加入自己的观点与思考，再将其表达出来，培养学生的跨文化意识、跨文化理解。王老师说，学英语就是学文化，教师要研发丰富的阅读资源，渗透人文素养，大大增加学生的阅读量。哎呀，我们的做法和他们的不能比！"姚瑶不好意思地笑了。

虽然现在每天的备课工作量大大增加，但姚瑶感觉这样教书有意思。

张笑涵老师 1998 年来到十四中。学校转型时，她主动申请到改革年级任教。"我几次去十一学校学习，那里所做的是我理想中的教育。"谈到物理课的变化，张笑涵兴致很高，"施行小班化教学，课时量增加了，特别是物理实验量大大增加。教室里摆放着各种实验器材，我们边讲边做实验，随时可以验证一些设想。"

学生管物理教室叫"百宝箱"，物理教学活动很丰富，学生的学习积极性很高。比如，学生到操场上做凸透镜聚光实验，让凸透镜对着太阳光，然后寻找另一侧的焦点，观察光斑。做实验时学生的感受比看视频好很多。

为了帮助学生观察单摆，张笑涵在教室天花板上挂了一根钢丝绳，吊上一个重物。课堂上做单摆实验时，学生激动地叫起来，他们深切感知到运动的能量、能量的转化、能量的消耗，越来越喜欢物理课。学生还做万花筒、娃娃机，体会机械摩擦和液压传动，中午都舍不得休息，抓紧时间做实验。

"累并快乐着。"这是张笑涵最深的感受，"比传统物理教学累太多了，但成就感不一样，学生获得了多方面的发展，这是原先的物理课堂无法实现的。"

她微笑着说："未来不是我们要去的某个地方，而是我们创造出来的。

通往未来之路不是被发现的，而是创造出来的。"

无论是年轻教师还是老教师，在学校转型中，都会面临阵痛：任务更加繁重，工作更加深入细致，付出的体力和时间都在翻倍。然而，由于"一切为了学生发展"的价值观的力量，他们以积极的心态消解这份阵痛，从学生的成长中看到付出的价值，体会到工作的意义。

学校转型为基础教育注入了新的活力。无论是校长还是教师，他们身上迸发出的创造力，在中华大地上蓬勃生长。

3. 决心，是一切的基础

米强老师是一位有理想、有情怀的老教育工作者。

"我是凭着信念与信心走到今天的。"这是米强对我说的第一句话。对米强来说，"不是看到美好才选择出发，而是走下去才看到美好"。他1994年大学毕业后去了济南育英中学，2010年来到十四中担任教学副校长。

一个寒冷的冬夜，米强到十一学校参加教育年会，之后连续三次进京，在十一学校浸泡式学习。这些经历，尤其是与从济南到十一学校盟校工作的崔京勇校长深谈，使他对"为了学生的发展""面向每一个学生的教育"高度认同、无限憧憬："这是根子上的改革。"

2016年秋季，新初一308名学生手持专属于自己的课表开始选课走班。这是十四中的一次大变革，作为改革年级学部主任，米强迎来了教育生涯中前所未有的挑战。如何改变过去班主任人盯人的做法？他们通过评价方式的改进，建立规则、建立秩序，培养学生的自主管理能力，帮助学生实现自我教育、自我约束，学会对自己的行为负责。

"变革挑战了人们一直以来的做事方式和标准。不穿越惯常思维的丛林，教师就没有办法真正获得解放。无论是行为习惯还是思维方式，都是我们必须越过去的。"对这一点，米强的感受尤为深刻，"人们一般害怕激烈的变革，因为他们更喜欢做熟悉的事情。而现在我们要做的，是接受变革、接受不一样。"

"是什么支撑你走下去的？"我问。

米强说："是对目标的坚信、对价值观的认同。这或许就是十一学校办学理念对我们最直接的一个启示。"

董斌老师也是学校的老同志。他是济南人，1987 年大学毕业后来到十四中，后来担任副校长，负责学校人事、财务、总务、工会等工作，工作头绪很多。

"组织结构变革打乱了学校原有的秩序，涉及每个人的切身利益，十分敏感。我们不断沟通协调，化解矛盾，讨论问题。几个月的时间，老师们提出了 300 多条建议，我们根据这些建议反复修改变革方案。"他平静地讲述当年的经历。

"变革通常是几个项目和活动同时且结合在一起进行的。它通常在一个系统中进行，如果其中一个部分发生了变革，其他部分极有可能也会发生变革。变革往往都会经历许多阶段，而最终完成需要相当长的时间。""相当长"三个字，董斌说得很重，"尽管面临许多困难，但为了学生，我们什么困难都能克服。"他目光坚定，脸上带着微笑。

原美玲副校长的办公室在教学楼六层东南角，里面堆满了书。书柜上方的墙上挂着一幅风景油画，画中的树木郁郁葱葱，蓬勃生长。这是学生的作品。

"教育必须改革。"原美玲说，"我从 1991 年开始进入教育领域，岗位几经变化，但对理想教育的向往从未改变过。在理想与现实发生冲突时，我更加坚定了改革的决心。"

"最打动我们的是十一学校学生的状态，那种自由舒展的状态，让我们看到了自由呼吸的教育。教师的状态也很好。"原美玲至今仍记得踏入十一学校那一刻的怦然心动。那是 2015 年 6 月，她和学校几位教师到十一学校参观学习，之后又连续两次去浸泡式学习，她感到心里透亮了、有方向了。很快，学校大部分教师先后到十一学校去学习，十一学校的做法在他们心里引起强烈共鸣。"平时纠结的许多问题在十一学校都有答案，他们说的、做的全都围绕着学生的成长，与教育应该承担的使命和教育者心中的理想教育十分契合。教育可以往这个方向走，而且任何一所学校都可以。"

"可没想到的是，真做起来会这么难，既为难自己，也为难别人。"原美玲的语气很沉重。

改革从来不会一帆风顺。

"是什么让你感觉很难呢？"

"是不一样。课程的可选择满足了学生的需求，却让我感到不适应。我心里没底，恐慌啊！"

"现在与以前相比有什么不一样呢？"

"教学内容、教学进度、期中和期末考试都不一样了，尤其是教研活动也不一样了。由于施行选课走班，进行分层分类教学，各项工作开展的时间与其他学校有差别，教研活动与他们也不同步，没有其他学校做参照，老师们心里非常恐慌，我也感觉压力很大。"

"面对困难，你内心的真实想法是什么呢？"

"总有一股力量将我往回拽，我内心里真是'天人交战'。"

我沉默了一会儿，问："你们为什么非要这样做？没人要求你们这样做呀！"

她微笑着回答："我们内心想这样做。教育本来就应该是这个样子。"

我大着胆子问："你有没有想过退回去？"

"退回去？往哪里退？我们已经退无可退，教育不能永远是那个样子。"

"我们相信这样的教育是好教育，所以逼着自己往前走。"她又说。

"你凭什么这么自信？"

"变革是有方法的，不是蛮干。符合教育规律，怎么能不好？"

"这些年，你是不是付出了很多？"

"是的。"

"干吗这么难为自己呢？"我又问。

"大多数人持观望态度，前边得有人带头做。"

"结果怎么样呢？"

"改革年级临近中考时，模拟考试成绩出来，我一看，没有低于往年，眼泪一下子就出来了。"她的眼圈红了。

"太不容易了，减少了课时，增加了选择性，全方位关注学生的发展，成绩没降就是很大的成功。"

"我常问自己有没有私心、是不是真正为了学生，然后就敢面对困难了。每当做不下去的时候，我都会问自己这两个问题，心中像有一盏明灯、一个信念。康德说过：'有两样东西，人们越是经常持久地对之凝神思索，它们就越是使内心充满常新而日增的惊奇和敬畏：我头上的星空和我心中的道德律。'核心价值观就是我们教育工作者'头上的星空'和'心中的道德律'。"原美玲深情地说。

"你有没有受过委屈？付出那么多值得吗？"我进一步问。

"哪能不受委屈啊？我常常安慰自己：如果不跟着十一学校踏入改革的潮流，哪有机会真正弄懂教育的问题？所有付出都值得，我们终于'破圈'，进入一个新的境地了。"

4. 我们将走下去

临近期末，徐彬老师越发忙碌。他于 2020 年 8 月来到十四中担任副校长。

"十四中最让你感到不一样的是什么？"

徐彬坦率地回答："是办学理念。从某种角度来说，十一学校育人模式具有方向性意义。"

来到这里不足三年的他这样表达他的感受："没想到，在这里是完全不一样的感觉，每一天都是新的，每一天都过得和昨天不一样。"

沉思片刻，他接着说："过去我们是贯彻落实指令，一级一级传达。现在组织结构变了，如何把合适的人放在合适的岗位上，人与人之间如何密切合作，得自己想。这对我来说挑战很大。教条式、命令式管理不合适了，上传下达、布置任务、检查工作明显减少，更多的是沟通、交流、协作。"

"学校转型不仅是组织结构的变革，更多的是价值观的改变。与学生近了，接触多了，年级工作深入细致了。我尊重教师，尊重学生，人与人之间的交往真诚了。"

徐彬的话给了我很多启示。它让我们思考：教育的枷锁到底是什么？十一学校盟校教师是在什么情况下，如何摆脱枷锁的？

"每次走进十四中的大门，都觉得自己挺幸运的。"徐彬说。

看得出来，他很快乐，是真正的快乐，是从心底洋溢出来的快乐。

宫春，2019年接任济南市市中区教育局局长。她是一个有教育情怀的人，有强烈的求变意识和向同行学习的渴望。从2015年起，她连续八年赴北京、上海等地学习，并持续进行研究。她说："不是试试，而是真干，并且坚持下去。"

对十一学校的改革创新和更高水平育人模式的探索，她高度认同，将此形象地比喻为"细胞变了，组织变了，器官变了，学校的样子就变了。最好的防御是进攻，我们必须迎难而上，用改革的办法解决改革中的问题。困在原地，更为艰难"。

宫春自豪地说："十四中改革的带动性很强。目前，改革在市中区不是一个点，而是一个面地铺开来。改革不可能一蹴而就，要一试再试，直到成功。"

宫春说，教育局竭力为学校排忧解难，为改革撑起一片天空，使改革的步子迈得有条不紊。

"遇到好的做法，我们总是要问'为什么这么做'，还会追问'有没有更好的选择'。有时候再往下问一个问题，事情可能就解决了。"宫春点到了问题的关键，"教育有问题不可怕，可怕的是没有改变它的决心、力量和方法。"

十四中之所以取得成功，是因为有适合它生长的社会土壤。这样的土壤有两个要素：一是有活力，有活力就意味着有旺盛的需求；二是有改变的意识。对照这两个要素，我们就可以理解为什么十一学校盟校办一所火一所，无论在什么地域，无论在什么条件下，也无论何人去办。

"越过高峰又见一峰，理想永远在前面。"宫春如此表达她的信念，"改革如山，历程九曲十八弯。决心是一切的基础。我们将走下去。这是我们对教育的尊重，也是我们致敬教育的最好方式。"

她微笑着，眼中闪烁着光芒，那坚毅的目光充满对未来的无限期冀。

第五章

飞抵克拉玛依

一个远方的传说

2021 年 9 月 15 日，我登上飞机，前往新疆克拉玛依。这里的教育工作者肩负着怎样的责任，有着怎样的情怀？十一学校的育人模式能否在这里落地、生根、发芽？

1. 在转折的湍流中

20 世纪 90 年代末，克拉玛依不断有学生转去乌鲁木齐上学。学生流失是一个地区教育的损失，是老百姓对教育信心的流失，这是最可怕的。教育进入低谷，人们的不满情绪越来越强烈。"我们到底出了什么问题？为什么难以突破？"当时刚刚上任的教育局局长彭建伟痛心不已。这是一位为使命而来的先行者，在教育改革一线，他始终保持思考与前行的姿态，勇敢地行走在发展与超越的道路上。

有人建议："把全市尖子生集中起来培养。"

"不妥。"彭建伟摆摆手，"这不是办教育的方向。集中优质生源就一定行吗？其他学校怎么办？"

"搞校际联动，学生跨校选课，教师跨校上课。"又有人建议。

"不行。"彭建伟还是摆摆手，"这样，老师上完课就走了，与学生没有深度接触。"

在一间不大的会议室里，彭建伟捧着厚厚一沓克拉玛依近几年下发的红头文件告诉我："20 世纪 90 年代以来，实施素质教育，推动教育评价改革，下放办学自主权，推进教育管办评分离改革，推行教育领域综合改革，实施教育质量提升工程，推进义务教育均衡发展……，可以说，教育改革的步伐从未停止过。"

到底从哪里突破？在传统教育模式的基础上做强化、补短板，越补越被动，越补越失去方向。"我们缺乏战略思维，传统的做法解决不了问题，新的方向又不知在哪里。我们真不知该怎么做，看着真着急。身为教育工作者，我们内心很撕裂、很焦灼。"彭建伟坦诚地说。

一个偶然的机会，彭建伟听说了北京十一学校的探索，这让他眼前一亮。他十分渴望见到李希贵。2012 年 8 月初，他终于如愿以偿。当他走进十一学校时，正赶上学生下课，三三两两的学生从他眼前走过，他傻了："学生的笑容是那么灿烂，他们的自信从何而来？"走进高中部教学楼，看到的两个场景更是让他惊讶不已。一个是物理教室正在改造，各种实验仪器从仓库里搬进教室里；另一个是生物教室里摆满了生机盎然的植物，还有实验用的瓶瓶罐罐。再往里走，一间教室里，几个学生正在自习，他们非常专注。他的内心受到深深的震撼："这就是我心目中的教育，这就是我们要学习的！"

此时，彭建伟的脑海中突然闪过一个念头，他赶忙掏出手机，给正在改建克拉玛依一中的施工方打电话："快！快停下来！"

"什么？为什么？"施工方急了，"我们已经建到二层了！"

"你那样做违反了建筑法。"施工方不理解，怒了。

"你那个法我不懂，我只知道教育不能这么干！"彭建伟毅然决然，"我干的事是对的，我不怕！"

"没想到经过几番争取，我终于如愿以偿。"彭建伟信心更足了。

2012 年 8 月 9 日，李希贵来到克拉玛依，看了一中建设工地，提出了自己的看法和建议："我们要建新教育视野下的学校建筑，过去的标准已经不适应今天学校的需要了。"当晚，李希贵和设计人员及学校老师一起研究、修改图纸，忙了一个通宵。

彭建伟向我诉说了与几个同行的几次不愉快接触："一次，一位来自发达地区的知名校长提起十一学校，一副不屑的神情，我没吭声。还有一次，一位专家说，他们那一套是西方的，真不行。当时，我毫不客气地问道：'你解决了中国教育的什么问题？在我们找不到办法时，李希贵带领十一学校全体教师帮我们找到了出路。可以说，这是中国基础教育走出困境之策。'"

2014 年，十一学校全新的育人模式刚一出炉，立刻在教育领域引起强烈反响。很多人不敢相信这是真的，即便相信，也认为学不了。

人们为什么不敢相信？归根结底，只有一个原因——它颠覆了人们对教育的认知。

然而，走进克拉玛依一中后，人们不吭声了。彭建伟说："这是迄今为止教育领域最深刻、最具说服力、最有力量的一次突围。要创造适合学生发展的教育，课程就必须具有选择性。实施高质量的基础教育，让每一个学生都获得充分发展，这是我们的使命，也是我们的责任。"

停顿了一下，他接着说："人是不同的，要尊重差异、尊重人才成长规律，坚决改变一刀切、齐步走的培养模式。说到底，就是要用另一种方式做教育。"

在彭建伟看来，这是一场关于信念、坚持与奉献的变革。

2. 发现方向性改革

"眼下，很多教育工作者并没有真正意识到改革的紧迫性。"彭建伟叹了口气，摇摇头，接着说，"我们与十一学校相遇不是偶然的，我们与他们心气相通。为什么能遇到他们呢？这源于我们二十多年的探索。"

"对十一学校转型，你怎么看？"我问。

"这样的教育令人向往。十一学校转型为基础教育变革提供了一个方向。"彭建伟这样评价。

"十一学校育人模式的关键是制度创新。面对诸多教育困惑，我们需要全新的思维，需要结构性解决方案。十一学校的贡献在于输出了核心价值观和复杂问题的解决方案。这是十一学校特别了不起的地方。"彭建伟缓慢地说。

"你们为什么送这么多老师去十一学校学习？"我问。

"一天，我到克拉玛依六中与学校领导和老师们交流学校转型的事。

我兴奋地告诉他们：'把讲台砸掉，把实验室的门打开……。'他们急了：'孩子必须管！这样做是错误的！'我苦口婆心说了半天，没想到，他们还是摇摇头说：'做不了。'"这一刻让彭建伟深深体会到，教育系统内部抵制改革的阻力是最强的。

"你当时是什么反应？"我又问。

"我感觉有一股巨大的压力重重地压在我的心头，让我倒吸一口凉气，仿佛有一种走钢丝的感觉。那一刻，我真的体会到什么叫天塌下来了。"彭建伟语气沉重地说。

他平复了一下心情，接着说："车子离我很近，但就是走不过去。感觉腿没了，迈不动步。"

第二天，彭建伟把自己关了一天。他在日记中写道："昨天傍晚在六中看到的情景，让我深感不安。六中的问题究竟出在什么地方？……人的问题！世界上最难的改革是革自己的命。人们一般害怕激烈的变革，部分原因是他们更喜欢做熟悉的事情。习惯对我们的生活有极大的影响，在不知不觉中，它会影响我们的思维方式，左右我们的成败。习惯也有极大的引力，'起飞'时我们需要付出极大的努力才能摆脱它的束缚。然而，一旦摆脱它的束缚，我们就会迎来广阔的自由天地，创造出一个又一个奇迹。"

"你做了什么？"我问。

"我决定背水一战——换脑子！其实，老师们不是不想干，而是理解上有差距。自2012年9月开始，到2013年7月，克拉玛依连续派出六批共138个人去十一学校学习，最长的学习一年，最短的学习一个月。最先进入十一学校的23个人，后来成为克拉玛依学校转型的中坚力量。"

"真是大手笔！"我不禁赞叹道。

"学校转型，校长是关键。"彭建伟说。

"你们的勇气令人钦佩。"我点点头，又问，"你们哪来这么大的勇气？"

"我们寻求了这么多年，方向没有错，尽管有人不理解，我们也要坚持走下去。毫无疑问，十一学校的理想是伟大的，但要实现这个理想，并不容易。知易行难，改革的复杂性、敏感性、艰巨性都不可小觑。"彭建伟语气坚定，"改革要做到'蹄疾而步稳'，不能乱了节奏、失了章法，乱成一锅粥。教育创新有它自己的节奏，我们要一步一步去实现。"

一天，彭建伟找到南湖中学的康才刚校长，递给他一本李希贵的《面向个体的教育》，问他："你今年多大了？"

康才刚愣住了："您有话就直说吧！"

"转型。"

"怎么转？"

"读书。"

"好吧！"康才刚点点头。

"在河边，借着桥下的灯光，我们聊了许多。"彭建伟至今记得当时的情景。

时隔不久，南湖中学开始行动。

克拉玛依教育改革的步伐是温和的，但显现出较强的定力。他们怀揣教育梦想，秉持全新的教育理念，开启了"教育寻变"之旅。

每当压力巨大的时候，彭建伟都会到克拉玛依一中走一走，找一个安静的角落坐一坐。"终于有了一个地方，能让我的心安静下来。"好像只有在这里，他才会放松下来。

3. 行不行都要试一下

"我看了一本十一学校课程手册，眼泪一下子就出来了，仿佛打开了一个世界。"李国莲道出了她去十一学校后的第一感觉，"每个人心中都有期待的理想教育，它能否实现，试了才知道。"

"虽然十一学校证明了我们可以从应试教育怪圈中抽身，但我们还是要弄清楚为什么要这么做，还是要了解他们在现有条件下是如何实现的。"李国莲说。

在十一学校，李国莲一头扎进教室听课，听不同老师的课，找不同学科的老师聊天。她是生物老师，同行王春易老师的课她整整听了一个学期，节节不落。她终于明白了如何培养学生的自主学习能力。曾经认为不可能实现的教育，如今她在王春易老师的课堂上看到了。"王春易老师一个学期带领学生做了近30次实验；有时，整堂课都让学生自习，只做个别辅导……"

"十一学校的学生为什么可以自主学习呢？"经过深入研究，李国莲发现，教师的教学设计不一样，他们把课程要培育的正确价值观、必备品格和关键能力贯穿在整个课程教学设计中，把国家课程标准细化，变成可操作的清晰的学习目标、能够达成学习目标的学习任务以及学习过程中的评估检测，同时提供丰富的学习资源，包括图书、实验器材、网络资源等。

李国莲在十一学校浸泡式学习一年，与那里的教师充分交流，看到了它真实的样子。"我们十一学校没有任何遮掩，我相信，十一学校的变革不是一蹴而就、一帆风顺的。我看到了教师的真实反应，既看到了他们取得的成绩，也看到了改革的艰难。你不能光看现象，必须了解所有过程。所有问题都被看见，所有风险都在管控中，这才是安全的。"

她坦诚地说："我们必须把教育理念想清楚、吃透，如果没想清楚、没吃透，把教育改革想得太简单，把教育想得太简单，做起来要么会变形，要么会退回去。"

"你认为克拉玛依一中转型成功的核心要素是什么？"我问。

"关键人物、核心团队。"李国莲脱口而出，"转型成功源于坚定的领导集体和全体教师的努力，他们在其中起了关键作用。一场改革，需要一位特别明白的校长把教师唤醒，使他们愿意做追随者，如同细胞分裂，大细胞分裂成小细胞，小细胞再分裂成更小的细胞。校长的一个眼神、一句话，都会给教师信心。"

谈到改革的阻力，李国莲认为："学生根本不是排在最前面的，排在最前面的是我们自身。改革会带来各种利益关系的调整，出现阻力在意料之中。其次是家长，家长很难理解这场改革。"从她的语气中，我能感受到他们所遇到的困难超出想象。

"是什么让你们如此坚定？"我问。

"改革需要一个坚定的领导集体。遇到问题，如果领导有一点点迟疑，教师就会感觉到，就会担心。克拉玛依一中转型比较顺利，是因为有一位特别明白的校长。2014年，秦建云经李希贵校长推荐，接受克拉玛依市政府的聘任，兼任克拉玛依一中校长。他是我们的带头人、主心骨，我们站在他身后，感觉很坚定、很温暖、很踏实。最重要的是信念坚定。虽然在整个转型过程中质疑声不断，但我们手挽着手坚定地往前走。直到今天，这个核心团队仍在持续发力。"

接着李国莲说了一件事："新高一刚刚开学时，一个学生对一中倡导的自主学习不适应，想转学。我吓坏了，怕影响不好，赶忙做工作。可是无论我怎么劝，他还是坚持。无奈之下，我找到秦建云校长，他平静地说：'你忘了我们当时是怎么说的？我们不是把学生放在第一位吗？'是啊！我一下子释然了。秦校长又说：'我们是在做教育，不是办学校。'后来，我把家长和学生都请到学校，站在学生的角度考虑问题，对学生说：'你可以先过去试一试，不急着办手续，如果不适应再回来。'我们给他提了各学科的学习建议，帮助他回到过去的学习节奏中。"

停顿了一下，她接着说："每当遇到迈不过去的坎儿时，只要秦校长在，老师们就有信心；每当碰到理解不了的事时，只要跟秦校长说，家长们就很放心。而他自己，却常常独饮孤独。每当有压力时，他就会去北山看黄羊吃草，去河边等日出东方。有时周末，他一个人开车去几十公里外的一个小山坡上，一坐就是半天；第二天，他又变得无所畏惧、坚毅执着。他是大家最坚强的后盾。"

"我们是并肩作战的战友，核心团队会给大家传递温暖、鼓励和支持。有时候让人焦虑的不是事情本身，而是情绪，如果情绪及时得到安抚，大部分问题都能化解。我们为什么没觉得那么苦呢？因为我们不是孤军奋战。"李国莲深情地说道，"最幸福的回忆都是当时最难的经历，遇到那么多困难，我们一起面对，相互支持、鼓励，我觉得很幸福。"

"后来你们还经历了什么？"我又问道。

这一问引发了李国莲的一段回忆。

高三"一模"出分那天，物理学科平均分比其他学校低了2.6分，这在克拉玛依炸了锅。李国莲接到年级主任的电话："这一定是个引爆点。"她的心情特别沉重。

紧接着，铺天盖地的质疑声传来。

"你们不害怕吗？"

"你们怎么改成这样？"

"拿别人的孩子做实验，这个事情没人可以接受。"

……

面对这些质疑，李国莲特别镇定，一点儿也不慌，因为她知道，一中每周只有3节物理课，而其他学校每周有6节；一中严格遵守教学进度，没有像往年那样提前结束新课，过早进入复习、训练阶段，学生当下的统筹能力还不够。她给教师开了会，鼓励大家一定要有信心。"那时距离高考还有三个月，我们仍然保持节奏不变，我们是有底气的。我们分头给家长打电话，向他们说明情况。我们温和坚定的语气让家长一下子安静下来，人心稳住了。"

在家长最紧张的时刻，学生的反应却出乎意料。

"没关系呀！这个成绩很正常啊！"

"我们还有时间呢。我们没有做完题。你们放心，后面不会有问题的。"

外校的老师到一中一看，惊讶极了："怎么这么平静呢？我们以为他们全乱套了。"心里还是不信："是不是强作镇定啊？"

这时，秦建云校长没有询问情况，彭建伟局长也没有。到第四天，彭局长的短信还是没来，李国莲忍不住了，给他发了一条短信："目前我们还没有进行综合训练，后面我们会……。请您放心！"他回复："我一点儿也不担心，你们一定要坚持住。"

李国莲讲到这里，我望了一眼坐在旁边的彭建伟，他点点头说："我一点儿都不慌，我不相信一切为了学生发展的改革会失败。"

2016年6月公布高考成绩的前一天晚上，李国莲失眠了。天终于亮了，她在手机上敲下一行字——"又是一个不眠之夜"，她知道，"再好的教育模式也需要成绩来证明"。

结果，学生的成绩好得出人意料。一些人又怀疑："你们在'一模'时是不是故意放水了？"

他们的决心和付出最终获得了回报，短短几年时间，一切都发生了改变。十一学校的教育价值观与一系列变革措施在克拉玛依越来越多的学校嫁接成功。

4. 难以想象的冲击

2021年9月18日上午，我见到了潘国庆，他如今是克拉玛依六中校长。他向我讲起了他去十一学校的经历："那年9月，彭局长找我说了去北京学习的事。说心里话，当时我是一百个不愿意，那时我是一中教研室主任，工作得心应手，局面刚刚打开，周围都是熟悉的人，去十一学校干什么？尽管有人说，这场出发意味着教育生涯的一次大转型，可我还是不想去。"

一天，彭建伟问他："你知道李希贵吗？"

"不知道。"他摇摇头。

"好好查一查。"

彭建伟走后，潘国庆断断续续找了一些资料看。"好神奇呀！这里的学生好幸福啊！"没过几天，潘国庆找到彭建伟："行吧，去吧！"

"到了十一学校，一切都是新鲜的，令人眼花缭乱。到处是学生社团的广告，生物教室的墙上挂着一幅幅生物学大家的照片和介绍，模拟联合国会议室里挂着很多国家的国旗……。真是新鲜，与我们学校完全不一样。我们追求的是洁白的墙壁，干干净净、空空荡荡的楼道。"潘国庆既兴奋又有点儿不安，"这所学校要干什么呀？"

"这是我与十一学校初相识的情景。"他平静地说。

国庆节过后，来自克拉玛依的老师们深入年级听课。一天，潘国庆在高一的一间教室里发现了一本《英语阅读理解》，是十一学校老师自己编的。他很纳闷："为什么要自己编书呢？"听了几节课后，他开始评头论足："讲得太少，这是干啥呢？还不如我们呢！"

一天，潘国庆听了一节高三英语课，老师给学生讲语法，讲得很少，然后学生小组合作学习。他仔细看了旁边一个学生的作业。"咋都会了呢？"他心里一惊，不甘心，挨个看学生的作业，再看他们的试卷。"咋啥都会呢？"他顿时蒙了，然后回忆这几天的教学情况。"老师也没讲什么呀，他们只是按照学习规划引导学生自主学习，还有一点儿个别答疑。而我们累死累活地讲，无论怎么努力，学生还是那个样儿。"

十一学校的办学理念给潘国庆带来的冲击是难以想象的，刷新了他对教育的许多理解与认知。

那段日子，不断有同事问潘国庆："十一学校怎么样？"

"令人耳目一新！"

"这所学校太伟大了！"

"对我的冲击太大了！"

"这里的老师完全没有职业倦怠感，像打了鸡血，永远在战斗。"

"这是啥学校呀！学生脸上的笑容永远那么欢快、灿烂。"

潘国庆每天都会将学习体会发到朋友圈里。

可过了几天，他的口气有点儿变了，他说出了自己的担心和质疑。同事一看很不理解："今天说好，明天又说不好，十一学校到底好还是不好？"

潘国庆的心情就像过山车一样忽上忽下。"说实在的，我就像一个矛盾体，今天因为一句话而感动，明天又因为弄不明白某个做法而十分担心。一方面，我觉得真好；另一方面，我又担心我们能不能学习。"他在混乱中寻找平衡点。

"冲击太大了，他们从学生入手，触及学生内心的需求，依据学生的需求安排学习。"一天，潘国庆有了新发现：十一学校老师都自己编写学习材料、学习细目、学习指南……

他忽然明白了那本《英语阅读理解》的价值，那本书依据主题安排篇目，都是任务型阅读。他终于理解为什么上阅读课时老师很少讲，甚至不讲，学生自己边看书边讨论，有时争得面红耳赤，老师好像没什么事。"培养学生的自主学习能力，这是我们最期待的。"他如获至宝。

每天晚上，来自克拉玛依的几十位老师都会在高中部教学楼7层的阁楼里交流。在十一学校的每一天，他们都被深深感动。他们从没有如此真切地感受到人人都是立德树人的推动者，他们觉得重拾教书育人的感觉真好。"十一人是理想主义者，同时又是现实主义者。"对这一点，克拉玛依一中老师的体会尤为深刻。

11月的一天，最先来十一学校学习的20多个人坐不住了，他们心里也想这样做教育。"自主选课、学习规划、分布式领导……，这样做科学合理，确实好。十一学校的转型经验我们一定要学回去，一定要移植到克拉玛依，让它在克拉玛依开花结果。"

"刻不容缓，时不我待，改革赶快来吧！"大家在呼唤一场"暴风雨"的到来，"换个活法"成了大家内心的渴望。

回到克拉玛依一中，潘国庆马不停蹄地开始了全新的教育生活，带领高中教师团队一起拼搏，经历了一段非凡的时光。

对全新的教育方式，很多家长不理解；其他学校的高强度训练更是让家长们坐立不安。他们说："你们为什么不讲课？""你们这样做会耽误孩子，毁了他们的前程！""我家孩子将来是要考名校的，不是天天来做海报、弄什么灯光调试的。"学生参加社团活动，家长不理解，有十几个家长到学校静坐，要求换老师。他们只好苦口婆心地给家长做工作："这条路是对的，我们会用百分之百的热情和努力，帮助孩子们获得成功。"

"年级所有老师晚上11点之前没回过家，人人都像打了鸡血一样，真的是背水一战。"潘国庆激动地讲述着。

任何一场教育变革，最终受益的是学生，导师陪伴、个别化辅导、自主规划、自主学习等渐渐显出成效，学生的综合能力大大提高。

郭子轩同学在高三备考期间，坚持做生物学实验，经过层层答辩，获得"丘成桐中学科学奖（生物奖）"铜奖，并荣获2016年度全国"最美中学生"称号。

参加物理、化学竞赛课程的学生，取得了优异成绩。

高三约11%的学生参加全国高校自主招生，表现十分突出，给各高校面试评委留下了深刻印象。

"你们是靠什么取得了这么好的成绩呢？"我问。

"是靠科学的课程体系、优化的学习资源。"潘国庆十分肯定地说。

"就这些吗？"我又问。

"我们还帮助学生制订学习规划，培养学生的自主学习能力，增强学生自我发展的内动力。"他强调了其他因素。

"这些很重要。"我表示赞同。

"还有个别化辅导也弥足珍贵，导师已成为学生成长的伙伴。"他想了想接着说。

"那真是激情燃烧的日子。"他感动地说。

5. 在十一学校的岁月改变了我

眼看第三批教师要去十一学校了，邱逸文老师坐不住了："这是一种理想的教育模式，我一定要去学习。我不是一个轻易能被打动的人，这回是真的坐不住了。"她迫不及待地向我讲述当时的情形。

邱逸文1994年工作，18年后，主持市级名师工作室，成为克拉玛依市语文学科带头人。

一天，邱逸文收到去十一学校学习的孙定国老师发来的一条短信："这是中国最理想的教育，你一定要来看看，它会激发你的热情，你的很多想法都会实现。"接连几天，不止一个人传回这样的声音，她坐不住了。

2013年大年初八，她终于去了十一学校。"很受挫，感到自己一切都要从零开始，原先所有的成绩好像都没有了。在十一学校让我最受感染的是教师的人文关怀和合作精神，一群人朝着同一目标奋斗，这种感觉以前我从未有过。近20年来，我一直在进行各种各样的改革尝试，不会轻易被哪个理念折服，这回真的不一样，我产生了投入其中的冲动。"回忆起当时的情形，她仍然十分动情。

2013年5月19日，邱逸文在发给同事的短信里写道："为了寻求教育理想，为了未来能做一点儿改变，我来到十一学校，辛苦是必然的，但值得。"

2013年7月11日，她深情地写下："若干年后会记得，夜深，北京，一群人。"

邱逸文向我讲述了三件令她难忘的事。

"十一学校的文化深深触动了我。曹书德老师是语文特级教师，可他什么都做，竟然还管一些小事。学生下课时在楼道里蹦跳，把挂灯碰坏了，曹老师写了一篇文言文，乐滋滋地贴出来，语言幽默生动，引来不少学生观看、点评。'好用心啊！'我心里一惊，他也干鸡毛蒜皮的事，而且三天两头地干，还干得津津有味。原来做学生工作完全可以换一副面孔，用温和、调侃的方式去做。"这件事对一直抵触做班主任的邱逸文触动很大，她认识到教书和育人不应当是"两张皮"，下决心不再只顾发展学科教学能力。

一次，她参加高三年级组备课，研究议论文写作教学。"史建筑老师的发言太'高大上'了，他讲得眉飞色舞，足足讲了两个小时，可以看出准备得很充分。要知道，他可是大名鼎鼎的特级教师呀！而我们一般只在面向全市几百位教师发言时才会如此准备，只有五六个人听时，犯不着啊！这让我感到很震撼。"

参加闫存林老师的年级组备课时，闫老师的发言也给邱逸文留下了深刻的印象："他讲得不多，慢条斯理地说：'不要着急，要允许有的老师慢一些。'哎呀！我主持全市语文教研时，人不全齐了绝不开始。五六百位老师坐在下面，我皱着眉，苦口婆心、反反复复地讲，哪怕一个小时就能讲完，也要讲上两个小时。这次寻变之旅，彻底改变了我的思维方式和工作方式。"

回到克拉玛依后，邱逸文开始了全然不一样的教育生活。

在新疆乌尔禾研发课程的日子里，她写下了这样的感慨："从没如此有激情过，一群人就跟打了鸡血似的日夜奋战；从没有如此反省过，一群人在你痛哭时帮你点燃信心；从没有如此期待过，一群人关注'每一棵树'的价值和意义。"

"现在我终于是个完整的教师了。过去18年我只当过3年班主任，现在我不仅做导师，还做年级教育顾问。回到克拉玛依两年后，我被评为'师德标兵''优秀导师'，那个激动啊！"她的眼中闪烁着幸福的光芒。

"原先我有一个梦想——能在古色古香的教室里讲授国学，今天终于实现了。我的教室是学生学习语文的天地，教室里设置了'吐槽吧''点赞台''舌战群儒''读书小报''古诗词天地'等，用来展示学生的读后感、社会新闻评论等。"

在陪伴、守护和滋养一个个生命的过程中，邱逸文自己的生命也变得更加饱满、丰盈。

"你现在如何做教研呢？"我还想了解更多东西。

"全市八所高中我一所一所跑，教师我一位一位聊，这样做教研，效率特别高。"邱逸文的内心充满骄傲和责任感。

我预感到，一股改变中国教育的力量，在遥远的边疆已悄然形成。

6. 携手走过变革之路

"我渴望改变。"高三学部主任赵凤芳说，"我把有关十一学校的书全部找来读，读得心潮澎湃。我没有去十一学校，但我每天看他们发回来的信息，满是惊喜。"

"2016年，我送走高三毕业生，直接进入改革后的高三年级担任学部主任。走在楼道里，对面走来的学生会主动和我打招呼：'老师好！'一张张青春的脸上洋溢着欢快的神情。我发现老师对学生的态度全变了，很纳闷：'老师对学生怎么好成这个样子？'学生对老师特别信赖，特别亲近。要知道，我已经习惯了学生看见你却假装没看见，宁可绕远路也要跟你错开，甚至昂首阔步与你擦肩而过而无视你。如今每天我走在过道里、站在电梯口，都会从许多陌生的同学那里收获无数声'老师好'。"赵凤芳激动地讲述着她初到高三学部时的感受。

"无论课上、课下，但凡你为学生做了些什么，哪怕只是叮嘱了几句话，他们都会说'谢谢老师'。这已成为学生每天说的频率最高的话。细究原因，我想可能有两个。一个是家教很好。然而，哪有那么巧，300多个家教很好的孩子全被我碰上了？所以我更相信是另一个——他们是发自内心地尊重你、感谢你。"

"其实最让我感慨的是学生的表情。无论说笑，还是讨论，学生面对你时都是那么坦然，你觉得他可能是个'学霸'，悄悄查一下，却发现他的成绩较差。为什么学生能做到坦然自若？因为两年多来，每一位老师发自内心地尊重、关爱、宽容每一个学生，坚持不给学生排名、不公布考试成绩。"

"当老师不再想着收服学生时，学生自然不再想着抗争。师生之间建立起诚挚的信任关系，你就能感受到学生无条件的信赖。这种信赖让你没法不把学生放在心上，去急学生所急、想学生所想，甚至想学生所未想。"

"一天下课时，一位女同学问我：'老师，你今天有没有时间？我想跟你谈谈。'我心里咯噔一下：我做错什么事了？后来我发现约谈很普遍，有什么问题，老师可以约谈学生，学生也可以约谈老师。过去，被约谈对学生来说是一件很恐怖的事情，被约谈者先要想好'我做错了什么'，同学们也会同情地目送他：此去凶多吉少啊！如今，学生已经习惯被约谈，他们在约谈中感受到的是一种幸福、一种被关注的满足，久而久之，他们也习惯主动约谈老师来解决自己心理或学习上的困惑。走在高三年级的楼道里，随处可见学生与老师在谈话，或老师对学生进行单独辅导。这已成为常态。"

一天晚上，赵凤芳躺在床上思绪万千，于是起来写下白天的感受："我看到了全新的学生，看到了真正的教育，这是在做人的教育。"

初到改革后的高三年级做学部主任，赵凤芳也遇到过不小的挑战。自习课学生喜欢自己找地方，这加大了管理难度。面对全新的工作，老师们不适应，有的老师找她哭诉。如何引导老师们团结在一个共同的目标下？如何让老师们充满热情地为这一目标努力奋斗？

她对老师们说："我们是不是把学生的需求放在了第一位？把学生置于控制中，是一件多么可怕的事情，一颗被紧紧裹住的心是不可能有活力的。顺应天性的教育才是好的教育，顺应天性才是真正的尊重，我们要让学生感到被尊重。"

从思想、情感到行动，十一学校提出了一套价值观——"学生第一""服务为先""个性化帮助"。这些价值观并没有惊天动地之处，但对学校具有重要意义和深远影响，是衡量学校工作的重要标准。

于是，赵凤芳组织大家学习、研究，找出自己的日常工作与这些价值观之间的差距。学部组成联盟团队，遇到问题时大家不再茫然。"十一学校让我有了课程意识，我们每个月聚焦一个主题——养成教育、礼仪、习惯等，把日常工作做成课程，一个个小团队在发挥重要作用。"

在高三学部，老师们给了学生很大的自由：可以听老师讲课，也可以自己学习；可以在教室里自习，也可以在任何一个角落里学习；可以随时请假，以真实的理由，哪怕是"太累了，想休息半天"。

送走这一届毕业生后，赵凤芳在日记中写下这样几段话：

> 252位老师砥砺奋进，携手走过不平凡的变革之路；2371个孩子在变革中被唤醒自我、激发潜能。
>
> 转型不易，但如此美好，只要能用行动为孩子们的今天及未来创造更多的可能，我们愿意挑战自己，甚至否定自己。
>
> 如此美好，决不停留，执着前行……

几年来，她在帮助一个又一个学生成长的同时也见证了自己突破性的成长。最让她欣慰的是高考结束后，孩子们平静如常地坐在教室里看书，帮助老师布置教室，设计感恩母校的毕业课程；老师们平静如常地集体研讨，补充资源，尽快做好衔接、传承。

最后，赵凤芳动情地说："变革的伟大之处在于改变了我们看不见的精神深处，照亮了我们内心的一个个死角，拓宽了我们的视野。在十一学校办学理念的引领下，我和我的伙伴们共同成长起来，我们也在影响周围的人，正如《觉醒年代》中所说：'我真心希望大家能够双脚踩在泥土里，一步一步地、踏踏实实地走好每一步路。而且我相信胜利一定会属于我们，因为我们已经在路上了。'"

7. 打开无限可能之门

从十一学校回来后，老师们马不停蹄地对现有课程进行改造，构建了适合克拉玛依一中学生的分层分类课程，采用全员育人，面向个体，最大限度地让学生发现自我、唤醒自我、成为自我的育人模式，加强学科课程的顶层设计，进行系统开发。同时，完善课程链各个环节，从课程目标、课程内容、课程实施、课程评价与诊断等各方面系统思考，让它们环环相扣，以增强课程实施的整体效益。

在全体教师的努力下，学校开设了一百多门课程，技术课程增设了十几门，体育课程开设了 17 门。跆拳道、散打、网球、管乐、电声乐、动漫设计、书法、园艺、服装设计、玉石加工等深受学生欢迎。另外，商学、经济学、竞赛类课程和大学先修课程也走进校园。只要学生有需求，学校就开课。比如，有的学生喜欢园艺，学校就从西北大学招了一位园艺学专业的毕业生，开起了园艺课程。

王志山老师 2020 年从新疆奎屯来到克拉玛依一中。他的父母都是农民。他从小喜欢音乐，一只小小的口琴陪伴他度过了童年时光。他还喜欢画画，小时候家境贫寒，他就靠捡拾骨头、废铁、布头等换一点儿颜料；没有画纸，就在旧报纸上画、在地上画，画树、画天空、画房子。高中毕业时，他考上了美术专科学校。

在克拉玛依一中，王志山不仅教音乐，而且教油画，还辅导学生。每逢假期，他都背着背包外出学习。他说："好的制度能将人的积极性激发出来。"

"在这所学校我觉得特别快乐。"他常常把自己的感受发到朋友圈里，过去的同事都很羡慕他。

"是什么让你感到快乐呢？"我问。

"这也需要我，那也需要我，我突然觉得自己好像啥都行，人尽其才、物尽其用了。"王志山笑呵呵地说。

"我喜欢的、我会的，全都有了发挥作用的空间，我有一种被信任、被尊重的感觉。我只有一个愿望：把事做好，做得再好一点儿。我带音乐课，除了教口琴，还教小号、长笛、单簧管、萨克斯。"他补充道。

"一个人教这么多！你全会吗？"我又问。

"我们成立了乐团，那么乐团里的什么乐器我都得会。不会的，我就自己到外面去学习，学会了再教给学生。我利用所有时间为学生辅导，想让他们吹得再好一点儿。我特别珍惜这个乐团，因为是选修课，我不知道下个学期他们还来不来。"

2013年，学校聘请摄影家薛辉为学生上课。走进一中，他心头一热："这就是我心目中的学校。"

"初当老师，你是什么感觉？"我问。

"开始挑战一项新事物时，我的心跳会加快，内心感到无比充实。因此，我喜欢挑战新事物，喜欢追逐这种生命律动带来的感动。"他自豪地说。

薛辉带两个班，每周上一次课，两节连排90分钟。学生非常喜欢他的课，网上选课时15秒就报满了。一个女生初一时就想上，结果直到高一时才抢上。学生的摄影作品在各类青少年摄影比赛中频频获奖。"我只要拿起相机就会想起你。"一位学生对薛辉说。

已经60多岁的薛辉，不仅热爱摄影，也热爱教育、热爱孩子；不仅教摄影，还对孩子们进行人生指导，给予他们人文关怀。学生特别喜欢这位白胡子爷爷。"挺欣慰、挺自豪的。这辈子有幸走入学校，做了这样的教育，终于找到了门道，有点儿味儿了，我会用余生去思考什么是好的教育。"

李双洋老师说："我是在正确的时间遇到了正确的人，做了一件正确的事。看到孩子们在这里愉快地生活，我感到很欣慰。"他以前压根没想过要当老师，走进克拉玛依一中后，"没想到动漫设计课这么抢手，选课时几秒钟就抢完了"。

"一个人最幸福的是干自己喜欢的事。"李双洋毕业于吉林动画学院，他从小喜欢画画，在克拉玛依一中感到自己有了用武之地——做宣传片、教美术课、电脑绘画课。"外部和内部因素都在促进我成长，我的专业发展之路更宽了。人人都渴望成功，并追求极致的效率，可又都在机械重复地做很多无意义的工作。这样，人就会渐渐丧失自我，失去自己的主体性和创造力。"在动漫教室里，李双洋讲述着他的职业经历。

"王语萱同学动漫画得特别好，很有创意。我给了她一些建议，与她交流也在不断刷新我对艺术的理解和追求。这里最打动我的是能发挥我的专业特长，与学生相互促进。这对我来说是很幸福的事。创新是动漫创作的灵魂，动漫创作不仅需要艺术和技术的创新，更强调文化的创新。假如没有遇到这样的环境，随着年龄的增长，我会逐渐丧失对艺术的感觉。然而，孩子们给了我感觉。和孩子们接触，会一直带给你新的东西，会让你永远有活力。"李双洋觉得从事教育工作挺幸福。

"在应试教育中，你是一个工具，打造高分的工具，很难有幸福感。你对自身的认同，社会对你的认同，在很大程度上决定了你的心态。个体虽然微不足道，但你置身于中国教育改革的浪潮中，你是其中一滴水，你就在里面。不是所有人都能参与其中，我是很幸运的。"这是李双洋内心的感觉。

"我是改革的排头兵，我做了很多事情，感触也很多。这是我的幸福所在。我有非常强烈的参与感和存在感，我很自豪。"谈到这场改革，李双洋说，"有幸在最好的年华遇到教育转型并参与进来，让我看到教育特别美好。"

"你今后有什么打算？"我问。

"像昨天一样，除了陪伴学生还是陪伴学生。"他平静地说，"陪伴是很厚重的东西。你生活在这片土地上，你给这个城市留下了什么印记？我没有辜负自己的岗位，我看到了理想中的教育。"

这里的教师为什么工作劲头高涨？他们的动力究竟来自哪里？谈到学校转型，他们眼里有光。

"十一学校的探索给我们带来了光亮，它让我们知道我们是谁、可以走多远。"

"它让我在自己热爱的领域找到了激情和价值。"

"它让我们找到了自己想做的事情。工作不再是简单的重复，每天都有新东西。这让我们很有成就感。"

"学校转型唤醒了我们，让我们发现了教育的价值和意义。"

"过去，没有打开这扇窗，我们根本就没有看到好的教育是什么样子的。真正体验之后，幸福感便油然而生。"

任何教育变革都有赖于教育者自身的改变，有什么样的教育者便会提供什么样的教育。教育者的内心世界、精神风貌、人文情怀决定了教育的色彩和温度，决定了教育的生态和学生的生存环境，关乎一个国家、一个民族未来的精神底色和软实力。

8. 在远方，看到了更美的风景

一天下午，在高中部教学楼，我见到了高二学生吾尔开西，他个子高高的，是维吾尔族学生。站在他旁边的许航宣是汉族学生。他们俩是十分要好的朋友，他们还有一个好朋友是哈萨克族的。陪同他们一起来的，是他们的老师贾越。

刚一落座，我就问许航宣："在学校感觉怎么样？"

许航宣说："非常开心，这里的教育与以往完全不同，我可以选择自己喜欢的课程，在不同的课上结交不同的朋友。我喜欢棒球，高一时就选择了这门课。"

"你为什么喜欢棒球？"

"棒球需要研究战术，更需要团队合作。如果打出一个好球，全队都会为你欢呼。"

"以前打过棒球吗？"我问。

许航宣摇摇头："没有，以前的学校没有场地。"

"你会一直打下去吗？"

"会的，我会一直打到毕业。"

"它会成为你终生喜爱的体育活动吗？"

"是喜欢的项目之一吧，"他想了想说，"地位肯定不低。"

"你还喜欢什么课程？"

"我还喜欢艺术课程，喜欢弹吉他。虽然我一首歌也没写出来，但我很快乐。"

"学习呢?"

"学习也没落下。"他很自信地说,"上高中前,听人说高中很枯燥,有点儿害怕。现在我觉得高中挺美好、挺青春的。回家后我常和父母分享我在学校里收获的喜悦。每天放学回去我都笑呵呵的,完全没有一般高中生那种紧张的感觉。"

许航宣想到南京去上大学,既想学习天文学,又对新能源感兴趣。"我报了学校的化学拓展课程,想多学一点儿,为将来做准备。"

"你报了这么多课,累不累?"我问道。

"一点儿也不累。"他摇摇头。

坐在一旁的贾越和蔼地望着两个学生,让人感觉特别温暖。我请贾越说说许航宣有什么特点,她脱口而出:"快乐、清澈、阳光。"

这时,许航宣想起一件往事。他说:"军训时,我们举行联欢会,我们一连的同学围成一圈,我站起来唱《我想带你去旅行》。没想到,刚唱了一句,就忘词儿了,贾老师立刻把她的手机递给我,我搜索到了歌词,重新唱了一遍。"许航宣的讲述让我感受到一份饱满的温情、温暖。

吾尔开西是个喜欢思考、善于提问的学生。"这里的老师和蔼可亲,十分尊重学生,也非常关心学生,我可以随时问问题。这里的课程十分丰富,我选了机器人课、大学先修课。这让我感到很满足。"他看了一眼许航宣,接着说:"我们俩是玩伴,从小学一直玩到高中。我们兴趣相投,周末经常一起去科技馆或去看电影。我将来想学机械或者游戏开发。"

"你们对孩子们这么好,在外人看来有点儿惯着他们,你们不担心吗?"我问贾越。

"一中该给孩子们的都给了,但该讲规则时却一点儿都不放松。说心里话,我好羡慕他们的高中生活。当然,我也很快乐、很充实。"贾越说。

"孩子们很懂事,内心很温暖。"贾越看了一眼身旁的两个孩子继续说。

"他们为什么如此懂事?"我追问。

"因为他们每天被温柔对待，内心有很积极的一面。"贾越说。

在克拉玛依一中，我还见到了已毕业的李雨默同学的家长李林。小学毕业那一年，因为一次不愉快的经历，李雨默休学了。家长一度对教育失去了信心，自己在家教孩子各种生存技能，准备将来让他考技校。

后来李雨默来到克拉玛依一中，家长担心重返学校孩子会不适应。没想到，学校实行个别化教育。"老师对孩子非常包容、非常有耐心，这里的教育完全不一样，秦建云校长常常安慰我。"在这里，李雨默积极参加社团活动，喜欢与同学交往，喜欢动漫，学了小提琴，选修了化学拓展课程，有了归属感，找到了存在的价值，自信心越来越强。

高考出分前一天，李雨默来到学校，他觉得在这里，心里才踏实。李林说："一中对我们家来说非常重要，也很神奇，我一直没有找到合适的词来形容它，直到有一天发生在孩子身上的事情，让我明白了一中在孩子心中的分量。经历了高考和接连三场高校自主招生面试后，我们全家陷入等待结果的焦虑之中。6月23日凌晨3点，孩子睡不着，爬起来看书。下午，他出门散心，不知不觉走进了学校，在休息区安静地睡着了。晚上回到家，他告诉我们：'西北路6号（克拉玛依一中高中校区地址）似乎有助眠光环。'当时，我的内心真是波涛汹涌、感慨万千。什么样的地方能让孩子安静入睡呢？一中做到了。这是一个孩子可以信赖、让孩子感到安全的地方。"

"感谢一中，让我找到了希望，给我带来了阳光。"在复旦大学读书的李雨默曾通过视频表达他对母校的热爱。李林对我说："孩子非常爱学校，每年回来度假都会到学校转一转。孩子考上大学后，我成立了一个家庭教育工作室，帮助周边的家长朋友减缓焦虑。"这场始于十一学校的转型，竟然使家庭教育在不动声色中发生了改变。

第六章

回到北京

被点燃的教师

2013 年，北京市海淀区教委决定，把海淀区南部仅一墙之隔的一所初中和一所小学合并成一所九年一贯制学校，由十一学校承办，命名为"北京十一学校一分校"（以下简称"一分校"）。

这件事，在时任校长李希贵心中分量很重："确切地说，一分校并非人们所说的那样，是北京市第二〇六中学和海淀区群英小学两所学校的合并，而应该是包括十一学校在内的三所学校的融合。从这个意义上说，这是一项异常复杂和艰巨的工作。"

然而，没想到的是，学校却让从未当过校长，甚至连副校长也没当过的刘艳萍担任一分校执行校长。

"什么？刘艳萍一天副校长都没当过，直接当校长，这个决定是不是有点儿草率？"

"据说她想也没想就答应了，奇了怪了，怎么就这么有底气？这人是不是有点儿'二'？"

"一天校长没当过，怎么那么大的胆儿？"

"这也太不靠谱了，她心里到底有底没底呀？"

几乎所有人都为她捏了把汗。

"嘿嘿！只要有人走出来过，就一定还会有人走出来。"面对人们的担心，刘艳萍将那长长的披肩发向后一甩，笑着回答。

哎哟！看来她心里还真有底呀！

不过，一般人仍然不敢相信。

的确，刘艳萍没有管理岗位工作经历，更不要说管理一所九年一贯制学校了。那么，她凭什么能当好一分校校长呢？如果说她心里有底，那么，这个底是从哪里来的呢？

一个春暖花开的日子，我来到一分校，远远看到刘艳萍穿着一件蓝色的连衣裙，拿着一个本子，脚步轻盈，笑盈盈地走来。让人印象尤其深刻的是，她边走边笑，手指前方，仿佛前面总有美好的事物吸引着她。

刘艳萍是我在十一学校认识的第一位老师，她长得漂亮，很聪明，快人快语，做事风风火火。

那时，我们在一个办公室。那是一间20多平方米的屋子，里面堆满了书，还有开展学生活动用的彩旗、锦旗、宣传板和大大小小的奖杯等。她特别忙，整天见不着人影，我唯一能替她做的就是浇花。

接触多了，我对她有了一些了解。她是土生土长的十一人，2001年研究生毕业后就进入十一学校工作，先后担任思想政治老师、团委书记、德育主任，亲身经历了学校转型"惊心动魄"的1500天。

在刘艳萍的办公室里，她讲述了来一分校的经历。

"来之前，我对这两所学校并不了解，只是侧面听过一些评价。其中，小学60%以上的学生是外来务工人员子女，中学达到80%，可见这两所学校生源都很弱。小学片区内，北京生源每年入学不到20%，其他的都择校走了。"

临行前，她和李希贵校长有一番对话。

"听说学校底子薄。"

"教委会大力支持！"

"听说师资比较弱。"

"每个老师都渴望被点燃。"

"听说生源有点儿差。"

"回家好好看看《放牛班的春天》。"

"天哪！三句话都被李校长云淡风轻地挡了回来。"就这三句话把刘艳萍送上了改变薄弱学校的"逆袭"之路。

2013年11月29日上午，李希贵亲自送刘艳萍上任，接近中午，准备离开时，他看了看忐忑不安的刘艳萍，半开玩笑地说："嫁出去的闺女啦，要好好待在这儿，不可轻易往回跑啊！"刘艳萍鼻子一酸，眼泪差点儿落下来。

1. 第一动力要强劲

其实，刘艳萍心里是有底的，这个底是她的"婆家"给的。

从走进一分校那天起，她就抱定一个信念：按十一学校的理念办学。然而，如何激发教师变革的动力？这是她必须面对且必须回答的问题。师资状况不乐观，是最令她担忧的事情。她知道，办学理念无论多么先进，如果老师跟不上，就落不了地。李希贵鼓励她："任何老师都有追求美好教育的意愿，任何老师都渴望被点燃！"

临行前，李希贵一再叮嘱她："在一所学校，没有人是干不了事情的。你一定要处理好人这个核心要素，但千万不要期望一下子改变人的思想，统一价值观是特别难的一件事情。"

"如何激发教师的内在动力，让他们为实现组织目标而长期不懈地奋斗？我们可以用愿景激励教师。愿景与人们内心最深切的需要有关，你不可能动员人们到他们根本不想去的地方去。只有建立共同愿景、价值标准和行为准则，我们才能真正实现育人目标。"对这一点，刘艳萍有深刻的体会。

"学校合并后，我们做的最重要的一件事，就是带领大家讨论、制定学校战略目标、核心价值观与行动纲要。使命是学校存在的意义和目的，愿景是学校的远景目标，核心价值观是学校必须遵守的基本价值标准和行为准则。'建设一所受人尊敬的家门口的好学校'这个战略目标在首届教代会上正式提出，由使命、愿景、核心价值观构成的学校文化，给学校发展注入了强心剂。"

"你们的愿景是什么？"我问。

"建设一所受人尊敬的家门口的好学校，创造适合学生发展的教育，将'一分学生'培养成为有智识、敢担当的生命个体，把一分校建设成为充满爱、可信赖的生命摇篮。这就是一分校的愿景。"刘艳萍自信地回答。

"你们从哪里入手去实现这一愿景？"我又问。

"我们将组织目标和个人目标紧密联系起来，这将促使每一个人去追求相同的愿景。我们还必须知道应该用什么样的标准来评判人们的行为。两者缺一不可。"

"接下来，大家开始寻找实现目标的路径，一起梳理关乎学校发展的关键成功要素。排在前四位的关键成功要素是教师、课程、资源、机制。课程是学校改变的关键，教师是课程的研发者与实施者，资源配置是课程实施的物质保障，良好的运行机制可以激发教师良好的职业状态和生命状态。同时，我们对关键成功要素进行量化分解，得出关键成功要素指标。几个月的讨论最重要的价值在于对学校办学方向的引领和对办学目标形成共识，这使为学生发展服务的理念植入学校文化中，使个人建立起与组织的新关系。"刘艳萍的讲述缜密而细腻，深邃而质朴。

"我们不仅有愿景，而且要把它描述出来，使它变得具体、可操作。"刘艳萍想了想，又说，"我们把学校行动纲要用符合学校实际的语言描述出来，让大家容易看懂，理解到位。为此，学校从行动纲要的梳理开始，就让全体教师参与，通过集体讨论，使其成为每个人的日常行为准则。"

"出乎所有人的意料，学校行动纲要的研究竟然持续了好几个月，而且不断修订，每年学校都会拿出不少时间研究它。"刘艳萍说。

"为什么如此大费周章？"我问。

"我一直以为，只有学校具备浓厚的文化底蕴，教师之间建立起信任与合作的关系，才能真正推动学校改进。它不同于一般意义上的改革、重组或精简，它涉及的层次更深，即改变整个机制、体制的 DNA，更为重要的是改变根深蒂固的观念和约定俗成的习惯。"刘艳萍语气坚定地说。

"心中的理想、理念不再像过去那样抽象、空洞，十一学校办学理念变得更为生动、形象、具体、可感。"我明白了。

"学校文化就是师生的行为文化。说的东西长期做到了，思想就会变成行为；行为再变成习惯，进而成为一种学校文化。为此，学校所有中层以上干部亲自带动，手把手教，要求每个人用实际行动去践行学校核心价值观，并将其作为衡量一切工作的标准。如果我们以此唤起大部分教师的激情，他们就会带动其他人共同前进。如果大家能坚守这些价值观，并为追求学校目标而努力奋斗，我们对学校的未来就会充满信心。"让刘艳萍特别欣慰的是，"大家还真将此当回事。"

在对行动纲要一遍遍字斟句酌的修改中，在对学校愿景和目标的追求中，大家彼此看见、彼此听见。更为重要的是，他们有了一种新的身份认同——大家都是"十一人"。他们在交流中得到彼此的认同，完成身份的确证。这种认同和确证使他们在纷繁的世界里确立了自我，由此结成情感相通的共同体。

2. 一场巨变的开始

"我们不仅要让教职工记住学校的价值观，还要做大量工作，以缩小现实情况与学校新价值观之间的差距，这是一切工作的关键。接下来我们做的事是——目标引领。老师们的眼神告诉我，他们希望看到好的教育。只有看到，才会相信，才会点燃对美好教育的渴望。"刘艳萍继续讲述。

接下来几个月，老师们分批去十一学校、亦庄实验小学，以及上海、杭州、南京的一些学校参观学习。

2014年4月21日，二十几位老师去了亦庄实验小学，一进教学楼大厅，就被整面墙的笑脸吸引了，那是一张张洋溢着自信和快乐的笑脸。接下来，他们观摩了一节课：学生分成小组，带着笔记本，观察校园里的一草一木，完成已持续一年的自然笔记。其中既有数学问题的探讨、语文诗词的赏析、科学奥秘的探究，也有美术创作和动手实践。

"这应该就是传说中的跨学科教学！"杨晓蕾老师兴奋地说。

"不论老师还是学生，笑容都那么灿烂，让人感觉学习是一件特别有趣的事。"郭慧萍老师感叹，"我们看到了老师良好的职业状态和生命状态。"

"他们的教室就像家一样，分区摆放着沙发、地毯、图书、积木、学生的作业以及学生从家里拿来的毛绒玩具，孩子们一定喜欢上学。"黑月芝老师说。

老师们眼里的世界变大了，心中对美好教育的期待在升腾。在上海的学校参观时，他们看到了美丽的校园环境、学科教室、学生游乐场、楼梯拐角处的小型博物馆、楼顶的中药种植园、校园一角的学习用品交换处……。当上海市实验学校东校美丽的蝴蝶园出现在大家眼前时，吴静老师鼻子发酸，眼泪差点儿掉下来："我们的教育太亏待孩子了。"

王双贝老师讲述了她的学习经历："我们去亦庄实验小学参加'帽子节'，学生戴着千奇百怪的帽子，参加活动的家长也戴着各式各样的帽子。我完全傻了，从没在学校里见过如此生动的场面。那一刹那，我的心门被打开，就像大幕被拉开了，眼前一片光亮，心里特别温暖，也特别吃惊。我预感到一场巨变要来了，以前只是听说过十一学校，现在真正体会到十一学校倡导的教育理念的力量，对我来说'十一'已经不再是一个符号，而是一种精神力量。我愿意做这样的教育，我愿意像他们那样活着。"

她认真地对我说："听了常丽华老师一节一年级的课'在农历的天空下'，常老师通过春风、春雷、春雨以及人和自然，将节气串联起来，特别有体系，而且课是漫谈式的，让人感觉很亲切。校园生活原来可以如此多姿多彩，这一切打破了我原来的经验，我的心被触动了。我问自己：在16年的教育生涯中，我为什么没有这么做过？真是虚度了年华呀！现在我每天都在改变。过去我从来没有与学生拥抱过，也很少冲学生笑；如今我的脸上有了笑容，见到学生会主动与他们交谈。我常问自己：究竟是什么东西让我们改变了？怎么就不一样了呢？"

不只是王双贝，其他老师的心态也在一天天变化着。每个人都有自己的"课题"，都有自己与众不同的"学习清单"。"这样的教育人生是多么精彩！"老师们很激动、很自豪，他们按捺不住内心的喜悦，"没想到，我们也能办出这么好的教育。"

学校推行新的价值观不到一年时间，就已经点燃了教职工心中的激情与希望。它像一个引擎，以明确的方向和强大的精神动力，推动一所学校走向未来。

3. 更深层的变革

"为了实现育人目标，学校开始进行大刀阔斧的系统变革，组织结构是最先被撬动的一块，即将学校的管理重心下移。"刘艳萍语气坚定地说。

"你们是如何做的呢？"我问。

"我们将权力分散至对工作具体负责的单位。学校赋予年级管理者较大的灵活性，即他们在自己认为合适的情况下可以自由支配预算，取消以往的层层审批。"刘艳萍平缓地说。

"效果如何呢？"

"组织结构向扁平化发展，组织中的横向互动增加了，部门间的沟通和交流加强了，组织成员的主动性和主体意识增强了，各部门构成紧密联系的整体，团队既有分工又有合作。这样一来，权力及其行使方式发生了重大变化，管理不再是自上而下的指挥控制，而是通过合作、协商、服务来实现，行政色彩弱化了，指挥控制减少了，组织管理更加高效、规范和科学。随着组织结构的变迁，学校开始转型。"

"组织结构的变迁引发了基础教育领域的深刻变革，为学生全面而富有个性的发展提供了组织支持。"我终于明白了。

"这还不算完，各个部门还需要通过双向聘任实现人力资源的最佳配置，以激活教职工的积极性。我们坚持精准选择、合理配置，强调'人岗匹配度''将合适的人放在合适的岗位上'。让合适的人做合适的事，是双向聘任的根本目的。"刘艳萍接着说。

"薪酬分配办法改了吗？"我问。

"改了，新的薪酬分配办法鼓励按劳分配、绩优酬高、薪随岗变，成为激励教师的有力杠杆。接下来，学校确定了岗位职责要求和诊断评价指标，建立了客观公正的衡量尺度。这样，既可以更好地促进每个人履职，也可以更好地对目标进行管理和持续改善。"刘艳萍回答。

"教师考评可不是个简单的事。"我说。

"教师考评不是一件技术活儿，不能通过一定的量化数据判定谁优谁劣。好的考评机制是蕴含管理智慧的激励体系，考评什么，就会拥有什么。如果想拥有一支高素质、高境界的教师队伍，形成既精诚团结又良性竞争的局面，我们就必须建立与之相匹配的考评机制。"

停顿了一下，刘艳萍接着说："首先，大家讨论、明确每个岗位的职责要求。接下来，大家着手建立完备的诊断评价体系，制订可测量、可监督的诊断评价指标，建立结果反馈与双线监督机制，同时建立双向制衡机制。"

"有了双向聘任，大家就有积极性了吗？"我追问。

"除了双向聘任，我们还建立多重赛道，促进大家的积极性，让人才快速奔跑。"刘艳萍笑了。

"你们是从哪里入手的？"

"关注个人自我发展和自我实现的需要，关注个人的成长空间，通过搭建平台，建立多重赛道，提供更多发展机会。"

"能详细谈一谈吗？"我渴望了解细节。

"比如，一位老师过去的工作是帮助师生复印资料，他整天拉着脸，不开心。如今，学校让他回归他最擅长的摄影专业。我们有一间专业摄影教室，就是他设计的。学校给他配备了专业设备，让他开设摄影课，还任命他为'师生博物馆'馆长，让他记录下师生们的笑脸和各种活动的精彩瞬间。现在他每天做自己喜欢的事，非常开心。"

学校发生了许多明显的变化：每个人对自己的工作要求高了，研究氛围也浓了，他们不断追求突破和创新；团队强调工作的主动性和高品质；团队之间互相尊重、互相帮助、互相补台；团队成员之间民主、和谐沟通，每个人的意见都会得到重视，每个人都愿意主动与大家分享自己的心得和经验；人人用欣赏的眼光看待同伴，相互传递赞美和正能量。

"一位老师写了这样一段话：'专业成长的自觉正在校园里萌芽，每个人都有强烈的自我存在感，无论是出于解决实际问题的需求，还是出于迎接挑战和自我更新的需要，老师们开始摆脱专业发展的被动，逐渐参与到一个又一个探索中。当成长成为自己的需要时，前行的脚步就具有了不可阻挡的力量；当方向逐渐清晰时，大家就知道唯有向前走，才可能遇到最好的自己。'"刘艳萍边打开手机微信指给我看边说，"他们找到了发展自身的内在动力，潜能被激发出来了，迸发出了巨大的力量。人的伟大原本就在那里，只不过没有被发现、被唤醒。一旦被发现，被唤醒，伟大就会被看到。"

"这还不够，学校还要建立完善的体系。在这一体系中，要建立各项制度，以便大家按照科学的程序和标准办事，并通过定期检查和监督来保障各项制度的贯彻执行。"刘艳萍说。

"制度由谁来定？"我问。

"这是一个关键问题。学校制度是学校得以运行的根本保障。让每个人自觉遵守学校制度的前提是有契约精神——大家共同制定、共同遵守，任何人都没有权力擅自修改，更没有权力凌驾于制度之上。我们强调，制度与文化不能是'两张皮'，所有制度都要与核心价值观保持一致。"刘艳萍的语气很严肃。

"具体是如何做的呢？"我追问。

"比如教师职称评定，我们先制定相关方案和文件，然后开教代会，反复征求大家的意见，反复修改，最后全票通过。这说明什么？说明大家该说的都说了，矛盾、分歧基本都化解了。在教代会投票通过后，它就是学校最高的'法'。这个'法'谁都不能干涉，哪怕出现一点儿歧义，都必须由职称评定委员会集体商议，共同研究解决策略，而不是回到'找校长'的老路上去。一些理念乃至做法一旦写入学校章程，就具有强制效力，变成一种促进教师队伍建设不断改进、创新的动力。"刘艳萍目光坚毅，语气更加严肃。

这一探索，使组织充满生机与活力，真正调动起教师教书育人的积极性。

4. 深远的驱动力

在不一样的组织中，人也会不一样。新的组织的愿景和使命让组织成员重新看到了工作的意义，扁平化的组织结构和平等、尊重、信任的关系激发出组织成员内心深处的欲望和潜能，让组织成员与组织重新焕发出活力。

学部主任朱月玲给我讲了一件事：一天，刘艳萍校长对她说："六年级可以尝试选课走班了。"只说了这么一句话，似乎就没有下文了，她一直在焦急地等待。"校长怎么还不吱声呢？怎么还不开会宣布选课走班实施方案呢？"她心里挺纳闷，"这么大的事情，肯定需要校长具体布置。"

一个多月后，刘艳萍问朱月玲："方案怎么样了？"

"什么怎么样了？"朱月玲赶紧问了一句。

"选课走班啊！"刘艳萍认真地回答。

"天哪！我还等着您找我呢。我们不知道怎么做呀！"朱月玲急了。

"这件事应该由你来做呀！你是学部主任啊！"刘艳萍说。

这下，朱月玲傻了。她参加工作19年了，一直负责教学管理工作，已经习惯了上传下达的模式，面对这位有点儿"离经叛道"的年轻校长，她吓出了一身冷汗。

"家长会开了吗？课程结构做出来了吗？导师培训了吗？教育顾问确定了吗？……"一连10多个问题一下子抛给了朱月玲。

朱月玲有些蒙："不应该是学校出方案，告诉我们怎么做吗？"

刘艳萍扑哧一声笑了："我不可能给你们方案，这是你们年级的事情，当然由你们自己想办法。"

朱月玲一听，原来这都是"我"的事情啊！在等待的那段时间里，她虽然也在想选课走班的事，但从未系统思考过。现在情势逼着她和同事们细细地探讨：下一步应该做什么？可能会遇到哪些问题？

选课走班实施方案的研究把年级所有人都卷入其中。大家的参与程度越来越深，参与热情也越来越高。遇到难题需要向十一学校的老师请教时，朱月玲就请刘艳萍帮忙推荐，这是刘艳萍最喜欢做的事情。

这样的研究让朱月玲有了前所未有的成就感："说实话，特别累，却无比快乐，这些都是自己愿意做的事。天天有冲突，时时有撞击，处处是惊喜。"

冯庆鑫老师2010年大学毕业后来到学校任教。虽然他负责的学生活动连年获奖，但师生关系很紧张，因此，他下决心做出改变。他主动与学生交流，了解学生的真实需求，了解学生喜欢什么样的开学典礼，根据学生的需求和喜好增加抽奖环节、互动环节，并让学生画出自己的梦想等，让更多学生参与到活动中来。

"人往往会被环境感染和影响，变得与以往大不一样，甚至完全变成另外一个样子。"一个学期过去了，走在校园里，冯庆鑫发现一切都变了，曾经熟视无睹的景象，现在有了崇高的价值和意义。

杨晓蕾老师刚参加工作便赶上了学校课程研发，这让她兴奋不已："这是我渴望的教育的样子。"一、二年级实施跨学科主题课程，在一个个主题下，将数学、语文、科学、道德与法治、音乐、美术、舞蹈、戏剧等课程重新整合，给学生一个完整的世界、一段完整的生活。这样的课程设计，符合学生的认知规律和心理特点，也符合教育的本质，让学生在完整的课程体验中认识自己、感知世界，与外界建立联系。

"在这样的教学中，教师还要思考学科的意义和价值，而不仅仅是学科本身的东西。我们对课程标准进行深度研究，拆分、重组，让教学内容服务于解决学生在生活中所面对的实际问题。"杨晓蕾说道。

她打了一个形象的比喻："就像爬山一样，突然间上了一个高度，思考问题的角度、视野、格局都不一样了。原来备课考虑更多的是如何出考题，现在考虑更多的是如何根据学生的生活经验创设真实情境、设计真实任务。教师的成长不仅仅是学科层面的，还有对学习的理解。"

师卉老师更加深刻地认识到，课堂不是教师展示的舞台，而是教会学生学习的地方。教师要探索大概念引领下的单元教学，在单元教学中落实核心素养；要围绕学习目标设计真实而具体的学习任务。课堂变了，学生的学习方式也变了。学习"秋天"课程时，学生捡拾落叶并在上面作画，体会落叶之美。他们还聆听秋天的声音，感受秋天的风、秋天的雨，通过阅读体会不同时代、不同知识背景的人是如何感受秋天、表达秋天的。

籍小婷老师将动画、漫画、美术融为一体，将游戏融入课程中，设计了一个个学习任务，比如用线条做装饰品、画动物保护主题的画、做漂亮的名片等，学生特别喜欢。"学校的研究氛围很宽松，我们敢于尝试新的东西，幸福指数很高。"她笑着说。

姜维老师毕业于首都师范大学，他坦诚地表露了来一分校的初衷："面试时，看了纪录片《我们的一天》，我忍不住流下了眼泪。这种教育值得我为之奋斗，我抱着一种信念、憧憬开始了教育生涯。真的，我愿意做这样的教育。"

"我们需要改变的究竟是什么？我们是不是应该从学生的角度考虑问题？"姜维一直在思考这些问题。他向我讲述了一件事：七年级开设了学生嘉年华讲堂，没想到学生反应冷淡。为什么？原来他们不喜欢老师确定的选题。后来老师让学生自己报选题，没想到，他们报的选题完全不一样，有"百慕大三角之谜""亚特兰蒂斯的传说""大东北小乱炖""甜品故事""一口气读懂二战历史""漫说西汉""细说汉服""神秘动物科普图鉴""哈利·波特——打开魔法世界的大门""猫与其他宠物如何和平相处""'方'话连篇——魔方"等等。"一个男孩儿喜欢养猫，讲到小猫的时候两眼放光。还有一个学生讲魔方，把自己的十几个魔方都带过来了，有 100 多名学生听他讲，他的眼神都不一样。"姜维兴奋地说。

"上学竟然可以这样有吸引力！这所学校正在做令人敬佩的教育，选择一分校是正确的决定，是最幸运的事情。"许多老师看到家长发的这条短信都哭了。

5. 改变观念的持久博弈

许多人进入一分校，以为看全了，实际上，有一样最重要的东西他们没看见，那就是最核心、最隐秘、起最大作用的东西——老师们在改革大潮中翻滚过的内心。

2016 年 12 月，来自山西太原的几位教育同仁在一分校跟踪学习了三天，他们感到十分惊讶："你们是怎么调动教师的？是靠高工资吗？"得知教师的工资水平与其他学校没什么差别时，他们更加惊讶："你们的老师境界太高了，是怎么做到的？"

2017 年 3 月 10 日，来自河北的几十位校长考察完一分校，问了刘艳萍一个问题："这里的老师为什么跟打了鸡血一样，一说起学校、课程、学生，就激情四射、滔滔不绝？"

"一分校老师的敬业度很高，为什么？"我也很想知道。

老师们的回答让人感动：

"我觉得我的工作受到了重视。"

"我每天都有机会做我擅长的事。"

"我常常因为工作出色而受到表扬。"

"我们真的在做教育。"

"学校的使命使我感受到我的工作的重要性。"

"我与身边的同事都在高质量地完成工作。"

老师们的笑声是明朗的，是发自心底的，他们明亮的眼睛里闪烁着光芒。

老师们为什么会有那么高的工作热情？他们的动力来自哪里？调动老师的积极性究竟靠什么？学校平等、尊重的文化是怎样形成的？几乎所有来一分校学习的人都会问刘艳萍这些问题。

其实，这些问题也是当前整个教育界普遍关心的问题。2018 年 1 月，《中共中央 国务院关于全面深化新时代教师队伍建设改革的意见》颁布，它描绘了新时代教师队伍建设的宏伟蓝图，吹响了推进教师队伍建设改革的集结号。

然而，深化新时代教师队伍建设改革，对一所学校来说，应当如何落实？从何抓起？重点、难点是什么？实施路径在哪里？对学校管理者来说，这是前所未有的挑战。

为什么学校重组多年，老师们仍然士气高涨？刘艳萍也很纳闷："这的确很奇怪，老师们的工作热情特别高，而且持续不减，这么多年了，他们仍然斗志昂扬。"刘艳萍有点儿兴奋。

"这是一个非常值得探讨的问题：老师们为什么如此投入，而且持久地投入？"我说。

"不是因为学校换了名称，而是因为坚持践行十一学校的办学理念、价值观和育人模式。十一学校以学生发展为本的理念放到哪里都行得通。

这是我们应该奉行不悖的黄金法则。"刘艳萍语气坚定地说。

"学校好像没有刻意强调师德、强调奉献。两所学校一合并，我们就开始研究什么样的课程更适合学生、怎样才能让学生获得更好的发展。每天我们都在研究这些问题，从宏观到微观，从课程建构到实施再到评价，老师们自然而然地参与进来了。"刘艳萍想了想，继续说。

"就这些吗？"我追问。

"其实，这是在唤醒大家的教育激情，唤醒大家对教育的信心。大家内心一直渴望过有尊严、被尊重的教育生活。"

如何让组织长期充满活力？无数到十一学校学习的人都想得到这个问题的答案。"你们究竟有哪些不一样的做法呢？"我继续追问。

"找到与核心价值观相匹配的人才。"刘艳萍想了想说。

"怎么找？"我问。

"我觉得应当把握住两点：一是能力与岗位要求要匹配，二是个人的价值观要与学校的核心价值观保持一致。"她回答。

"那么是能力优先，还是价值观优先呢？"我再追问。

"首先考虑的应该是价值观，其次是能力与岗位要求的匹配程度。从长远来看，价值观的重要性要远远超过能力。当然，能力也不是不重要，即使价值观一致，也得有一定的能力，否则就无法胜任工作。教育变革面临的最大挑战并不是条件、资源、机会等，而是我们组织在一起去解决问题的能力。"刘艳萍进一步补充道。

"这是一场改变观念的持久博弈。"刘艳萍深深体会到，"世间之事难就难在人们不知道或者不能够转一个念头，或者转了念头而没有力量坚持到底。"

6. 一种全新的生命状态

"您和一分校带给我们的爱与温暖，将永远被我们铭记。"这是2021届毕业生写给刘艳萍的一句话。她从十一学校走来，把爱和笑容带到这里，带给孩子们、老师们……

面对这位年轻的校长，我突然冒出一个问题："当年是不是有什么东西冲击了你？"

"是的，在十一学校亲历一场剧烈变革，近距离接触李希贵校长，这对我的教育观、学生观的塑造影响太大了。这种冲击在我心里发酵，使我形成了对教育的全新理解，形成了以学生的需求为出发点和落脚点的办学理念。无论遇到什么困难，我都决不动摇。"刘艳萍坦诚地回答。

"在十一学校的日子如同一本书，一本色彩斑斓的书，一本耐人寻味的书。多少精彩的章节，多少深刻的寓意，只有在那特定的时空才能读到、才能读懂。"回忆起当时的情景，她动情地说，"那是一生中最让我回味无穷的岁月，生命中偶然邂逅的那一缕阳光永远留存在心底柔软的一角。"

十一学校平等、尊重、协商的文化内嵌在刘艳萍的经历中，她从骨子里认同"以学生为本"的理念，愿意为学生的发展服务。

在十一学校的岁月成为她生命的一部分，那些有意义的时光已经成为她生命永恒不变的底色，她的心被点亮了，她有了对自己生命和信仰的重新发现、思考与追求。

最后，刘艳萍动情地说道："这些年我最大的变化是越来越能看清教育的本质，越来越清楚自己想要过什么样的教育生活，越来越清楚自己想要什么。心好像安静下来了，过去很看重的那些东西，比如外在的评价、收入、待遇、级别、职称、荣誉，变得不那么重要了。我似乎看淡了一切，内心变得特别单纯，也特别勇敢。我找到了感觉，觉得自己的整个生命都变得明朗起来。我真的被点燃了，被唤醒了。我明白了自己的定位和人生坐标，听到了自己内心的声音。"

我终于找到了一分校成功办学的原因——他们有愿景，一幅心向往之的图景，一个历久弥坚的承诺！愿景可以告诉我们一所学校为什么存在，可以回答一所学校究竟要努力实现什么目标。

一所有愿景的学校，是一所有未来的学校。

家门口的好学校

　　曹君原是青岛市北区实验小学校长，这所学校在当地是响当当的名校。她28岁时就被评为特级教师，2009年入选首批"齐鲁名校长"。2012年春天，一个偶然的机会，曹君来到十一学校，"很受震撼，我向往这样的教育"。

　　2019年暑假，曹君被任命为北京十一学校丰台小学（以下简称"丰台小学"）校长。这是一所薄弱学校，条件很差，能不能按照十一学校的理念办学，对她来说是一个挑战。

　　寒冬的一天，正值早上上学时间，我在丰台小学门口和一位从事数字媒体行业的家长聊起来，她告诉我："因为附近没有好学校，许多家长都把孩子送到远一些的地方去。我的房子买在这里，我还是想让孩子就近上学。我的选择遭到许多人指责。没想到，这所学校变了，和以前不一样了，好多让孩子奔远处的家长都后悔了。"

　　"哪里不一样了？"我问。

　　"办学理念不一样，老师们很负责，孩子整个状态都不一样了！我们太有福气了！开学典礼、学校挂牌仪式，那叫个漂亮、壮观，太震撼了！"她想了想，接着说，"2020年学校'十事实办'、项目式学习、'教—学—评'一体化研究、体育大课间、自主选课、学生社团、学业质量监测等，更是令人耳目一新。"这位家长一一列举学校发生的变化，显得很兴奋。

　　丰台小学坐落在丰台区石榴庄一条狭窄的街道上，1992年建校，曾是一所村办小学，学生大多是本村和外来务工人员子女。学校建校规模为24个班，十一学校接管时却只有大约500名学生、50名教师，五、六年级总共 40 多个学生。很长一段时间，学生招不满，许多教室一直空着，学校走到了一个非常时期。

"这个地方太缺一所好学校了。"当地家长对好学校的呼声特别强烈。

1. 变动的时刻

2019 年 7 月初，北京市丰台区教委与十一学校签署合作办学协议，将位于石榴庄的这所小学更名为"北京十一学校丰台小学"。

2019 年的夏天，对曹君来说极不平常。那天，车子驶进石榴庄一条狭窄的街道，停在一扇简陋的大铁门前。曹君朝里望了一眼，门后是一条光秃秃的水泥路，路的尽头是教学楼，楼的西面有一个小操场。尽管早有心理准备，她心里还是咯噔了一下："这就是我今后工作的地方吗？"

三天后，丰台区教委领导宣布校长任命，并嘱咐曹君："这所学校家长投诉多，你上任之后要深入了解一下。"

然而，短短半年时间，学校实现了家长零投诉，2019 年年终总结时受到丰台区教委表扬，想上这所学校的学生越来越多。

学校究竟是如何改变的呢？我和曹君倾心交谈，渴望找到答案。

"你单枪匹马来到这里，一上任就搞改革，能获得支持吗？"我不免有些担心。

"搞改革，得到广大教职工发自内心的支持尤为重要。只有大家都愿意为变革添砖加瓦，并且愿意做出短期牺牲，变革才有可能成功。"曹君肯定地回答。

"那你是怎么做的呢？"

"我做了两件事，一是组织全体教师到十一学校其他盟校去参观，让大家看见十一学校的教育图景；二是召开全体教师会，会上没有进行校长讲话，也没有传达新学期学校工作计划，而是让大家说一说对十一学校盟校的印象，然后分组讨论三个问题：十一学校'不唯高考，赢得高考'背后的教育质量观是什么？我们应当追求什么样的教育质量观？小学六年，我们要培养学生哪些关键能力和必备品格？"

"如何引导老师们团结在一个共同的目标下？如何让他们充满热情地为这一目标努力奋斗？接下来的时间，学校组织大家学习、研究，找出自己日常工作与学校核心价值观之间的差距。这次学习，让全体教师得出了好几个可贵的认知，其中最重要的是'以学生为中心'，把目光聚焦到学生成长上，工作重心由物转向人，由人的外在转向人的内在。这是学校使命的重新定位，是学校一切工作的出发点和归宿。"

"这次学习，让全体教师对学校的使命、愿景和核心价值观达成了共识。"曹君边说边打开电脑让我看。

使命：将"十一学生"塑造成为一个值得信任的卓越的品牌，把丰台小学建设成为学生来了就不想走、家长信任、社会尊敬的学校。

愿景：创造适合儿童成长的教育，创办一所属于孩子的学校。

核心价值观：学生的成长高于一切，学校竭尽全力为教师的工作提供服务，以方便教师竭尽全力为学生的成长服务。

"更可贵的是，这些新认知是每个教师参与、体验、协作、创造后的自我理解与建构，知是行之始，行是知之成。"曹君进一步强调。

几天后，从思想、情感到行动，大家提出了一套价值观——"学生第一""服务为先""个性化帮助"，这些价值观对学校具有重要意义和深远影响。

"你们用以学生为本的价值观重新定义了这所学校。"我说。

"是的，所有改变，最核心的是回到人本身，关键是重塑价值观。'价值观是北极星''价值观是培育起来的'，这是十一学校在我心中播下的种子，我来这里就是做这件事的。"曹君十分坚定地说。

"学校推行新的价值观不到一年时间，已经点燃了教职工心中的激情与希望。"曹君深有感触地说，"在一所学校里，人的主体地位确立起来，人的价值发挥出来，就什么都好了。当这一价值观处于支配地位时，教育行为和处理问题的方式就会发生改变。"

"这是方向性、根本性的变革。"我说。

"价值观影响着我们教育教学的每一个方面，比如我们的价值判断、我们对他人行为的反应、我们对目标的投入程度。价值观为我们每天做各种决策提供坐标。价值观是行动的指南，告诉我们该做什么、不该做什么，什么时候应该说'不'、什么时候应该说'是'。价值观是动力，能让我们明白为什么要做某些事，并激励我们一直做下去，促使我们去追求目标。在我们坚持不懈、奋斗不止、奋勇向前时，价值观是高高飘扬的旗帜。"曹君说。

"实现愿景，可是一件很难的事。"我说。

"我们先从小事开始，先做好开学这件事，虽然只有4天准备时间，但是毫无疑问，这对日后的改革特别重要。"

上任第二天，曹君带领老师们去亦庄实验小学和十一学校一分校参观，他们被这两所学校老师的精神面貌深深感染，回到学校后紧锣密鼓准备开学事宜。这时，曹君提出一个问题："如何为学生创造一个不一样的开学周？"

在这一问题的统领下，全体教师集思广益，研发出开学周课程。

一年级是主题课程"学校是什么"和同伴交往课程"很高兴认识你"，二年级是主题课程"我们长大了"，三年级是自我激励主题活动"挑战自我，放飞梦想"，四年级是尊重主题课程"做一杯生活饮料"和校园生活课程"小菜园守护神"，五年级是探索主题课程"我带卡梅拉上火星"和班级文化建设课程"上新了，班级"，六年级是职业体验课程和历史课程"开'史'了"。

低年级孩子忙着做个人名片、整理书架；中年级孩子忙着制作班级海报、设计小菜园守护神；高年级孩子分工布置历史廊道，也忙得不亦乐乎。这样的学习不再局限于教材与学科，孩子们在真实的生活中交往、游戏、做项目、完成任务等。这样的学校生活，孩子们特别喜欢。

教师的积极性调动起来了，课程变革的热情十分高涨。

大家忽然发现，学校的价值观与过去不一样了，教育目标也不一样了。随后，大家开始关注学生的生活环境、成长状态、内心感受等。

2. 从课程突破

丰台小学从课程入手，以课程变革为突破点，让固化的组织发生内在的改变。

"只要迈出第一步，景色就会变好。"曹君介绍说，"课程变革难，推动课程变革更难。为了消除大家的畏惧心理，我们从最容易的地方入手，让大家先行动起来。如何创造富有挑战性的课程？我们要求每位老师都要树立课程资源意识，学生的校内外生活都是课程资源，处处是课程，时时有课程。学校的所有教育教学活动和学生管理工作都要作为课程进行系统设计、深度开发。"

"课程研究可以从很小的地方入手。"曹君认真地说，"比如，低年级语文，老师可以从识字入手，想清楚学生应该学什么、通过学习这个内容可以具备什么能力。每个人都是研究的主体，要以课程标准为尺度，以学生的需求为抓手，找到自己的小课题，可以团队协作，也可以独自开展研究。倾听、思考、对话，哪一步不是校本教研？哪一步不利于团队成长？即使没有取得满意的结果，我们走过的每一步也是为教师专业发展深埋在地下的'根'。"

"一年级作为实验年级，最先开始变革。老师们接受新课程特别快，经过多次讨论，大家越来越清楚什么是好的课程。在讨论过程中，老师们自然而然地就会对自己的工作进行反思。"曹君有信心地说。

"一年级'春天在哪里'、项目式学习'垃圾分类'等大量表现性任务，将学习从课内延伸到课外，大大激发了学生的学习动力。让学习成为生活本身，让学习变得有意思、有意义、有挑战性，一个全新的学习形态应运而生。孩子们在真实任务中学习与体验，探究与合作，遭受挫折与失败，重新再来……。这些构成了孩子们的学习与成长。"曹君进一步介绍。

对丰台小学来说，学习的全流程，包括作业，都是研究的范畴。各年级各学科将作业研究纳入学习研究中来，通过团队共研学习手册，确保作业设计质量，落实以核心素养为指向的作业质量目标。

新的学习方式势必会推动学校教与学的目标、内容等的研究和改进。学业评价是其中重要的一个环节，也需要重新进行研究。他们改变了过去简单的纸笔评价、考试评价方式，全面展示学生的学习成果、学业进步，用学业成就激发学生学习的潜能，展现学生的成长，给家长、老师、学生以信心，坚持追求正确的教育质量。

"始终感觉脚踏在地上"，这是老师们最深切的感受。

丰台区教研员十分感慨："他们怎么走得这么快？之前我们也想了许多办法，但推动起来很困难。"

"刚一上任就动课程，你不觉得有点儿冒险吗？"我问。

"我不觉得这是冒险。我很荣幸有机会参与十一学校 K-12 课程体系建设。"曹君很自信地说。

"能说说你们建构课程的具体做法吗？"

"不强化学科，强调综合，打破学科壁垒，超越学科去建构课程。"她停顿了一下，接着说，"比如'我的情绪家族'课程，不分学科，大约需要三周时间完成。"

"需要这么长时间？不分学科？"

"研究人的情绪还分学科吗？"她笑着看了我一眼。

"我们收集有关情绪的故事，通过这些故事让学生知道情绪是一直都存在的，了解情绪是怎么来的、情绪的表现、情绪与生活环境的关系、情绪会导致什么、如何处理情绪等。在这个课程中，学科只是工具，低年级学生用色彩描绘情绪，高年级学生用艺术表达思想、情感、观点，绘画、色彩运用、讲述都是表达。这样，课程就建构起来了。"她缓缓讲述着。

"这一研究的突破是什么？"我又问。

"最大的突破是，一旦上升到对人的研究，课程就不用局限于某一学科了。"她语气坚定地说。

"你认为课程研发的价值和意义是什么？"

"课程研发大大激发了老师的工作热情，学校发生了明显的变化，迅速赢得了老百姓的认可。"曹君笑了笑，脸上洋溢着满满的幸福感。

3. 变一种活法

丰台小学的变化，让周围学校的老师感到特别吃惊："你们学校的老师怎么跟打了鸡血似的，哪来的劲儿？"

乔雪梅老师说："真的让人感到惊奇，大家马上就不一样了，变得朝气蓬勃，有了向上的劲头，焕发出创新活力。"她在谈论那段时间时说："这是一种全新的活法。"她甚至觉得："像是新鲜的空气从打开的窗户吹了进来。我所经历的一切，皆成为自己生命宇宙中闪亮的星光。"

姜顺荣老师说："我们一直期待理想的教育，但找不到实现的途径。现在我们找到了正确的途径，我相信理想的教育离我们不远了。"

肖一薇老师说："丰台小学很特别，不仅学生成长了，教师的成长空间也很大。和学生在一起感觉非常好，我不再是仅仅教数学的老师了。"

2020 年夏天，陈青艺即将从北京师范大学研究生毕业，找工作时她有一个心愿："我希望工作环境友好温馨，同事关系融洽。"结果，她如愿以偿。在丰台小学当语文教师，每天她都很快乐。"工作环境比较单纯、简单。最吸引我的是同事之间关系融洽，让我觉得很温暖。很庆幸，我找到了这样的地方。这里硬件十分普通，但人文环境太吸引人了。"她满意地笑了。

吴萌老师动情地说："今天我才发现工作的价值和意义——培养人、关注人。神圣的使命点燃了所有老师，现在我们工作起来特别有劲儿，很幸福。"

我急切地想知道为什么老师们如此有干劲。

"不是钱的原因。"索志强老师肯定地回答。

"那是因为什么？"我追问。

"反正不是钱的原因，说不清。"他想了想，摇摇头。

"变化是翻天覆地的。"曹川平老师这样形容学校发生的变化。

"努力没有白费，没有对不起学生。"老教师石惠军动情地说。

"很庆幸能够这样做教育。"薛培培老师说。

人性的美好在这个环境里被激发出来。这里有一种能使人向上生长的力量，老师们身上散发出鲜活灵动的气息；这里有直击人心的温暖，催人奋进。

"教师是为学生服务的，大事小事我们都找学生商量，学生是这里的主人。"白丽平老师说。

老教师时淑云快人快语："这对我们的教育观念完全是一种颠覆，现在真的是为了学生，改得特别彻底。"接下来，她话锋一转，摇摇头说："但不好学。"

"为什么？"我追问。

"改变太深刻了。"她的目光十分坚定。

"哪些方面深刻？"我继续追问。

"改变了我们做人做事的风格，改变了人与人之间的合作交往。这里有直击人心的温暖，人性之弦的微微一颤就足以使我们感动一生。"

谈到课堂发生的变化，乔雪梅说："学科融合，知识容量大多了。学生和原来不一样了，他们变得活跃了、自信了、爱学习了。这对教师的要求高了，我们的职业倦怠消失了。"

"我们以前都活在自己的局限里，现在才知道教育还可以是另外一种样子，还可以有另外的方式。人们一般都喜欢平顺安稳的生活，身上几乎都有惰性，容易故步自封，遇到挑战时往往会选一条相对简单、熟悉的路。看来，我们首先要改变自己，走出思维定式。只有鼓起勇气，告别海岸，我们才能发现新的海洋。这个世界正在惩罚不改变的人。自我成长的过程，其实就是推翻以前的自我认知，不断建立新的自我认知的过程。"乔雪梅的话深深感染了我。

他们在追求一种新教育，每个人都在成长。

4. 太多的幸福

常颖老师兴奋地说："哎呀！一切美好刚刚开始。"她曾是广东格莱士品牌策划师、北京化工大学北方学院艺术教师，为了离家近，2012 年调入丰台小学。

"十一学校的办学理念给了我改变传统美术课的机会。如果给孩子们自由，他们的潜能将会得到充分发挥。如何让孩子们喜欢美术课？我们运用生活中的材料，如用废纸箱、大包装纸、卷轴纸等做画纸，用丝瓜瓤、刷子等做画笔。孩子们不再害怕失败，做坏了重新做，又坏了，换个材料再做，不断尝试。每个孩子都有自己独特的造型语言。小孩子画画往往不讲求技法，他们天马行空、随心所欲，却有原生态的想象与表达。"常颖兴奋地说。

"这是全班30多名学生在合作画一幅画，有的坐着画，有的趴着画，他们可兴奋了。在动手过程中，他们慢慢接触到美术的本质。"常颖播放了一段视频让我看。

"放手后，常常有意想不到的收获，孩子们时时给我惊喜。我发现自己学了那么多年美术终于有了用武之地，小学美术课堂也一样大有可为。"常颖的职业幸福感油然而生。

"是老师帮着做的吧？"看到孩子们的作品，家长不敢相信。

"我只负责给他们打杂。"常颖笑着回答。

"那他们可太牛啦！"

"呵呵，我也没想到他们这么牛。"

体育老师王月说他最近有一个改变——"常常蹲下来与学生说话"。

"这说明了什么呢？"我很好奇。

"内心有了学生，考虑问题的出发点变了，教学效果不一样了。"王月说。

"举个例子？"我说。

"现在的活动，每个学生都要参加。比如田径项目，过去是选出代表参加，一个班不过八九个人参加；现在是用接力的办法让学生全员参与。再比如投掷沙包，过去是轮流投掷，一个学生投掷时其他学生观看；现在我将筐子放在中间，学生围成一圈，哨声一响，大家同时朝筐里投掷，运动量大大增加。"王月说。

"学生的反应有变化吗？"我再问。

"当然，学生的感觉全变了，过去是'我代表我们班参赛'，现在是

'我要参赛'。每个人都是参与者，每个人都是运动员，每个人都有心跳的感觉。"王月沉浸在幸福中。

这个学期，英语学科组长任艳有了紧迫感，觉得自己需要充电的地方越来越多。她与美术组教师一起收集资料，设计了"行走北京""爱的足迹""丰收节""金秋十月游北京""用英语介绍北京""我的动物朋友""为动物代言"等课。"每个孩子都不一样，每件作品都不一样，欣赏他们的作品真的是一种幸福。"

数学学科组长索志强告诉我："学生的学习状态发生了很大变化，现在没有不愿意来上学的，早上他们会对家长说：'该送我上学啦！''我要上学去啦！''我要见小朋友啦！'"

"他们为什么这么喜欢上学呢？"我问。

"这里有安全、自主、愉快、自由的学习环境，在这个环境里，孩子们眼里有光。真的挺难得的，以前没有出现过这种情况。"他十分感慨。

"是什么原因让他们产生了如此大的变化呢？"我追问。

"我认为有两个原因。一是课程本身吸引学生。教学设计发生了改变，学生的学习兴趣被激发出来了。教师可以按照自己的想法去做，以前不敢做、不能做的现在都可以尝试，并且会得到认可。二是我们特别在乎学生的感受。以前我们只是希望他们考一个好成绩，现在则希望他们在方方面面都获得成长。有一点我敢肯定，他们很感谢学校提供了这样的学习环境。"索志强十分肯定地说。

接下来，他向我介绍了"缤纷课程"：孩子们身着漂亮的衣服聚集在操场上，通过寻找穿相同颜色衣服的伙伴学习数学，学习比较多少；接下来，用彩纸做衣服——他们根据自己的身材，反复比较和测量，体会图形的组合和左右对称；在拓印植物根茎的自然纹理时体会色彩的变化和图案的排列等。有的孩子用画笔、彩珠、亮片、薄纱装饰衣服，有的用植物的根茎蘸上彩色印泥在衣服上印出亮丽的图案。他们尽情发挥自己的想象，用自己的创意展示自己独特的想法。每一件作品都表现了孩子的内心，都拓印了快乐的时光，都体现了生活中的美。

索志强说："我们越来越认同，如果学习、课程以生活为背景，满足儿童释放天性的心理需求，提供个人展示、同伴交流的平台，那么每一天都可以是节日，每一天都是快乐的。"

我知道，丰台小学"改变"的秘密，就藏在这日复一日中。

为学生成长服务，以学生为中心，是他们的初心与使命。学生只有高分是不够的，他们身心的健康成长和在校内外的生活状态是最关键的，这是衡量一所学校办学质量的基本尺度。

5. 一朝牵手，终生不悔

自从踏进十一学校那天起，曹君便义无反顾地走在学校转型的路上。

在十一学校，她每天与师生朝夕相处，以特定的方式感受那里的教育生活，她的人生观、价值观发生了惊人的蜕变，她对教育的爱与理解得到了升华，她的教育理想被重新点燃，教书育人的幸福感悄然回归。

再次走进学校当校长的曹君，真有恍若隔世之感："那个时候我一身光环，没有觉得当校长是什么了不得的事，特别在意别人的评价，把办好一所学校这么大的事看小了。如今恰恰相反，对办学这么大的事，我真的不敢轻慢了，对教育有了敬畏之心。它是自己生命中最大的一件事，别人的评价如何并不重要。"

这里所有人都在写一个新的故事：我们有那么多事情要做，可以让那么多可能变成现实。我们选择的事业最终一定会成功，实践已经多次证明了这一点。

丰台小学所处的环境和办学基础与十一学校完全不同，却改变了面貌。面对诸多教育问题，很多学校管理者抱怨没有足够的资金、没有良好的教师队伍、没有优质的生源、没有良好的社会环境……，假如丰台小学的管理者也这样抱怨，他们就不会也不可能有什么作为。

教师如何实现转型

2020 年 3 月，一个晴朗的上午，我来到位于海淀区太平路的北京十一实验中学（以下简称"实验中学"）。

崔京勇校长在学校门口等我，我刚下车，他就指着一面围墙上学生的照片说："这是最简单的激励学生的办法，学生和家长常常围在这里看。"

每当走进这座校园时，我都会感觉到一种气息，一种浓浓的温情与爱。教学楼楼道两边的墙上全是学生的作品，这里的老师说："这是我们学校最拿得出手的东西。"

北面墙上有一幅画，很美，是一棵枝繁叶茂的大树，枝叶由已毕业的学生的手印组成。崔京勇说："学校里处处有学生生活的印记，让每一个学生都有回母校的理由。"

每间教室门上都贴着对联，A205 教室门上贴着一个大大的"福"字，崔京勇说："这是学生写的，这是学生语文学习中的一项表现性任务。春节前，各个年级都写对联、贴对联，学习有关对联的知识，传承中华优秀传统文化。"

我在一幅照片前停下脚步，崔京勇告诉我："教师节学校表彰老师，已毕业的学生特意订了一个大蛋糕，上面写有所有老师的名字，很感人。"

望着满墙学生的作品——个性化的作业、图画、思维导图等，我可以感受到学生学习生活的丰富多彩。

1. 先动结构

实验中学的前身是太平路中学，始建于 1964 年，近 60 年来，与所在地沙窝村一起经历了从农村到郊区、从郊区到城中村的发展过程。学校很小，只有一栋简易的教学楼，村里的打谷场成了运动场。这样一所薄弱中学，生源流失严重，老百姓非常不满意。

2016年7月初，海淀区教委决定，太平路中学由十一学校承办，更名为"北京十一实验中学"，全面实行十一学校育人模式，取消行政班，实行选课走班、分布式领导、导师制等。这意味着实验中学将依据十一学校课程体系进行课程建设与重构，以创造适合每一位学生发展的教育为己任，开启一场教育蜕变。

7月16日，来自山东济南的崔京勇结束了在十一学校的学习，来到实验中学，一个"崭新"的他将带领这里的师生开启一段崭新的教育旅程。

"校名变了，接下来要变什么？"我问。

"要变育人模式。我认为，十一学校育人模式包括选课走班的教学组织形式、分层分类的课程体系、扁平化的组织结构、基于标准的学习系统四部分主要内容，每部分内容又分为若干个点，它们是一个完整的体系。"崔京勇说。

"怎样才能让这些内容在学校落地呢？"我又问。

"唯一的办法是学校转型。"崔京勇十分肯定地说。

"学校为什么要转型？"

"因为学校原有的组织结构、运行方式和教师的传统思维已不能适应教育发展的形势。"

"你们是从哪里入手开始学校转型的？"

"我们先动组织结构，启动双向聘任和薪酬改革，进行制度和机制建设。这些制度和机制既要体现教育理念的转变，又要保证组织结构扁平化的有效实施。"

"这可不好做。"我说出了自己的担心。

"那也必须做。"崔京勇的语气很坚定。

在十一学校两年多的学习，使崔京勇深刻体会到，学校的组织结构必须以师生为导向，这有利于简化程序，快速响应师生的需求；有利于创造以学生为本、以教育教学为中心、以育人质量为目标的学校文化。要变金字塔式结构为扁平化结构，形成多个集决策、管理、执行于一体的低重心的组织系统；还要通过分布式领导，让更多优秀教师参与到学校的管理工作中。年级、处室、项目组都应有自主权，各个处室和年级要逐步形成"服务第一，师生导向"的工作意识。

"你们是如何做的呢？"我渴望了解他们的变革过程。

"学校转型具有系统性、跨越性、长期性等特点，涉及观念、组织、流程、人员等一系列变革，需要一套科学的方法论，依赖经验和直觉已经无法奏效。我们尽可能压缩学校组织结构的层级，减少无效劳动，以最快的速度让师生的需求得到响应；通过调整组织结构，使各层级的管理跨度处于合理的范围，营造组织内简单的工作关系。"看来，崔京勇很清楚自己要做的事。

"经过努力，学校组织结构发生了转变，我们构建起年级与学科共同对教育教学质量负责的机制。年级作为学校的事业部门，集教育、科研、人事、财务管理于一身。年级与教职工双向选择，实现了人力资源的优化。在这样的机制中，每个人都对事业负责，而不是仅对某位领导负责；每个人都不再仅属于某个部门。"他平缓而有力地说。

"各年级采用分布式领导，年级和各部门依据岗位任务和成员的能力，确定岗位的领导职责；根据实际需求和实施效果动态调整，逐步实现由管理走向领导。分布式领导让每一位教师都成为领导者，过去年级主任的工作，现在分成若干个岗位，让有相关特长的教师专门负责，大大提高了工作效率。"

"学校与各年级、各部门、各学科实行分权分责的管理机制，在人事、财务、教育教学诸方面明确不同层级的责任，同时赋予相应的权力；淡化上下级关系，赋予相应组织独立的人事权和预算权，以方便其独立高效地做事；同时，建立起相应的监督机制，以确保责任的落实，防止渎职和腐败现象的发生。"崔京勇详细描述了组织结构的变化。

2. 文化引领

学校转型，最关键的是每一位教师的转型。如何帮助教师实现转型？

"这是一项艰巨的任务，挑战极大。"崔京勇心里很清楚，"教师是学校转型的首要因素，教师思维的转变是学校转型成功的关键。如果教师没有深刻的改变，那么教育就不会有深刻的改变。"

"从校长转型到全体教师转型，你认为最难的是什么？"我问。

"面对十一学校育人模式，就如同面对一座大山，我们只能一步一步攀登，从一个一个点做起，让一部分愿意做的老师先做起来，从而带动身边的老师，使更多老师参与进来。我们采用项目推动的方式，把十一学校育人模式划分为若干项目，从点到面地做起来。"

说到项目推动，崔京勇用数字来说明："我们用项目推动学校转型，一开始有105人次参加项目组，参加项目组的教师占教师总人数的60%。在参加项目组的过程中，老师们充分感受到每一步变革的历程、每一步变革的成就，并将其转化成前进的动力、改变的信念。这一过程，也让我们深深体会到，我们完全可以自下而上，用实践、行动、事实更新自己的观念。"

"你们最先做的是什么呢？"我追问。

"学习十一学校办学理念和育人模式的内涵，研发学校行动纲要，全员参与，不落一人。"崔京勇笑了。

"这可是一项大工程，据说用了很长时间才完成，而且过程很复杂。"我说。

"是的，2016年7月学校成立了行动纲要项目组，由乔文艳老师牵头，7位老师经过20次研讨、2次解读会、2次故事分享会、1次走进年级组征求意见、2次网上调研、10次修改，历时十几个月，终于在2017年10月将纲要提交教代会讨论通过。"崔京勇清晰地记得当时的情形。

"这么复杂，有必要吗？"我问。

"行动纲要是学校办学的纲领性文件，是学校今后一段时间工作的总纲，代表学校的价值观、重大原则，也是师生的行为准则和行动纲领，为构建学校机制、开展教育教学工作等提供引领。"崔京勇强调。

随后，他又严肃地说："来到实验中学后，我把十一学校行动纲要发给老师们，人手一本，没想到他们反应冷淡，与我的预期差别很大。"

"为什么？"我问，"他们是不理解，还是感觉有隔阂呢？"

"我请十一学校张之俊副校长来学校做关于十一学校行动纲要的报告，讲述它背后一个个鲜活的故事。一石激起千层浪：'既然行动纲要这么重要，怎么能不重视呢？'接下来，我们成立了行动纲要项目组，开始了学校行动纲要的研发。"

说到学校行动纲要的研发，崔京勇讲了一个故事。

一天，崔京勇找到语文老师乔文艳，对她说："学校准备研究行动纲要，准备请你负责这件事。"

"不就是研究个守则吗？"乔文艳想都没想就答应了。

"还需要组织一个项目组，再找六七位老师参加。"崔京勇又说。

"有这个必要吗？"乔文艳反问。

"我们不是为了拿出一个小册子，而是希望通过做这件事，引导老师们转变教育观念，实现转型。"崔京勇耐心地解释。

"有那么复杂吗？"乔文艳带着疑惑开始行动。

忙了一阵子，他们拿出了第一稿。"大部分都被否定了，"这让乔文艳很痛苦，"不是十一的话语体系，不是……"

每周一次集体研讨，老师们的碰撞都十分激烈。乔文艳不理解："咱们的行动纲要为什么非要讲那些东西呢？"她甚至想放弃做这件事："往前走，痛苦；退回去，不能。"

第一轮讨论用了41天，全员参与，不落一人。老师们充分发表意见，表达真实想法，进行思想交锋。最终项目组汇总意见、建议152条，对其中46处做了修改，但许多老师还是不太理解。

比如，其中一条写道："卓越教师必须专业水平高，敬畏学生并深受学生爱戴，有教育情怀，具有开阔的学术视野、世界眼光和终身学习能力。"

对这一条，有的老师提出疑问："怎么让老师敬畏学生呢？老师要是害怕学生了，还怎么教书？'敬畏'太刺耳了！"

"老师需要世界眼光吗？能有世界眼光吗？"老师们好似不太相信。

又如，另一条写道："课堂上要尊重差异。差异是客观存在的，差异是资源，差异造就了世界的丰富多彩。"

"差异怎么就成为资源了呢？"老师们想不明白。

这时，崔京勇意识到行动纲要的确定还欠火候，学校转型还有很长一段路要走。

于是，项目组有了第二轮讨论、修改，自 2016 年 11 月 23 日到 12 月 21 日，用了 29 天。同时，增加了一个环节，要求老师们结合自己的教育教学实践和岗位职责，用具体的事例谈自己对行动纲要的理解、认识和意见。项目组利用这个机会，说明行动纲要撰写的背景，讲述行动纲要背后的故事，阐述行动纲要的内涵，引导教职工进一步理解十一学校办学理念和育人模式的内涵，明确行动纲要的意义和作用。

2017 年春天，学校开展了"讲故事，学纲要"活动，老师自愿参加。三四十位老师围坐在一起，讲述自己转变的故事。

接下来，项目组广泛征集与行动纲要相关的教育教学案例和故事，并进行宣讲，带动老师们深入认识和有效运用行动纲要，促进了老师们的转型。慢慢地，大家开始用新的价值观指导自己的教育教学工作。从项目组七位成员对行动纲要的认同，到教研组老师的认同，到年级老师的认同，到教职工代表的认同，到全体教职工的认同，最后达成了广泛共识。

"这次讨论，使大家对学校转型有了更深的思考。行动纲要的研制使我们体会到过程比结果更重要。学校转型重在'转'，'转'是一个动词，'转'需要先慢下来，然后才能确保学校安全稳妥地调整到合适的位置，朝正确的方向前进。"崔京勇很高兴。

"你们的做法确实有些不同。"我接过他的话说，"常规做法是校长或领导班子拿主导意见，形成初稿，提交教代会讨论通过。老师们也习惯了这样的做法，不用动脑，领导怎么说，他们就怎么做。"

崔京勇说："是的，我们完全可以按常规去做，简单地把十一学校行动纲要改改，硬塞给老师们。这样既省时又省力，但结果肯定不理想，也不符合十一学校办学理念。在相信教师、依靠教师、发展教师、形成共识的全新思维模式下，我们以结果为导向，讲求实效，不走过场，'不做夹生饭'，'馒头不熟，决不出锅'。"

经过十几个月的努力，行动纲要终于出炉了。回顾这段时光，有的老师领悟到："这是给我们时间去慢慢消化吸收，让我们实实在在认识到行动纲要的意义、作用、价值，从而主动、自觉地去执行，将其融入教育教学的方方面面、各个环节。"

"我们一步步做，不停地尝试，不断地收获，结果越走越远，就'转'过来了。"崔京勇显得有些兴奋。

3. 重在体验

从 2016 年秋季开始，学校实施教师轮训计划，教师必须在十一学校或其盟校参加培训，全方位学习、理解十一学校育人模式。学校计划用六年时间，把所有教师全部培训一遍，每人参加培训不少于一个学期。培训分为顶岗培训和跟岗培训。顶岗培训的老师需要独立承担一定量的教育教学任务；跟岗培训的老师则需协助导师完成教育教学任务，并独立承担分布式领导岗位的工作。"2017、2018、2019 年学校分批选派了 54 名老师到十一学校和其盟校进行转型培训。"崔京勇介绍道。

"这么大的力度！"我感到十分惊讶。

"实验中学是离十一学校最近的一所盟校，骑自行车过去只需大约 15 分钟。这为老师们的学习、教研、交流提供了方便。我们与十一学校各年级、各学科、各项目组以及教师个人都有对接，聘请了十一学校名师做老师们的导师，实行一对一培养。老师们回学校后成为种子教师、骨干力量，成为带头人，发挥带头作用，传播十一学校办学理念，借鉴十一学校教育教学的具体做法，使十一学校育人模式在我校扎实落地。"崔京勇进一步介绍。

"我真没有想到十一学校的老师是那样干活的。"赵黎燕主任说。

"十一学校就像一个热炉膛，走进去，我的教育改革激情就被点燃了，教育水平也得到了提升，我也成了十一模样的老师。"刘丽萍老师说。

"迎对变革，更新理念，共享智慧，提速发展"，这是赵杰志副校长在会上发言的题目。

"你为什么用'迎对'，而不用'应对'？"我问。

"'应对'呈现的是消极的态度，是被动的；'迎对'是主动的、积极的。这个新世界到来时，我们会有一点儿不适应，但它是光明的、温暖的，我们需要奔跑才能追上它。"赵杰志说。

"这次学习对我来说是人生新的开始。"彭诗朦老师说。

"十一学校让我感受最深的是学生自由惬意的状态，老师与学生平等相处，反而更受学生欢迎。"梁家宝老师说。

"我的中学生活与那里孩子的截然不同，学校以及那里的学生、学习，一切都是很不一样的存在。"褚洪静老师说。

"'自主'这个词在十一学校是出现频率最高的词之一，也是我在那里感受最深的一点。那里每个学生都有一张不同的课程表，上课、活动、吃饭、休息，每个学生都有自己的安排。因材施教，几千年前孔子就提倡过，现在终于在中学校园里实现了。"毕文凯老师开心地笑起来。

接着，毕文凯讲了一个细节。一天，她看到一个女孩拿着一张通知单过来找老师，上面写着"升旗迟到"。当时，毕文凯心里想着自己可能会采取的处理方式："我会批评她，质问她为什么迟到、为什么不早点儿出门，然后跟她说以后要注意，不然会被扣分。"但是，她听到那位老师说："回去列一个计划表，写下你从起床到出门做每件事所用的时间，然后采用倒推法，计算出什么时候起床才不会迟到。"女孩高兴地走了。周一她早早来到教室，一张 A4 纸上是满满的时间规划。

"我太兴奋了，真没想到十一学校的老师会采取这样的处理方式。正面教育多一些，倾听多一些，你和孩子的距离就会近一些，孩子也会走得更轻松一些。"毕文凯很是感慨，"我们最大的问题是训斥太多，教育太少。"

"在十一学校，'以学生为中心'是一切工作的前提，这个理念已渗透到校园生活的点点滴滴中。"张颖南老师的体会越来越深刻。

"经过几年的转型，我的教育理念在潜移默化中发生了很大改变。在我眼中，'以学生为中心'不再是挂在墙上的标语，也不再是随口一说的口号，而是深深扎根于心，成为我一切教育行为的准则。"汪花老师说。

一天，汪花拿到一本十一学校高二年级暑假刚刚研发的英语读本，打开一看，一种亲切感扑面而来。"这就是我们想要的读本的模样啊！他们结合学生的情况，提供了适合学生的资源，文体丰富、语料新鲜。"

"你们是如何做到为每一个学生的成长而设计读本的？"汪花向十一学校侯敏华老师请教。

侯敏华没有直接回答，而是问她："你们的单元目标是什么？如果是聚焦于学生的学习，那就需要为选择不同层次、不同类型学习内容的学生提供个性化、多样化的资源。我们关注的是过程与方法，而不过度纠结于细节。"

侯敏华的话点醒了汪花："我的思维角度变了。"

2017 年冬天，物理老师李静去山东省济南第十四中学学习。深入课堂，她发现那里的老师拒绝"题海战术"，从物理实验出发，用真实的物理情境激发学生的学习欲望，让学生在解决问题的过程中提高自己的能力，培养物理核心素养。

物理实验一直是初中物理教学的薄弱环节，他们是如何做的呢？李静发现，他们举物理组全组之力，研发常规物理实验，开发更接近学生最近发展区的实验工具，研发物理小制作，让学生在制作过程中发现真实的物理问题，在解决问题的过程中将知识内化。这样，学生学到的物理知识是灵动的，而非呆板的。

"他们也常对实验进行改进。比如，在探究平面镜成像时，他们以前用的是透明薄玻璃板，学生对此感到疑惑。他们告诉学生，因为平面镜既能反射光，又能透射光，所以选择透明薄玻璃板。学生貌似听懂了，考试也能答对，但事实上，有相当一部分学生根本没有弄懂背后的物理原理。这样，学生学习的就是'假物理'而非'真物理'。于是他们换了一种思路，改用平面镜做实验，再用透明薄玻璃板验证。这种实验逻辑，尊重科学规律，符合最近发展区理论，效果非常好。"李静为自己的新发现而由衷地高兴。

"接下来，老师带领学生制作'万花筒''潜水镜'，既培养了学生的动手能力，也让学生学会应用物理知识。年级还举办了家庭实验比赛，让学生在家里就地取材，做物理小实验，并将实验录像发给老师。老师制作二维码，学生一扫二维码就可观看视频。老师统一管理这些视频，让同学们在规定时间内去观看、点评，最后根据点击率和老师评定的'物理价值'评奖。这种机制，学生特别喜欢，他们学习物理的兴趣被激发出来了。"李静眼中露出兴奋的光芒。

2017年11月19日，王月老师去新疆克拉玛依一中学习，她从这所学校的转型中看到了希望。克拉玛依一中黑小娟老师介绍了她做导师的体会——在固定时间、固定地点，采用预约方式，内容保密……，一切为学生服务，贴心到位。"她经常与学生交流，用一种轻松的方式了解学生的动态，解决他们内心的困惑，帮助他们找到方向。"

看了克拉玛依一中教育顾问龙云飞的工作流程，即观察、收集问题—与学生或家长约见—群里反馈—后续观察，王月感慨道："这是一个不断循环的过程，可以持续跟进。我还有一个重要收获，就是他们在相同职位不同年级的老师之间开展纵向交流。例如，不同年级的教育顾问在一起交流，互相借鉴、取长补短。转型的道路充满挑战，学习永无止境，赴新疆学习让我收获满满，我们的未来一定很美好。"

4. 内化于心

在与老师们的交谈中，我看到了注重过程的价值以及由此带来的变化。他们认为，讨论、修改行动纲要的过程是深入学习的过程，是转变思想观念的过程，是转变教育教学行为的过程，是自我转型的过程。

教育顾问王涛说："讨论、修改行动纲要的过程，体现了学校实事求是的做事态度。这也是学校倡导的价值取向。"

停顿了一下，王涛又说："铺天盖地的理念向我们涌来，学校里充满活力，许多东西都被激发出来。学生毕业时舍不得离开学校，躲在角落里哭。小小的教室里发生了许多感人的事。学校许多地方都变了，尤其是学生的变化鼓舞着我们往前走。"

导师高占一说："学校的使命是：创造适合每一位学生发展的教育，创建师生自由呼吸的学校，使学生成为最好的自己。战略目标是：建设一所学生喜欢、教师幸福、家长认可、社会尊敬的老百姓家门口的优质学校。行动纲要的每一条都耐人寻味。"

年级主任陈岳说："读行动纲要，我内心很激动，行动纲要应该成为全体教职工的信仰。"

行动纲要项目组成员乔文艳说："行动纲要对老师的教育教学工作具有很强的指导意义，老师有了评价学生、衡量自己的尺度，有了做事的标准和依据。与以前的工作目标相比，行动纲要站位更高。"

地理教师娄春娟说："在行动纲要形成过程中，学校广泛听取老师的意见，充分信任老师，利用多种方式让老师讨论。我欣赏学校的这种做法，佩服这种勇气，这也体现了学校的自信。'创造适合每一位学生发展的教育'这一理念，转变了我们的观念，也改变了我们的行为。我们不再只关注好学生，而是关注每一个学生的发展。这使许多没有信心的学生有了出路，考上了大学，并在自己的专业上发展得很好。可以说，是这一理念成就了这些学生，也成就了我们老师。"

办公室主任徐战军说："行动纲要阐明了学校从哪里来、到哪里去、怎么去三个问题。学校转型后，明确了采取十一学校育人模式，阐明了发展的路径、方法和策略。"

徐战军认为："由管理到服务的转变以及双向聘任、双线监督机制等带来了全新的局面，现在大家特别敬业。"

"最让我感动的是师生关系，这是以往从来没有过的，是特别宝贵的财富。"数学教师殷中欣上大学时听说过十一学校，"当时只有很粗浅的了解，没想到，现在我成了十一学校盟校的一员。这里的教育与我所受的教育完全不一样，老师是真的对学生好。"

英语学科组长李金凤说："这里真正是一切为了学生，全方位引领学生成长，为学生的未来着想，为国家培养人才。重复、单调的工作一度让我感到很乏力、很焦虑，我渴望改变。"

党政办主任赵黎燕在学校开始转型后教育教学一把抓，从领导到引导，从管理到服务，关注学生的成长，了解学生的需求，及时提供服务，细化工作职责，让每一位教师发挥自己的特长。"工作内容变了，身份自然也变了。过去只关注知识、技能，忽略了人的发展，现在心里有人了，这是我最大的变化。我不断提醒自己，要激发学生的内动力，可以再耐心一点儿、再智慧一点儿。"赵黎燕笑了。

导师周旭明感觉自己变化特别大，并表示"很羡慕现在学生的生活，他们不再按部就班，生活丰富多彩"。

地理教师孙天华在学校转型中承担了许多工作："改革很累，但带给我们许多全新的东西。最让我感动的是，它重新点燃了我的教育梦想。"

魏添君老师喜欢尝试新的东西，天然地喜欢学生、喜欢与学生互动。对十一学校办学理念，他十分认同，"我感到十分亲切。我们要支持学生的创意，让学生适应未来的世界"。

5. 无穷力量

观念一旦转变，就会有无穷的力量。经过老师们的共同努力，十一学校育人模式逐渐在实验中学生根、发芽。这带来了学习方式、教学方式的变革，老师们更加关注学生个体，服务学生个性化成长。

李丽娟老师的数学教室焕然一新，浓厚的学科氛围吸引了学生。她精选了一批适合初一学生看、能够拓展数学思维的有趣的书，比如《生活中的数学》、"可怕的科学：经典数学系列"等，学生十分喜欢，他们来这里上自习时，经常会从书架上选书阅读。

教室墙上张贴着精美的数学海报，比如上海东方明珠广播电视塔的黄金分割比、神秘的莫比乌斯环形桥，生动展现了数学之美，诠释了数学在生活中的广泛应用。李丽娟还让学生自己动手制作数学手抄报，体会数学与生活的紧密联系——数学来源于生活、服务于生活。

每张桌子上都有一个透明的桌垫，李丽娟把学生的数学作品，比如数学思维导图、数学手抄报等压在下面，让他们互相学习、相互借鉴。

为了提高学生的动手能力和空间想象力，李丽娟还购置了多种益智教具，如九连环、华容道、魔方、鲁班锁等，这些教具非常吸引学生。

有了自己的学科教室，化学教师张姣丽很高兴，她和魏添君、徐艳慧老师在教室里张贴了元素周期表、离子反应图、氧化还原反应图、典型实验装置图等，方便学生随时查看、回顾复习。他们还在教室后面放了一个书架，摆放与化学相关的科学史、科学前沿、环保等方面的书，方便学生随时阅读。教室里还有化学模型和常用的化学仪器，方便学生学习时随时使用。

地理教师杨玉红也忙活起来，在教室里添置了地球仪、地图、有关地理的图书等，还增加了探究实验设备。每周三下午两点左右，都有一群学生活跃在操场上，他们在测量木棒和木棒影子的长度，并用比例尺把实际长度缩小，填到相应的表格中，据此画出太阳高度角，从而发现太阳高度角每天是不一样的，而且到9月份逐渐变小。

课后，杨玉红还组织学生观看与地理有关的电影，比如主题为拯救地球的《天地大冲撞》、表现气候异变的《后天》等，增加了学生对所学知识的感官认识，增强了学生学习地理的兴趣。同时，她喜欢使用相关教具，例如讲等高线地形图时，学生分不清山谷和山脊，她就直接把教具摆在桌子上，一边让学生观察一边讲解。上课时，教具就在身边，学生随时可以使用，大大提高了教学效果。

"现在教师越来越少地传递知识，越来越多地鼓励学生思考，他们变成了教育顾问，变成了与学生交换意见的学习参与者，变成了帮助学生发现矛盾点而不是拿出现成答案的人。"杨玉红的体会越来越深刻。

"要让学生在学会自我规划、自我管理、自主学习的过程中成长为有独立思想、勇于担当的生命个体。"在学校转型的几年里，作为第一届改革年级的年级主任，陈岳有自己的体会，"如何让老师们相信我们可以做到？推进组织结构变革需要策略，首先要统一目标。"

"如何统一呢？"我问。

"我们不断描绘愿景，大家反复讨论我们为什么要改革、我们必须想清楚哪些问题，最终形成年级价值观和决策原则。"他说。

"请详细介绍一下年级价值观和决策原则。"

"年级价值观即'个人利益往后退，团队利益才优先，无所畏惧，相信别人能做好，我们能做得更好'。决策原则有两条，一是看是不是为了学生，二是看是不是尊重差异。我们还确定了'三把尺子判断'的原则，遇到任何事，我们都会用它量一量。"

"是为了实现目标还是只走个形式？是为了学生还是为了学校？当我们有了正确的价值观，并且始终按照这样的价值观去做的时候，我们就能朝着目标坚定地走下去，就一切皆有可能。"陈岳很有信心地说。

"如何将理念转化为行动？你有哪些经验和思考呢？"我问。

"年级主任对年级工作没有指挥权，要按照学校要求与年级教师协商、合作开展工作。扁平化组织结构最大的特点是强调'服务第一''师生导向'，简化程序，快速响应师生的需求。这对我的挑战是要从管理转向服务，为教师服务、为学生和家长服务，从服务的角度考虑问题、处理事情。从管理到服务，实际上是一场思想的解放、理念的革命。"

6. 勇往直前

十一学校办学理念点燃了教师的教育激情，这种激情又渐渐铸成改变中国教育的坚定信念，一种强烈的使命感、责任感在实验中学教师中迅速蔓延开来。

物理教师李雅惠感受深切："自参加工作以来，我一直在参与各种改革，经历过课程标准的变化、教材的变化、课堂上师生角色的变化，但这些变化都没有学校转型带来的变化来得突然、来得猛烈。行政班没有了，课下找不到学生了，多年来积累的与学生'斗智斗勇'的招数失灵了。备课要求更高了，教师对学情必须精准把握，教学任务必须在课堂上完成，不可能再像以前那样利用自习课补课，批改、订正作业都发生了变化。"

思想政治教师许震勇一直想在教学上有所改变，但一直找不到突破口。"参加十一学校的教研活动时，我发现他们特别关注学习目标和学生的学习过程。他们逐字逐句研制双向细目表，打磨学习目标，确定落实学习目标的策略、工具、方法以及评估诊断的方法，以科学严谨的态度讨论工具的可操作性和诊断的有效性。我豁然开朗，原来课堂上'自我感觉良好'并不重要，重要的是学生获得了什么。于是我开始聚焦学生的学习。"

语文教师王涛这样形容自己的心情："将近五十的人了，还能蜕变，这就是第二春了。这几年我的变化特别大，是深层次的变化。学校转型使我活力迸发。在短暂又漫长的日子里，我经历了憧憬、迷茫、纠结、痛苦、喜悦。开始我心里有很多疑问与担心：教材是照搬十一学校的还是自编？教师在教室里如何办公？如何评价学生？如何管理学生？面对一连串问题，我没有等待，而是如饥似渴地学习、马不停蹄地运转。"

"我们深知学校转型不可能一蹴而就，我们刚刚起步，有很多东西需要学习、需要更新、需要改进。有时候，我们的经验会遮挡我们的视线，我们的思维定式会束缚我们的手脚，我们的习惯会阻碍我们尝试的脚步。感谢学校的大力支持和崔校长的鼓励，他用宽容的态度看待转型中的问题，他随时随地拍下有创意的做法、点子发到教师群里，去启发、引领、带动我们，我们从怕出错逐渐变得敢于试错。"王涛接着说。

当了20多年班主任的王永老师忽然感到困惑："学生不在自己的教室里上课，自习课也是自己选教室，只有下午4点15分之后我才能见到学生，心里很慌。幸亏崔校长说过，我们不是从零开始。我认真阅读了有关十一学校变革的书，从中找到了答案：导师完全不同于班主任，过去我们是班级的管理者、学生的监督者、学生行为的矫正者；而如今，我们对学生进行生涯规划指导、心理疏导、学业指导，是引领者和陪伴者。"

"当时经历了一个多月的不断尝试、求教、改进，我终于找到了享受课堂的感觉。"历史教师汪花兴奋地说，"当你选择了自己认同的教育方式时，你就会迸发出无穷的力量，每天睁开眼睛的瞬间，都能感觉到自己在正确的道路上前进。"

"学校发生了翻天覆地的变化，名称变了，环境变了，制度变了，一切都变了；我也变了，不再'盛气凌人'，减少了不必要的要求。过去，学生的行为受到严格限制，过细过多的限制产生了整齐划一的效果，但学生因为害怕违反规定而感到紧张、焦虑和压抑，丧失了自由表现的机会，何谈生动、活泼、主动地发展？通过几个月的学习，我逐渐感受到现在这种教育更适合学生成长。"能参与到这场变革中，高红霞老师感到很荣幸。

"在学校转型中，我们遇到了前所未有的挑战和机遇，我们鼓起勇气一步步朝前走去。我们经历了困惑与挣扎、焦虑与痛苦，也收获了成功的喜悦和幸福。我认真阅读有关十一学校的书，书中'陪伴''引导''引领''服务'等很多暖心的词语温暖着我，'一切为了学生'的教育价值观激励着我、鼓舞着我。"王美丽老师感到很温暖。

课程研发从迷茫到逐渐清晰，出现问题—解决问题—再出现问题—再解决问题这一循环往复的过程让裴丽丽老师有了全新的体会："每一位教师都是课程研发者、实施者，学校真正实现了全员育人、全程育人、全科育人。每天，学生背着书包奔走在不同的教室里，体验不同的课程，感受不同课程的魅力。日语、商学、心理学、经济学等自选课程，让学生觉得惊奇，受到学生喜爱。技术、体育和艺术老师还开发了机器人、摄影技术与微视频、艺术体操、服装设计、装饰艺术设计等课程，以满足学生多样化发展的需求。"

"现在，学校转型的脚步已稳健地迈出，我们会继续探索下去。"李金凤老师激动地说，"十一学校实现了许多教育工作者期盼的愿景，如今，我们光荣地加入这一行列，在这场变革中认识到了自己的责任与使命。校园里群体的多样性与个体的独特性并存，各种力量相互作用，形成了和谐的校园生态。我曾以为，这样的场景只能存在于理论层面，或存在于理想中，而如今它就真实地呈现在我们面前。"

孙天华老师负责年级过程性评价工作，她被同事们互相支持、互相推动、不计个人名利、对工作尽心尽责深深感动："这种工作态度鼓舞着我们、感染着我们，我们一定能做到无所畏惧、勇往直前。"

总务处陈琨老师介绍："我们从梳理、改造工作流程入手，比如办公用品尽量不存放，增设年级专管员，大家通过微信等平台与各专管员及时沟通，汇总信息后由年级专管员将各年级所需物品及时送达。流程变了，结果才会改变；流程好了，结果才会理想。当工作出现问题或大家感到迷茫时，详细画出流程图，就可以将工作流程和管理环节简单化。现在，校园里生机盎然、充满活力，一片繁荣景象。每天我们都能看到学生的进步，他们的成长超出了我们的预期。"

正如李希贵所言，管理的目的是让每一个人都成为自己的CEO。也就是说，管理的全部努力都是为了激发每一个人的主动性、积极性和创造性。在学校转型这篇大文章里，我们除了要研究学校发展战略目标，还要研究如何激发人与学校文化的活力。实验中学用三年时间基本完成了这一任务，全体教职工正充满信心地继续前进。

2019年春天，海淀区教委领导一行到实验中学深入调研，他们一边看一边兴奋地说：

"老师们的眼睛都是闪亮的。"

"变了，学生变得阳光自信了，教师变得充满活力了，学校变得生机勃勃了。"

"我认可这所学校，十一学校的承办很成功。"

……

一座有温度的校园

北京十一晋元中学（以下简称"晋元中学"）地处海淀区田村山南路与上庄大街交汇处。远远望去，一幢绛红色坡屋顶建筑充满迷人的魅力。

教学楼一楼大厅是宽敞、明亮的开放式空间，学生可以坐在这里观看表演或听讲座。北面墙上镶嵌着一排排木质格子，上面摆满了书，格子下面摆放着各种颜色的沙发。柔和的灯光、典雅的布置，给人十分温暖的感觉。

1. 被刻意淡化的管理

"从 2019 年开学起，这里便成为令人注目的地方。"校长赵凤华说道。

"为什么？"赵凤华的话让我感到好奇。

"我们是一所初中学校，大约有 1000 名学生、100 名教师。2019 年 9 月 1 日学校首次开学，开学典礼结束后，家长待在校园里不愿走，对这里的一切恋恋不舍。2020 年招生时有 6000 多人报名。"

"这是什么原因呢？"我问。

"学生说在学校吃得好。"赵凤华笑了。

"不光这一个原因吧，还有呢？"我追问。

"老师的话能说到学生心里去，老师尊重学生。今日头条称这里是'有温度的学校'。"赵凤华打开手机让我看里面的一条条资讯。

"说说你自己吧。你是如何加入十一学校盟校的？"我继续寻找原因。

赵凤华向我讲述了一个美好的故事：2017 年早春的一天，她从内蒙古满洲里到十一学校参加教育年会。"王春易老师的发言深深打动了我。

十一学校发生了很大变化，与我们生活的天地相比已经是不同的光景了，我们期待的教育离我们越来越近了。"

"我一共参加了三次十一学校教育年会，带给我的冲击很大，我开始关注有关十一学校的书。他们的行动令人神往，我们做不到的事情，他们都做到了。他们究竟是怎么做到的呢？真的，我很好奇。"赵凤华被深深震撼，"竟然还有这样的教育！"

两年后，机缘巧合，赵凤华成为十一学校盟校的一员。"我是来学习的，与大家一起建设一所传承十一学校办学理念的学校。"这是她与全体教师见面时说的第一句话。

"我没有做过中层管理工作，直接从班主任做到校长。我是语文教师，性格比较内向。"去那所百年老校当校长时，赵凤华很忐忑。"那是个冬天，我硬着头皮去上任了。一进学校，听到小孩子甜甜的一声问候——'老师好'，顿时，我的心融化了。我应当帮助他们获得怎样的学习生活才无愧于教师称号呢？"这段往事，至今让赵凤华记忆犹新。

"坦白地说，我感到肩上的责任很大，毕竟我是晋元中学首任校长，如何跑好学校建设第一棒？"停顿了一下，赵凤华继续说，"学校教师平均年龄只有 28 岁，且大都来自著名高校，他们带着追求教育理想的热情聚集到这里，一张张年轻的脸庞上写满了对未来的渴望。"如何带好这样一支队伍？这让赵凤华感受到前所未有的挑战。"决不能再用过去那套方法来管他们。"她一遍遍提醒自己。

从那天起，她就抱定"让管理的痕迹越来越淡，让教师自己一天天生长、一天天强大"的想法。她甚至对年轻教师说："你不用事事都听我的，听你自己的，遵从你的内心，只要对学生成长有益就好。"

"可你毕竟是一位管理者呀。"我说。

"对做管理我没有思想准备，我最渴望的是在校园里陪伴孩子，这就很好了。当管理特别强大的时候，教育就插不进去了，所以我要淡化管理的色彩。我们总是特别想弄一个东西把学生教育好。其实，那不是教育，那是管理。我们要重新认识教育，不要一不统一就心慌，一看不见就害怕，造成管理过度。"赵凤华淡淡一笑，语气很轻。

接着她说："詹姆斯·库泽斯和巴里·波斯纳在《领导力：如何在组织中成就卓越》一书中认为，领导力是一种人与人之间的关系。这种关系本质上是感召与追随的关系，是人与人之间的一种对话关系、一种平等关系。这种追随一定是自愿的，不依靠任何外部力量。这种感召既不靠权力也不靠利益，而是靠你所具有的内在品质。"

那么，作为一位校长，她是如何去影响教师的呢？

学校倡导"以学生为中心""学生第一"，赵凤华则以自己的言行去践行。刚开学不久，她便记住了80%以上的学生的名字，甚至能说出许多和学生交往的细节；她特别关注学生的感受，从各方面关心学生。这看起来好像没什么了不得的，却收到了前所未有的效果，也让她与教师之间建立起了信任关系。

她认为，严厉、简单、粗暴的管教会让教育变味。"学生只有获得成人的信任才敢冒险，才敢负责任。他们如果感到害怕，哪还有创造力？教师的情感特征会影响师生关系，师生关系会直接影响学生的安全感、依恋感、信任感，而这些是一个人道德成长最重要的基础。"

赵凤华大胆启用观念新、有想法的新人，这一点给老师们留下了极为深刻的印象。刚刚参加工作两年的张琳珏做了年级主任。每次开会，年轻干部发言后，赵凤华都不再发言。"这样会让他们更自信。如果有需要提醒的地方，会后我会单独和他们聊。我把自己藏起来，把年轻人推到前台去。"

"还有吗？"我问。

"学校制度和工作方案的形成注重过程，注重教师的感受和体验，避免一步到位，不追求立竿见影的效果，宁肯慢一点儿。"赵凤华想了想又说。

2. 我们为梦想而来

每当谈到梦想时，晋元中学的老师们眼里总会闪着光芒。

雷琪老师出身教师世家，她本不打算当教师，因为英语口语很好，想当翻译。那么，是什么让她违背初衷，做了教师呢？我很好奇。

"是十一学校打动了我。"她笑着说，"这事和您有关系。"

"怎么会和我有关系？"我更好奇了。

"我看过《中国教育寻变：北京十一学校的 1500 天》，里面有一个故事打动了我，我很想做这样的教育。"

"噢！你看过那本书。"我笑了，问她，"当教师很辛苦，你后悔当初的选择吗？"

"学生是我力量的源泉，无论多累、多忙，只要走进教室，看到学生冲我笑，我就觉得整个世界都是亮的。"雷琪双手朝上向两边打开，笑了。

刘荣老师来自山西，她是当地一位有名的地理教师。那一年，她突然起了一个念头："十一学校是我特别向往的'殿堂'级的地方，真想成为其中的一员。"

"来十一学校盟校后是什么感觉呢？"我问。

"如同老房子着火，突然把我点燃了。"她右手向上一挥，哈哈笑了起来。

"是什么让你有这样的感觉？"我追问。

她认为是学科活动。"来学校后不久，我参加了一次学科活动'日偏食研究'，全身血脉偾张，学生原来可以有这样的表现，他们竟然可以这么优秀，这么令人震撼！"她越说越兴奋。

"这里的教学与你以往的教学不一样吗？"我追问。

"当然，太不一样了。"她点点头。

"有什么不一样的地方？"我再追问。

"教学设计不一样，具体来说，就是课程理念、课程目标、任务设计等不一样。"她想了想又说，"有一次，我们去龙樾中学听了一节物理课'声音'，受到了启发。他们的课程目标一下子点醒了我，新东西太多了，我接不住。于是，我如饥似渴地读书，去年一年读的书赶上了过去十年读的，特别累，真的。"

"你后悔过吗？"我问。

"没有。虽然很累，但我特别快乐。"

"为什么？"我很好奇。

"因为自由，这里的空气让人感到很舒服。"她笑着回答。

"你进晋元中学的第一感觉是什么？"我继续问她。

"这里的教师特别清闲。"

"你怎么会有这样的感觉？"我觉得很奇怪。

"因为每间办公室里都养了几盆花。然而，我却没看见哪位老师浇花，后来才知道，学校专门有人浇花。"刘荣有点儿不好意思地笑了，"待久了才发现，老师们特别忙，甚至没有周末、没有假期。"

"你们在忙什么？"

"每位教师除了要完成教学任务，还要做学生的导师、负责学校或年级的一部分工作、给学生写过程性评价、与家长沟通、陪伴学生学习等。"

"这么忙，你们没有怨言吗？"

"我发觉这是一项极具创造性并能给人带来满足感的工作。有时候我能干到夜里 12 点，好像总有做不完的事。"

唐甜老师的故事也很有意思。毕业前她去听十一学校招聘宣讲（十一学校盟校招聘经常和十一学校一起进行，新聘的老师一般会在十一学校学习一段时间），当听到十一学校要"建一所伟大的学校"时，她的心被触动了。"一所中学怎么会用'伟大'这个词？"她觉得不可思议。

她毕业于北京大学中文系，实习时接触过基础教育。接触十一学校后，她发现这所学校与印象中的学校有点儿不一样，理念非常新，她很钦佩管理者关于教师发展的眼光。

更让她感到惊讶的是，去应聘的大都是中国科学院、北京大学、清华大学的博士。她心想："是什么吸引了他们投身于教育事业？这所学校究竟有什么魔力？是什么样的希望、什么样的目标、什么样的理想，使他们心向往之？"

"这是一所怎样的学校，让这么多高端人才投身其中？他们这样选择肯定有自己的理由。"她决定找到答案，于是义无反顾地加入了这个团队。

"每天早晨醒来时，我都会想：我来了，这里就是我应该生活的地方。"唐甜内心充满骄傲和自豪。

"你对晋元中学感觉如何？"我问。

"学校太好了！"她兴奋地说，"周六、周日我都想去学校。"

"是什么如此吸引你？"我又问。

"老师们身上好像有一种魔力。"她的心里满是惊喜。

"你在北大读了那么多年书，其实有更多选择，当教师不觉得可惜吗？"我故意这样问她。

唐甜笑了，坚定地说："这是真正属于我的风景和方向。我没有选错职业，也没有选错学校。"

"你对这所学校感受最深的是什么？"

"学生特别喜欢上学。"她脱口而出。

"为什么？"我很惊讶。

"'学生第一'的理念，学校不是嘴上说说，而是真的去做。"她十分认真地回答。

"听了十一学校的招聘宣讲，知道了十一学校教师的工作状态，我非常激动，想感受那里的教师所感受的一切。"十一学校的一切令当时即将走出校门的潘品感到震撼，一种加入其中的渴望油然而生，"这是一种有活力的教育。"

"是什么让你有这样的感觉？"我问。

"自由、平等。"潘品毫不犹豫地回答，"教师之间的相处特别简单、纯粹，我能感受到平等、尊重，这个环境让我觉得舒服。在这里我可以做我想做的事，实现我的梦想。"潘品的言语中流露出满满的幸福感。

3. 做事方式有点儿不一样

这里的人做事的方式有点儿不一样，许多事有一群人一起做，他们来自不同的年级、不同的学科。这究竟是什么原因呢？

张琳珏老师很感慨："这是我特别向往的生活。真的是我自己说了算，我的很多想法都可以实现，我的很多设想都能落地。我们从四面八方来到这里，思维习惯与工作方式都不一样，但大家可以讨论，有时甚至会争得脸红脖子粗。而判断一件事是否可做或做得如何的标准只有一个，那就是是否对学生有益。"

"我从小就想当老师，我喜欢和孩子打交道。"张文硕老师毕业于北京师范大学物理系，大学期间曾到河南支教，"与学生相处很适合我，我可以与学生一起成长。这里人际关系简单，大家能感到被信任，有浓浓的合作氛围。"

刘雪峰老师大学学的是应用数学，而非师范专业，但她选择到学校做数学教师。"这里有海纳百川的感觉。大家对教育饱含热情，配合默契、合作愉快。尽管很累，但我感觉自己成长得特别快，职业幸福感很强。"

"你对教师的职业幸福感怎么理解？"我问。

"就是没有被管的感觉。"停顿了一下，她语气坚定地说，"我对幸福的定义是，做自己喜欢的事情，并能以此谋生。"

郭笑含老师从北京外国语大学研究生毕业后来到这里。"在这儿，你不会觉得自己是一个孤立的人，大家一起做一件事的感觉特别强烈。无论做什么，不需要领导要求，大家都会帮忙。这是很自然的一件事。"她十分中肯地说。

"你为什么会有这样的感觉？能举个例子吗？"我问。

郭笑含讲述了她与学科主任之间的一段故事。

一天，她拿着备课笔记请学科主任看看。"你是不是学教育学的？"学科主任问。"不是。"她摇摇头。学科主任和蔼地说："在你的印象中，老师是怎么教你的呢？如果你是学生，希望老师怎么教你呢？"她若有所思。"你可以去尝试一下。"学科主任鼓励她。

"通过这个方式，我找到了做老师的感觉。"郭笑含笑了，"一次，年级主任拿出期末表彰会方案征求我的意见，我看了一眼说'不要直播'，直接否了。'那你有什么更好的方案？'年级主任问我。'做一个互动视频，让学生选自己喜欢的颁奖仪式，这样他们会有参与感。'我提出了自己的建议。'好，就这么做。'年级主任向我伸出大拇指。"

"结果，做出来的视频学生特别喜欢，学生的表现让我很有成就感。"郭笑含深情地说，"年级主任希望老师成长，这是我们学校的一种文化。"

纪美旭老师毕业于中国人民大学国学院，她在语文课上探索大单元教学、整本书阅读，得到了学校的支持。"学校愿意放手让我们去尝试。学校给我们自由，我们把自己交给学生，学生带给我们惊喜。这种感觉太好了。"纪美旭开心地笑了。

体育老师杨曦蕊热情地和我打招呼。

"你在这里工作感受如何？"我笑眯眯地望着她。

"太不可思议了！"她兴奋地说。

"怎么不可思议呢？"我追问。

"我面试时觉得这样的学校很伟大，现在还是觉得它很伟大。"她语气坚定地说。

"为什么这样说呢？"尽管我有心理准备，但还是感到吃惊。

"2014年我去十一学校参加教师招聘，面试我的有迟海、李郁、王晓霞、李长青等老师。以往我去别的地方面试，都是我站着、面试官坐着，他们还交头接耳，让人感到很不舒服；在十一学校面试时，迟海老师和李郁老师和蔼地看着我，认真地听我说，还不时微笑地点点头。哎呀，完全不一样，让我觉得不是在选拔。"

"能说说你来晋元中学后的感受吗？"

"晋元中学不大，环境优美，特别人性化。老师们每天早上7点多到校，陪伴学生，上课，开展活动，批改作业，答疑；放学后备课、研讨，常常干到很晚，没有任何人有怨言。"

"还有什么？"我又问。

"大家心往一处想、劲往一处使，即便遇到问题有不同意见，一想到学生的利益，就会达成一致意见。这也是让我觉得不可思议的地方。为什么心里有学生、一切为了学生，大家就能做到呢？"

杨曦蕊讲了一个细节："有一段时间，我与一位领导交流不顺畅，心里不舒服。当我与另一位领导谈到此事时，她耐心地对我说：'如果你们交流不顺畅使学生的利益受到影响，你觉得应当怎么做？'就这么一句话，让我豁然开朗——为了学生的利益，什么都可以过去。我不是服从领导，而是服从学生成长的大利益。"

"还有一点让我特别开心——在这所学校里，任何人的努力都会被看见。一天刮大风，我到外面去给学生买奖品。当我抱着一大包奖品返回学校时，被一位老师看见了，结果，她拍了张照片发到群里。那一刻，我好感动啊！"杨曦蕊眼中闪烁着幸福的光芒。

"这样的做法太激励人了！"杨曦蕊感叹那短暂的时刻给她带来了极大的幸福。

"看到哪位老师获奖了，大家打心眼儿里高兴并点赞。即使是很小的一个奖，所有人也都为之点赞。每天的努力、点点滴滴的付出都会被看见。这也是让我觉得不可思议的地方。"

"别人看到了你，你也看到了别人，是这样吗？"我问。

她点点头。我明白了，让她如此着迷的是这里的工作氛围。她这样描述这种氛围："这是一种完全不同的工作氛围，不是用来筛选人的，是让人成长的。"

她深情地说，对热爱教育的人来说，幸福莫过于能浸泡在一个纯粹的教育环境中。

这是一个如何对待人的故事，它提示我们，人若受到重视，就会把最美好的自己呈现出来。

十一学校及其盟校的变革是一代教育工作者对如何对待人、如何对待生命、如何尊重人性的反思，这是一个群体的觉醒。

4. 不可思议的力量

卜佳音老师是艺术老师，我们在十一学校见过。

"怎么样？在这里还好吧？"我问。

"我感觉学校好像是我的。"卜佳音自豪地说。

"是什么让你有这样的感觉？"我不解地问。

"在这里，我的很多想法都能实现。除了教课，我还组织学生办个人画展、奖杯设计大赛、校服设计大赛，学生的许多想法也能实现，我越干越有劲。"

张艳丽老师笑盈盈地与我打招呼。她来自辽宁铁岭，来这里之前是一所学校的教导主任，是省化学教研员。在晋元中学，她负责统筹教导处、信息中心、资源中心、学生中心、咨询中心的工作，与老师们打交道很多。"最深的感受是这里人际关系不复杂，大家都真诚、真心相待，教育生态健康、人际关系健康，不用花费精力处理人际关系。"

在一间会议室里，老师们纷纷表达内心的感受：

"生命被崇高点燃，立刻变得力量无穷。"

"我们总会感到身后有支持，有一种可以凭借的力量，一种比孤立的个人所具有的更有力的力量。"

"我们在持续不断地改进，我们能做得更好。"

"良好的同行共治，让我们一起解决问题。"

"我们通过尝试新事物而学习。"

……

我想做一个梳理："我觉得学校氛围有几个特点：一是提供支持。"

"对！永远有人帮助你。"立刻有人接话。

"二是互相尊重。"我接着说。

"每个人都可以有所作为。"又有人接话。

"三是开诚布公。"我接着说。

"我们可以公开讨论我们的问题。"又有人接了一句。

"在这里，我们能感受到尊重。"

"公平、温暖。"

"还能感受到人性的美好。"

老师们争先恐后，一句接着一句。

"什么东西让你们觉得美好？"我追问。

"爱心、尊重、同情、感恩、互助、公平、信任。"

"这里讲求实事求是，可以讲真话、做实事。大家与人为善，能换位思考、相互尊重。"

"每个人都能看到自己的力量，在职责范围内都可以做得很好。"

"每个人都清楚地知道自己是谁，知道自己想要成为什么样的人。"

老师们的反应是那么朴素、自然、真切，让我看到了满怀教育理想的年轻一代的心灵本色。这是他们身处一个健康组织的显性标志。

晋元中学是一所年轻的学校，这里生机盎然、充满活力。一群年轻的老师在这里幸福地工作，幸福地成长。

赵凤华从满洲里走来，同来自全国各地的年轻人在这里相遇，她秉承十一学校的办学理念，真诚地为老师和学生服务。

5. 重新估定一切价值

众所周知，只有幸福的教师才能培养出幸福的学生。然而今天，职业幸福对教师而言似乎是一种奢侈的享受，教师行业被认为是最容易出现职业倦怠的行业之一。

"为什么这里的教师会有那么饱满的工作热情？他们的动力来自哪里？他们的工作方式与其他学校教师究竟有何不同？学校的管理者是怎么做到服务的？学校平等、尊重的文化是如何形成的？调动教师的积极性究竟靠什么？一群朝气蓬勃的年轻人来自四面八方，是什么将他们紧紧维系在一起？如果说他们是被十一学校的教育价值观感召的话，那么，在工作中遭遇诸多困难后，他们的一腔热情难道不会削减吗？持续起作用的究竟是什么？"

当我向赵凤华提出这一连串问题时，她淡淡一笑："十一学校的教育价值观大幅提升了组织的生产力，它归根结底是人的解放、人性的解放、教育生产力的解放。无论文化与技术如何变迁，人性始终不变，教育管理本质上终究是为了人的发展与成长。"

传统的管理深藏着"控制"的潜意识，员工只是高度规则化的机器上的一个齿轮。十一学校从组织结构入手进行变革，将教师从那种僵化的管理中解放出来。这是一种科学的管理、人性化的管理、更符合教育规律的管理，可以让教师的工作更具创造性。

"老师们不再被固定在一个组织中，而是担当多个角色，在多个群体中找到归属感。这样的组织结构为每位老师打开了自我实现的通道，老师们变得特别有想法，不断有新点子出现。"说着，赵凤华右手向下用力一挖，好像拨开水藻，露出了一个泉眼。

赵凤华认为，这一全新的组织结构重构了学校的空间结构与权力结构，带来了新的角色定位、新的关系、新的运行机制。这对学校的运转起着决定性作用，必然会激发出教师的工作热情。

教育变革面临的最大挑战不是条件、资源、机会等，而是将教育者组织在一起解决问题的能力。正如任正非所说："人才不是华为的核心竞争力，对人才进行有效管理的能力才是。"

教师是教育事业发展的最大变量、第一资源。通过有效的管理，激活教师的工作热情，激发教师的创造力，把教师凝聚在一起形成强大的育人力量，这是晋元中学取得成功的真正原因。

晋元中学的成功再次证明，理想的育人模式会推动学生生动、活泼、主动发展的目标的实现。

我忽然明白了，组织结构变革才是开启"学生第一"时代的真正钥匙。十一学校探索现代学校治理结构，构建扁平化组织结构，建立民主、高效的运行机制，通过诊断与评价引导学校各个相关组织以学生为导向，真正实现了从管理走向服务。

6. 一株"穗木"的感激

"我愿做一株接穗，我也只是一株接穗。这两年，我把自己的能量和营养注入这生机勃勃的砧木中，我感到很幸福。"赵凤华说。

"到了这个年纪，我已经没有什么欲望了，只想做点儿自己喜欢的事，慢慢做，一直做。"她淡淡一笑，语气很轻。

"来到北京这几年，你对自己最满意的是什么呢？"

"我对自己最满意的一点是，我跟老师们的关系从来不是，以后也不会是领导与被领导的关系。"她十分中肯地说。

一个未来小镇

随着城市的现代化建设，海淀区北部清河地区迎来了跨越式发展。每一个城市新区做规划时，都希望拥有优质教育资源，清河地区也不例外。因此，海淀区教委决定在这里新建一所初中，由十一学校承办，将其命名为"北京十一学校龙樾实验中学"（以下简称"龙樾中学"）。

虽然办学时间不长，龙樾中学却成为家长和学生十分向往的学校。

1. 一座安全的校园

与其他学校不同的是，龙樾中学没有围墙，也没有常见的大大的校门。临街一座绛红色建筑，只要推开一扇镂空的黑漆大门，一个色彩斑斓的世界就会呈现在你眼前。

高挑的教学楼大厅里悬挂着六个松果灯，十分惹人注目。负责学校品牌设计的张一名老师兴奋地说："这款灯的造型是著名工业设计师路易斯·布森设计的。它还出现在人教社新版美术课本里。"

王海霞校长笑意盈盈地走过来："欢迎，欢迎！"她语速很快，给人干练的感觉。

教学楼大厅是学校的门面，也是学校的窗口。许多学校教学楼大厅的墙上悬挂着一幅幅领导参观的照片或者一项项学校获得的荣誉，而龙樾中学教学楼大厅里最显眼的则是一块涂鸦板。王海霞告诉我："无论是谁，都可以在上面画上几笔。这块板子在这里立了很久，我们一直没有挪开它。我想告诉孩子们，这个校园是他们的，他们在这里可以任意施展才华。"

王海霞接着说："我相信它立在这里，孩子们看到它的时候，心情会放松下来，会产生愉悦感和创作的冲动。而这样一块无声的板子，会传递学校的文化。"短短几分钟，这所学校就给了我不一样的感觉。

一进大厅，左侧有一个小商店。王海霞介绍说，这个空间叫"龙樾Cool"。小店卖什么呢？卖的是课程的产品。学生在平面设计课上制作的帆布袋、手机壳、鼠标垫、杯子等，用摄影课上的作品制作成的明信片，在服装设计课上扎染的丝巾、手工制作的发卡等，都可以拿到小店里来售卖。

右侧墙上悬挂着上百幅学生的照片，记录着第一次升旗仪式、第一届运动会、第一届毕业典礼上学生的精彩瞬间，甚至连天花板上都悬挂着学生的作品和作业，那是学生心灵的真实写照。

大厅里还摆放着一台 20 世纪 60 年代生产的电影放映机。见我好奇，王海霞说明了用意："我们把教材中出现的一些东西呈现出来，让学生看得见、摸得着。你看，这里有许多老物件，它们有年代感，很具象，可以让学生在不经意间'碰'上。有些时候，教育不要刻意去做。学生一仰头、一抬眼，就在这一瞬间，教育可能就发生了。别小看这个不经意，它有时会影响人一辈子。"

大厅北边有一个咖啡馆。"这是因为学校有一门商学课，选课的学生想试着经营一个咖啡馆。"王海霞继续介绍，"旁边的咖啡书吧，是图书馆的延伸。我们希望学生从图书馆借书后，可以到这里阅读，因为这里环境更舒适，灯光能让人更专心，椅子坐着也更舒服。"我抬头望了一眼咖啡馆里挂的灯，它们很别致。王海霞说："这是激光切割的灯具，是学生在技术课上做的。"

大厅东北角上竟然还有一间猫的教室。王海霞告诉我："学校养了两只猫，学生特别喜欢，还给它们起了好听的名字——'片片'和'块块'。它们成了学校的吉祥物。"

谈到未来小镇，王海霞说："我们是不是可以让学校'变变脸'，让它变得更加有亲和力、更加可爱、更加有趣呢？学校不仅仅是学习的场所，更是一种教育生态，它应该适合学生生长，让学生在这里生活、在这里试错、在这里成长。在这样一种生态下，学生得以塑造品格、提升能力、形成正确的价值观，成为国家需要的人才。"

龙樾中学用一个理想中的教育场景——未来小镇来呈现学校的愿景。未来小镇包含了他们对"教育即生活"的理解和对未来育人模式的探索。"那么，构筑这座未来小镇的基石是什么？你们又是如何把学校打造成一个未来小镇的呢？"

"十几岁的孩子富有想象力，对事物充满好奇，有探索欲望，这个年龄是编织梦想的最好年龄。为什么叫'小镇'？我们就是希望孩子们一进入校园就能融入一种情境，感觉很亲切、很自然、很温暖，像家一样。这样，孩子们就会放松下来。"看来，这一构想具有深远的教育意义。

"十二三岁的孩子往往自尊心很强，敏感脆弱，特别在意别人的看法，尚未形成良好的心理调节能力和情绪控制能力。他们对环境很敏感，内心拥有安全感是他们的基本需求。学校要给孩子们一个平等、包容、友善的环境，让他们感到安全、自由、放松，从而真实地生活。真实了就自然了，自然了就容易暴露问题，教育就容易找到抓手，有针对性地施教就成为可能。"王海霞慢慢地说。

"未来小镇的构想充满强烈的人文精神，具体落实了办学目标。"王海霞说。

"教育改革关系青少年无比珍贵的未来，我们要让学校去适应孩子，而不是让孩子去适应学校。孩子的人格与品性塑造远比学业优秀更重要。在这里，孩子们成功与否不是用学业成绩来衡量的，而是按照孩子们对成功的定义来衡量的。孩子们应该过他们自己的生活，应该追求整体生命的圆满和充实。"王海霞继续说。

"重复、单调、琐碎的生活，容易使孩子们感到厌倦、烦闷；丰富多彩的生活孩子们会更喜欢。人需要尝试，有时需要深度尝试才能发现兴趣。帮助学生发现自己的兴趣，是我们教育工作者要做的事。"

这是一所爱孩子、懂孩子的学校，这里所有学习生活的设计都是从孩子们的需求出发的，既感性，又理性；既有趣，又科学严谨。

2. 一个有趣的小镇

一间间教室或一个个公共空间被改造成小镇的模样。穿过一个个连廊，进入一个个不同的区域，学科教室、博物馆、学生文创产品实体店、学习中心、地下运动馆、攀岩墙、小镇农场等，构成了一个模拟世界——未来小镇。

"这里的教育真是别具一格。"我边参观边感慨。

"只有精心设计每一次教育活动和每一个教育环节，用心创造每一个人生中的温暖记忆，教育才会具有持久的力量。"王海霞说。

"这样的教育很鲜明、很鲜活。"我感慨道。

"把学校当作小镇，不是过家家，而是创造若干真实的教育情境，把教育和生活打通，把学校和社会打通，让学生感受真实的社会。"王海霞特别强调，初中教育一定要贴近学生的年龄特点，这个年龄段的孩子特别感性，所以学校要有趣，学习应是件好玩的事。

然而，什么样的教学组织形式、什么样的课程、什么样的空间环境能够让孩子们自由快乐地学习？龙樾中学有哪些经验和思考呢？

这里每一间学科教室的名称和门头都具有鲜明的学科特点。李志超老师的历史教室叫"稷下学宫"，门上镶嵌着木质匾额和对联，对联曰：室内有天地，胸中藏古今。林亚老师的生物教室叫"达尔文号"，在这里，她带领学生开启自然探秘之旅。在这样的环境中耳濡目染，学生的情感、态度、价值观会发生变化。这种隐性的教育力量不可忽视。

马积良老师从小就喜欢当老师，他不仅教数学，对技术与游戏也颇有研究，涉猎过各种游戏，点子特别多。他认为，"如果学习如同游戏一般，学生就一定会喜欢学习"。

在上"物联网"和"电子技术"课时，为了吸引学生的注意力，马积良设计了一套卡牌游戏，把学生分成五个人数不同的阵营，每个阵营的获胜条件都不同。这样的游戏，成功吸引了学生的注意力。接下来，他把需要讲解的知识拆分成一个一个知识点，然后让学生抢答或书面作答，给学生积分，再根据规则实现阵营对抗，最终评出获胜方。让他没想到的是，无论是对知识的掌握程度还是学习的专注度、参与度，学生都有很大提高。

马积良尝到了甜头，用游戏激发课堂活力带来了巨大的力量，成为激发学生潜力的导火索。如何在其他方面也能促进学生的发展？一套积分体系在马积良心中酝酿。"单纯积分并不能很好地调动学生参与，"他想到让积分流动起来，"把积分换成货币，让学生通过努力赚取，并用它进行自由交易或投资，对社会经济生活进行模拟"。

马积良将自己的想法向校长汇报后，得到大力支持，王海霞建议他找其他老师一起商讨并细化方案。结果，与之配套的税收、银行、投资甚至股市，都被放了进来，同时他们将学校教育的诸多方面考虑了进来。

老师根据学生的表现发放龙币，学生如果完成任务，就能获得龙币。一枚小小的龙币在学校这个"市场"中可以流通，学生可以用自己在学习中赚到的龙币，在龙市上从同学手中购买心仪的物品。这极大地激发了学生的积极性。马积良说："结果简直不可思议！"

"龙币"活动既是游戏，又不是游戏，它是一个精心设计的激励机制，嵌入了学生成长的诸多方面。这是从小处着手庆祝进步，激励学生努力追求微小而平实的进步。它让学校变成一个小社会，让学生的学习变成社会劳动，学生通过参与学校生活获取龙币，实现价值流动，并让自己的收获真实可见。

学期末，学校会组织一次大规模集市活动，为学生提供一系列实物产品，如文具、水果、零食、图书等，供学生选购；同时租赁摊位给学生，让他们售卖自己制作的小产品；至于较大的创客类产品，可以在集市上进行产品发布和拍卖。这一活动可以培养学生的规则意识、契约精神、创新意识和财富观。

理想的教育，其实离我们一点儿也不远。

3. 一间"体验未来"的工作坊

未来小镇不是一个口号，而是一个学习的场域、一个真实的小社会，这里有法庭、商店、田地，还有晒谷场等。操场西边，有一个占地 100 平方米的微型菜园，可以种菜，可以种中药材。学生亲手种下种子，培土施肥。

"我们为什么要设计一个未来小镇？"王海霞解释，"我们要建立一个与学生生活相关的模拟社会，使它成为社区型学校、百科全书式学校，成为一个文化高地，与周围社区有深度关联，周围的资源可以为我们所用。"

"初中这个年龄段的孩子就像春天刚刚萌发的嫩芽，蓄势待发，又敏感脆弱，这是拔节育穗的关键时期。权威心理专家认为，青春期的各种体验，都在帮助孩子形成核心性格特征，而这些性格特征可以促使青少年勇于探索，过有目标的生活。那么，我们应该为孩子们创造什么样的校园体验呢？"这是从建校之初王海霞就一直在思考的问题。

"我们希望小镇是一本打开的百科全书，到处都是可以学习的内容，学生走进每一个空间都可以学习，并且许多内容是跨界融合的，'龙樾博物馆''普利策进校园''老北京胡同文化长廊'等，便是这一理念的生动展示。"王海霞介绍道。

教学楼的许多角落里摆放着一些老物件，它们的生产年代、材质、产地等都标注在旁边。它们虽然称不上古董，却可以让孩子们触摸历史，感受厚重的历史气息。陶艺教室的大门，就是一扇民国时期产自山西的老木门。

最有趣的是学校饮水处。张一名老师说："根据初中学生的年龄特点，我们尽量采用图形化设计，比如饮水处，没有直接写'温水''开水''凉水'，而是用小浪花、小太阳、小冰山表示，同时在旁边用摄氏度、华氏度和开氏度三种不同的单位显示水温。"

龙樾中学还有一个特别的地方——所有空间不吊顶，学生可以看到空调冷热水的走向，了解新风系统是如何净化空气的，从而将整个建筑作为学习资源。

学校空间充满了创造性。地下有 18 间技术、艺术专用教室，用来开展机器人、流行音乐创作、服装设计、音乐剧、摄影等课程。服装设计教室又分为缝纫区、裁剪区、扎染区，学生可以真正动手制作……

"学生的学习方式有自主类、同伴辅助类、工具辅助类、实践动手类、成果输出类、评价激励类、网络学习类等。研究表明，学生最喜欢自主安排的学习、动手做的学习，其愿望之强烈是我没有想到的。"王海霞说。

"我们今天所做的一切都是为学生的未来做准备。一个人拥有积极的心态、强健的体魄、良好的思维品质和创新能力非常重要。教育要为学生打开窗口，让学生了解自己、认识自己、成为自己，永远保持对世界的敏感和对未知的兴趣，为未来种下无限可能。"王海霞感到重任在肩，"初中这个年龄段的孩子正处在自我觉醒的关键时期，他们非常喜欢尝试、喜欢体验，也有许多大胆的想法。我们要像呵护自己的眼睛一样保护孩子们的创造力和勇于尝试、敢于突破的精神。为此，学校不遗余力地增强课程的丰富性。目前，学校的课程体系涵盖117门课程，包括36门综合课程、72门职业考察课程、9门研学课程。龙樾中学的学生，从进入校园那天起，就会有全新的体验。"

几年来，为初中孩子量身定制的未来小镇，以及因未来小镇理念而陆续诞生的龙樾法庭、龙樾Cool、小镇农场、咖啡馆、龙币、龙市、龙樾商业银行等正在发挥越来越大的教育价值。

4. 一种全新的学习方式

有了好的环境和条件，接下来学校要引导教师助推学生成长，不仅课程要丰富，而且学习方式要适合学生。研究越深入、越透彻，越有利于学生成长。

武丽娟老师研究学生学习时有了一个新发现：不同年龄段的学生往往喜欢不同的学习方式——初一学生喜欢游戏化学习，初二学生喜欢合作学习，初三学生喜欢独立学习。于是，她决定改变道德与法治课强调背诵的做法，从发生在学生身边的事切入，创造机会让学生参与、体验。她设计了许多真实任务，如模拟法庭、模拟招聘、新闻播报、演讲、情景剧角色扮演等，使学生置身于"真实"的社会生活中，在实践中感悟、体验。

张亚明老师非常喜欢和学生在一起，为了调动学生学习物理的积极性，她成立了"物理粉丝俱乐部"。"有的学生喜欢火车，有的喜欢飞机，还有的喜欢桥梁，根据学生不同的需求，俱乐部里有不同的主题团队，比如'火车粉''飞机粉''电路粉'等，它成为学生的学习共同体。"

"科学概念的建构过程就是思维进阶的过程。"通过研究学生是如何学习、怎么认识世界的，张亚明发现，"就物理学科而言，学生从听懂到完全掌握有很长的距离。"为此，她着力研究易错点和学生容易有疑惑的地方，帮助学生理解。

孙晓晓老师在体育课上，不仅教学生运动技能，还教学生生存技能、紧急救护与避险知识。

宋雅树老师研究的运动处方深受学生欢迎。

吴昕老师教初三化学，初当教师的他感觉"越干越有意思，非常喜欢这里的氛围，觉得教师队伍非常有活力"。他的课堂从真实问题入手，让学生研究如何解决问题，教学生思维方法，对学生进行价值观引导，实现学科育人。

呼建勇老师是学校课程研究院院长，负责学校课程建设工作。他饶有兴致地介绍学校的课程："技术学科创造真实情境，让学生在真实问题的解决中学习。例如，老师让学生为学校新建的咖啡馆设计一款灯具来辅助照明。这项任务学生太喜欢了。你知道吗？他们设计的灯具，大大提升了咖啡馆灵动与活泼的感觉。"

"我们注重实践，强调综合，强调增强学生的体验感。"接着呼建勇讲了一个物理课的例子，"老师从学生的兴趣入手，基于真实问题的解决进行教学设计，从知识、技能及其迁移应用等方面着力；课外设计了'飞行节'，让学生在做事过程中了解飞行原理；还设计了以中国交通为主题的研学课程，带学生到天津的船舶制造厂、中国铁道博物馆等地方考察。设计这些课程，都是为了增加学生的体验，帮助学生发现自己的兴趣。"

"这一探索很有价值。"我忍不住称赞。

"是的，我们让学生通过尝试新事物而学习。人生本来就是这样，尝试得越多，才越有可能找到兴趣点。"

这座小镇还有一个很特别的地方，这里师生关系很融洽，有一大批学生喜爱的老师，学生亲切地称他们"超哥""龙叔""田妈妈"等。

谈起在这里的工作状态和感受，英语老师黄芳感触最深的是快乐："师生都快乐，学生有很多时间和老师接触。"

化学老师吴昕发自内心地说："学校太不一样了！家长和学生对学校的第一印象是快乐、自由、安全。我们是全面关心学生，而不是仅仅看重分数。"

5. 一番发自内心的感慨

十一学校育人模式在这里究竟是如何落地的？龙樾中学抓住了哪些关键环节？其办学成功的关键要素是什么？

"挖掘根源，我觉得学校办学成功的关键要素是遵循十一学校'学生第一'的理念。'创造适合每一位学生发展的教育'这一理念必须传承，这个接力棒必须接过来。"王海霞语气坚定地说。

"理念传承最核心的就是人。我常想，我是不是真的坚守了十一学校'学生第一'的理念，创造了适合每一位学生发展的教育？是不是真的为每一位学生服务，全力关怀、帮助了每一位学生？我们离满足每一位学生的需求还很远，离全方位疏导、解决学生的困惑还很远。"

"不能完全照搬十一学校育人模式，那样没有意义。只有不断创新，才能使十一学校的优秀基因不衰减。衰减性'遗传'是很可怕的。"王海霞由衷地说。

"是的，十一学校育人模式不是完成时，不是一个封闭的模式，需要不断完善、丰富、创新。"我说。

"我们是同根同源，但不求一模一样。"王海霞笑了。

她望了我一眼，接着说："这里可以让你绽放，让你重获新生，让你成长为你无法预料的模样。只要你为学生着想，就会有无穷的智慧和力量。"

一所特别接地气的学校

2020 年 1 月 14 日晚上 6 点，于海龙还在学校里加班，手机响了，是刘艳萍校长打来的："在学校吗？别走，等我。"

不一会儿，刘艳萍校长到了。"海龙，有个苦差事，需要你去做。"她语气庄重地说。

"这是要干吗？"于海龙蒙了。

"一所乡村学校被我们学校接管，我们认为派你去当校长最合适。"刘艳萍认真地说，"你愿不愿意接受这个挑战？"

"我愿意。"于海龙想了想，郑重地点点头。

他心事重重地开车回家，一路上想着学校被十一学校接管后发生的变化，自己也由一名普通教师成长为校务处主任、工会主席、副校长，工作已经很顺手，离家又近，领导、同事又都认可，如今……

变动太大、太突然，于海龙彻夜未眠。

1. 九渡河微起的波澜

1 月 15 日，天阴沉沉的，特别寒冷，一大早，于海龙和刘艳萍一同驱车前往九渡河小学。他很忐忑，已经很久没有去过乡村学校了，虽然小时候在乡村学校上学，但那已经是 30 多年前的事了。

怀柔区九渡河镇地处燕山南麓，全镇面积 180 多平方公里，大约 80% 为山地。车子一路向北疾驶，公路一侧是山，一侧是蜿蜒曲折的河，沿途有许多临水而居的村落。

车子驶进九渡河，穿过一条狭窄的街巷，停在九渡河小学门前。于海龙惊呆了，让他没想到的是，30多年过去了，乡村学校竟然没有太大变化。校园里有五排平房、两座教学楼。院子不大，但干净、整洁，像个政府大院。然而，在一般学校常见的设施设备这里几乎没有，校园里缺乏学校该有的氛围，缺少孩子的气息。

走进大门，左手边是停车场，停满了车辆；东边一大半区域是教师办公区和宿舍，几排平房前拴着晾衣绳；西边空荡荡的操场上竖着两个篮球架，这是学校全部的体育设施。学生的活动区域在两座教学楼里。教学楼与周边环境分开，学生被框定在狭小的教学区内。

于海龙边走边看，来到教学楼里，发现教室十分狭窄，他直皱眉头："怎么这么小啊！"一排高大的铁皮柜子立在教室后面。"这是干什么用的？"于海龙问。"不知道，"陪同的老师说，"放在这儿已经很久了。"

教室前面是一个大大的讲台，靠近门口有个书架，上面摆放着一排排书。于海龙注意到这些书基本没有翻动过的痕迹。墙角有个已经生锈的铁皮箱子。"这是干什么用的？"于海龙问。"放书本的。"陪同的老师说。

一个小时过去了，于海龙脑海里一直思考着一个问题："如何围绕学生的发展需求开发、利用资源？"

来到食堂一看，里面又黑又窄、又脏又破，甚至连桌椅都没有。于海龙觉得很奇怪："学生吃饭坐在哪儿？""食堂太小，没地方摆放桌椅，学生只能端着饭盆站着吃。"陪同老师的回答让于海龙心里很不是滋味。

从食堂出来往前走，靠近学校围墙处露天堆放着旧桌椅、旧黑板。转到平房最后一排，这里是学校的仓库，陪同的老师把门打开，一股呛鼻的霉味扑面而来，多年搁置不用的东西全堆在这间屋子里，一个个大箱子落满了灰尘。出乎于海龙意料的是，箱子全部没有开封。他打开一个一看，里面全是金工、木工等劳动技术课程的器材，它们装在一个个木盒子里，全是崭新的。其他箱子里有体育器材，如篮球架、乒乓球台、羽毛球架等，也全是新的，还有美术器材……

"这些怎么没用呢？"于海龙问。

"不知道。"

"闲置多少年了？"

"不知道。"

"太可惜了！"于海龙一边叹息，一边暗自高兴，"呵呵，也许它们都能派上用场。"

更让于海龙吃惊的是，这里竟然还有一个电窑，是上陶艺课用的。"还能用吗？"陪同的老师摇摇头："用不了了，坏了。"于海龙蹲下来仔细看，原来电窑的底座已经锈迹斑斑。

"体育器材也不用吗？"于海龙很不理解。

"不是我们舍不得往外拿，是怕出现运动伤害。"陪同的老师道出了苦衷，"以前出现过，一旦学生受伤，家长就堵在学校门口，要求赔偿。"

"这些都必须拿出来。"于海龙边看边说。

"都拿出来吗？"

"能用的都拿出来。"于海龙语气坚定地说。

第二天，于海龙和老师们见了面。

于海龙说："十一学校有一个办学理念——一切为了学生的发展，学校所有空间都要服务于学生。"他和老师们商量："能不能先把会议室腾出来，解决学生吃饭的问题？"大家都表示同意。于是，他们搬出会议室里的桌椅，摆上一长排学生的课桌椅。疫情平稳后返校的第一天，学生终于可以坐着吃饭了。

那一餐吃的是猪肉炖粉条，还有两个素菜。学生自己打餐，几个孩子激动地问于海龙："校长，以后我们每天都能坐下来吃这么好吃的饭吗？""是的。"于海龙坚定地说。

接下来，他们将所有汽车请出校园，将教师宿舍全部收回，将所有校舍全部还给学生。

仓库里的设备一件件被搬出来，摆了满满一大操场，老师们将适合学生使用的选出来。

一天，于海龙在学校微信群里发了一条消息："老师们，到操场上去'淘宝'！"一时间，大家纷纷跑到操场上，挑选自己班里可以使用的物品，喜气洋洋地往教室里搬。"那气氛就像过节一样。"于海龙由衷地感到高兴。

第二天，于海龙和两位体育老师商量："能不能打开思路，结合农村地区的特点，开发出学生可以选择的课程，让学生玩起来、动起来？"没多久，原先的停车场被改造成运动场和游乐园，安上滑梯、跷跷板等，还修建了沙坑……。学校开展了适合乡村孩子的爬树、登山、溜冰等课程，让孩子们找回了乡村生活的快乐。

2. 散发着乡土气息的校园

2020 年 6 月底，九渡河小学校舍改造工程拉开帷幕，至 8 月底，一共 60 天，改造完成。

改造期间，于海龙有整整 49 天没回家。

校园改造前，李希贵提醒于海龙，本着少花钱多办事的原则，不搞大拆大建，根据乡村学校的特点进行空间重构，适应学生发展的需求；另外，尽量让学校与当地村落风格保持一致，让人从外面一看，感觉"噢！这里有所学校"，再往里一看，感觉"好像有点儿不一样"，再往里走一走，感觉"噢！还真是不一样"。

教师宿舍腾空后，被改造成高年级学生的教室，门前修建了避风阁长廊，全部铺上木地板。山区冬天温度低，夏天日照时间长，避风阁能起到保温防晒的作用。这里成了孩子们的"室外教室"，课间，他们在这里嬉戏、玩耍、交流。

教室周边的空地上，种上了太行菊、无花果、食用玫瑰花等，还修了个小水塘。水塘里种着睡莲，小金鱼在里面游来游去；水塘边的小房子里养着小鸭子；水塘边还镶着半圆形木板，方便学生坐在上面观赏金鱼。

冬天，为了防止小水塘结冰，他们把教室里的暖气管接到水塘底下，这样，学生在冬天也能观赏金鱼。

长廊的木地板上摆放着形状各异、大大小小、高高低低的木质凳子，学生可以根据需要挪动组合。这些凳子都是学生自己设计并制作的。为方便学生交流，长廊中间种了一棵山楂树，夏日枝繁叶茂的树冠能遮挡阳光。

从教室清出去的铁皮箱子里种上了花草，这样，冬季的校园里也有美景。

午后阳光正好，我们来到游乐场旁边的一块绿地上。正值夏日收割季节，绿绿的草坪上摆放着一捆捆不同造型的麦秸。于海龙说："这可不是一般的草坪，在老师们的努力下，它变成了丰富的教育资源。这是刚刚结束的'丰收节'上孩子们的学习成果。"

于海龙告诉我，冬天，这里会有一个巨大的冰雕，让校园变得生趣盎然；"狂欢节"时，这里会突然出现一个巨大的蜘蛛侠，惹得孩子们下了课就往这里跑；中秋月圆之夜，这里会突然升起一个巨大的"月亮"，使整个校园沉浸在中秋氛围中。

校园里随处可见石头、木头、土块儿、麦秸等，散发着浓浓的乡土气息，这是学校办学理念最接地气的表达。

九渡河的冬天格外寒冷，为了让这里的孩子们冬天也有快乐和惊喜，学校在校园外面的空地上浇出一块冰场，孩子们戴上手套、帽子，在上面滑冰，可开心了。

原来学校6个年级只有6间教室，外加书法、劳技、美术、科学4个专用教室。现在，供学生使用的教室增加到36间，除了23间学科教室外，学校还开辟了木工坊、创美工坊、厨艺工坊、豆腐工坊、种植养殖工坊等。学校围绕乡村特有的石头、木头、麦秸、民俗做起了文章。

于海龙认真地说："学校里所有空间都是为学生服务的，学校里的每一道门都不上锁，全部空间都是孩子们的学习场所，他们推门就能进去，不需要得到允许。"

在学校改造的过程中，于海龙遇到了一件最难的事：学校门口有一条小道，原先是撂荒的绿化带，杂草丛生，旁边便是交通要道，从早到晚车流不息，而且经常有大货车通过，十分危险。能否重新修一条供师生通行的便道？于海龙与镇政府和交通部门反复协商，最终得到镇政府的大力支持。便道修好了，村民们脸上露出惊讶的神色："你们是怎么办到的呢？"于海龙说："当你一切为了孩子的时候，全世界都会为你让路。"

3. 校园里的一座座工坊

为了给孩子们创造更多动手实践的机会，打开乡村孩子的眼界，于海龙想到了开工坊，因为普通教室无法承载这样的功能，无法满足学生个性化的学习需求。那么，工坊开在哪里呢？他想到了教师会议室、报告厅、校门边上的一排平房。于是，学校对这些地方进行了改造。

工坊不仅是课堂学习的补充和延伸，还有更深层的作用。于海龙说："它是学生学习的工具箱，你想发生什么样的学习、需要什么样的工具，随时可以到这里来。这些工具与学生的生活息息相关。工坊为学生提供环境、空间、工具、条件等，使深度学习成为可能。"

2020年6月，学校在全镇范围内寻找"能工巧匠"，于海龙带领老师们在学校周边六个村村口贴出招聘"乡村教师合伙人"的海报："只要你有一门手艺，无论是种花、种菜、养兔子，还是做饭、磨豆腐，都可以报名成为兼职指导老师。"不到两周，就有80多人报名，木匠、厨师、扎灯笼的、剪纸的、养鱼的、养蜂的、养兔子的全来了。

怀柔区非物质文化遗产"杨门浆水豆腐"第5代传人杨坤全就是其中一位。他来到学校，给孩子们上起了"豆腐制作"课。一些孩子被制作豆腐的过程吸引，有的孩子学会了用五种豆子混合研磨制作豆腐，有的学会了用山泉水制作豆腐。

工坊的学习与文化课的学习相结合。通过科学课的学习，孩子们知道了磨豆腐的原理；通过数学学习，他们对豆腐进行合理定价；通过语文学习，他们为豆腐写广告语；他们还要学一点儿营养学，让自己的豆腐更具竞争力。除了这些，孩子们还通过渠道调研、现场看样、洽谈协商、法律咨询等，与附近的餐厅、农家乐签订合同，给豆腐打开了销路。

兼职指导老师不仅为学生带来各行各业的手艺，还带来了真实的问题和实践。浆水豆腐品质优良，可如何卖出去？针对营销不足的问题，老师们把商学、经济学里适合小学生的内容提取出来，又将诚信品质、服务意识、质量意识等与国家课程标准中对德育的要求对接起来，形成一条条具体的学习目标。整个课程的学习都是由任务驱动的。

老师们惊讶于孩子们的无限可能。孩子们更是打开了视野，开始对整个九渡河地区的产业进行调研，逐渐画出了这里的产业结构分布图，形成了一个乡村生态和学校样态融合的模型。

学校因地制宜开发了乡村美学、厨艺、木工、版画、戏剧、竖笛、创意拼贴等几十门课程。非遗工坊最初有泥塑，后来增加了版画、灯笼、剪纸等。学校挖掘乡村非遗文化资源，结合现代技术，让学生制作符合当代审美要求的艺术作品，让非遗文化焕发出新的生命力。

工坊更为学生提供了职业教育。木工坊课程融合了美术、劳动技术、商学、经济学、科学和应用文写作等内容，由兼职指导老师和美术老师、科学老师共同指导，孩子们自己设计、画图，制作了手机支架、尤克里里等，还制作了一种木质杯架，可以放全班同学的水杯。这些产品很多已经在十一学校盟校里行销。怎么做运营，如何通过销售、出租等获得经济效益，成为课程实施的重点。在这一过程中，学生可以充分试错，为将来可能遇到的问题和挑战提前预演，锻炼能力，培育素养。

这些课程更为深远的意义在于，它们可以培养孩子们的乡土情怀和对乡村文化的认同。在孩子们与兼职指导老师的近距离接触中，在他们口传心授的过程中，乡村文化浸润着每一个幼小的心灵。

4. 向乡野拓展的课程

学校后门外是一大片荒地，多年无人问津。在于海龙眼里，这是重要的教育资源，他们可以在这里建立种植养殖基地。尽管有人担心做不成，可他决心已下。经过一番努力，约两亩半荒地成了学校的种植养殖基地。学校与当地农家乐合作，向他们供应学生自己种植的有机蔬菜。

除了种植蔬菜，基地还养了小鸡、白鹅、家兔……，这些都由学生自己管理。学校还饲养了具有较高经济价值的龙猫、孔雀。龙猫是在老师的指导下学生自己繁育出来的，一只市场价上千元。小孔雀也是学生用恒温箱孵出来的。

六年级的李湘森同学自豪地说："我是这里的老员工了！"五年级时，

她报名参加了种植养殖工坊，并且竞聘上了副总经理职位，一直干到现在。她从小喜欢养小动物，家里养了小鸡、小狗、小猫，还种了土豆、菠菜、黄瓜等。她在学校了解了植物的生长周期，学会了栽苗、浇水、施肥、防病虫害。"在农村学会这些，对自己和家庭生活都有帮助。过去我认为这些是父母的事，现在我帮父母观察、记录。我家的黄瓜秧长了小虫子，以往治虫的办法是喷农药。其实，把大蒜埋在附近的泥土里有驱虫作用。我把这个知识告诉父母，他们在每一畦黄瓜地里埋了一盆大蒜，虫子渐渐少了，他们对我的学习更加支持了。"

一次，走进九合川药材种植基地，李湘森被深深震撼了，那里种植了1600亩共约120种中药材。她渴望了解博大精深的中医药知识，感受传统文化的魅力。

"我们刚刚把金丝贡菊卖出去了。"李湘森伸出手指比画着，"三袋呀！一下子就卖出去了。"

"多少钱一袋？"我问。

"60元。"她回答。

"这么贵？"

"这可是九合川药材种植基地的呀！"她对这个价格好像很有把握。

"噢！"我明白了。

"我们自己去采摘的，足足摘了三大筐。回到学校后，我们挑选、清洗、晾晒，第二天烘干……"

"怎么烘干呢？"我打断了她的话。

"我们这里有烘干机。"她自豪地说。

"学校里还有烘干机，够专业的呀！"我不禁赞叹。

"然后呢？"我又问。

"我们把烘干的金丝贡菊装在一个个小袋子里，刚好有人来参观，就卖出去了。哈哈哈！"她体验到了成功的快乐。

李湘森刚刚参加完毕业典礼，谈到小学生活时，她很动情："我们学会了生存的本领，知道了外面大千世界里的新事物，比如羊驼，乡村里的很多老人都没见过。学习的时候我们收获了许多快乐——与小动物玩耍的快乐、把将要死掉的植物救活的快活、见证新生命出生的惊喜，我觉得蛮有成就感的。"

通过她的言语和表情，我发现，她的收获远不止这些。她在观察、记录植物发芽、幼苗生长时，体会到生命的脆弱，对生命产生悲悯之情，这对人的精神成长会产生很大影响。

学校还让工坊对接本地经营实体，如创美工坊对接当地栗子深加工企业，厨艺工坊对接当地精品农家院，非遗工坊对接当地老牌非遗传承企业等，建立起校外指导团队和活动基地。

"真正的市场化产品是如何定价的？企业经营成本除了显而易见的之外，还有哪些？"老师们带领孩子们进入这些基地，实地考察它们的经营状态，了解它们的发展困境和问题，亲身参与到经营过程中。孩子们可不是随便玩玩，而是在进行十分有挑战性的深度学习。

活动基地为孩子们提供了源源不断的真实任务和真实问题，他们在解决真实问题的过程中，不断尝试、反思、改进，摸索出许多解决方案、方法、途径，锻炼了各方面的能力。同时，孩子们了解了家乡，更加热爱家乡，增进了为家乡发展而努力的情感。

于海龙告诉我："学校的办学成效使学校赢得了镇政府更大的支持力度，镇里将学校周边的土地交给学校使用。学校利用当地土地资源、自然资源、文化资源，以及从外面引入的高科技农业资源，建立了劳动实践农场，吸引科技、农业方面的专家参与建设，实现了'产学研'一体化。"

"目前，学校服务范围是周边六个自然村，然而，学校办学的影响已经远远超出服务范围。我们主动寻找更多资源与乡村对接，向北京工商大学生态环境学院、公益组织、企业基金会、当地农业研究中心等寻求合作。现在已有30多家单位和九渡河镇建立了合作关系……。"于海龙兴奋地说。

这些举动使教育向生活无限延伸，突破了课堂的边界、教室的边界、书本的边界。

乡村教育究竟应该如何办？应当如何定位乡村教育的育人功能和培养目标？乡村教育的发展前景是什么？一所乡村学校对当地经济、社会的发展和文化的传承可以有哪些贡献？2035 年要实现中国教育现代化，占义务教育学校总数 60% 多的乡村学校应在何处发力？在实现教育现代化的过程中，一位乡村学校校长可以有什么作为？在许多问题上，这所学校都可以给我们启发。

5. 乡村娃的校园生活

一年级教室左边墙上上下两层有 20 多个格子，里面放着学具、玩具等。后面靠墙放了一排低矮的书架，上面满满的全是适合低年级孩子看的书。书架旁边还有七八个圆形木头坐凳和一张大圆桌，上面堆满了拼接模型、各式各样的积木等。我的心里涌起阵阵暖意："这是孩子们的教室，这是孩子们的学校。"

教室后面还有老师的办公桌，教室和办公室合二为一，这增加了老师与学生相处的时间。

墙上张贴着学生的学习成果，一张纸上写满了学生的问题：

为什么松树一年四季都是绿的？
为什么小鸟会成群结队地飞？
为什么桃树、杏树、李树上的花不是同一时间开放？
春天的土为什么会变软？

歪歪扭扭的字迹透着孩童的稚嫩，却展现出孩子们头脑中的大问题。

谈到学校的变化，五年级的王稼琦同学显得有点儿激动："我上三年级时，发现学校变了。"

"哪里变了？"我问。

"学校对我们太好了，我都被学校感动了。"她认真地说。

"怎么个好法？"我追问。

"让我们坐着吃饭。"她说，"那天我一进食堂，发现里面摆着长条桌，还有椅子。我找了个座位坐下，吃着香喷喷的饭菜……你知道吗？

还有汤，一个大桶放在桌子边上，有绿豆汤、羊杂汤、紫菜鸡蛋汤、菠菜鸡蛋汤、木耳豆腐汤，主食有米饭、馒头、花卷、豆沙包……"

"食堂是不是变宽敞了？"我问。

"宽敞太多了。"旁边的王佳一同学接过话。

"学校还装上了空调。"坐在我对面的温芳婕同学说。

"还有哪里变了呢？"我继续问。

"过去下了课我们只能在操场上追跑打闹，现在有了游乐场，教室里还有小玩具，象棋、跳棋、积木什么的，下了课我们可以玩一会儿。"王稼琦越说越兴奋，"教学楼里还装了一个大滑梯，不仅可以用于消防应急疏散，而且可以玩。太惊讶了！我们这里离县城很远，根本见不到滑梯。这是我的最爱！课间、午休时我都会去玩，一天玩七八次。因为有了这个滑梯，我更喜欢学校啦！"

王稼琦参加了创美工坊。"老师教我们学习压花、蓝晒、扎染、拓印、彩绘、滴胶等工艺，还教我们做钥匙扣、项链、书签等小摆件。一年后我当上了副总经理，和小伙伴们一起商量着做。下学期我就上五年级了，我会接着学。"王稼琦胖乎乎的脸上透出几分小小的得意。

田蔚然同学接着说："学校新安了大滑梯，实现了我们的愿望。长长的滑梯可好玩了，一下课，我就朝滑梯口飞奔而去，从高高的二楼直接滑下去，可刺激了！"

谈到学校的变化，四年级的肖文骏同学高兴地说："我最喜欢学校的足球场，有两大筐球，随便玩。游乐场里的单杠、双杠我也喜欢。下了课我喜欢去欣赏莲花，看小鸭子。我还喜欢在教室里看书，玩象棋、围棋，有时还玩积木。"

李湘森说："我们都不愿意离开，要是这里再建一所初中就好了。"说完，她腼腆地笑了。

曹文博同学也临近毕业，她说自己的口才变好了，敢当众说话了。

"你是怎么变的呢？"我问。

"我参加了厨艺工坊的学习，我们做各种美食，包括杏酱。"

"杏酱？很少有人做呀！"我问。

"我们这里杏树多，杏吃不完，做成杏酱方便保存。"她笑着说。

"真不错，有特点。"我赞许地点点头。

"我们把做好的野菜贴饼子、杏酱等拿给大家品尝，也售卖一部分。"她接着说。

"效果如何？"我又好奇地问。

"效果蛮好的。"她颇自信地说。

"你们到什么地方去推销呢？"我有点儿不相信。

"校门口、村口、街边。"

"做这件事开心吗？"

"开心。"她点点头，"这锻炼了我的管理能力、沟通能力，毕竟我有经验了呀！"

"我们这里有总经理、副总经理、品尝师、财务部长、后勤部长等。"

"都让谁当呢？"

"我们实行竞聘上岗。"

6. 一群放飞梦想的少年

王佳一兴致勃勃地介绍做豆腐的过程："先用石磨磨豆子，然后煮开，再过滤……。我还会做油豆皮。"

"怎么做呢？"我很感兴趣。

"把浆水温度调到 40℃ 时，将筷子倾斜 45 度角插入浆水 2 厘米，等待 3 秒钟，将筷子提出水面 1 厘米，再等待 3 秒钟，将筷子全部提出来。"他一边说一边做着向上提的手势。

我问他担任什么职务，他自豪地说："我是外交部长。"停顿了一下，他又纠正道："噢，不，我是副的，他是正的。"他指着身边的赵浩钦同学说。

"那你这个外交部长的任务是什么呢？"我故意问他。

"去谈合作，推荐我们的豆腐、豆皮什么的。"

"你手下有多少人呢？"

"18个人。"

"呵呵，官不小啊！"听了我的话，王佳一不好意思地笑了。

"你们怎么推销自己的产品呢？"我很好奇，想了解更多细节。

"要有礼貌地说话。"赵浩钦说。

"你们是怎么说的呢？"

"'叔叔阿姨，你们有没有时间听我说一说我们的产品？我们的产品使用的是非转基因大豆，有利于健康；是手工制作的，没有破坏豆子的营养。'我们边说边拿勺子让他们品尝……"

"天哪！还一套一套的。"我在心里暗暗佩服他们知道得这么多。

"我们还会表演一段歌谣：吃大肉，吃大鱼，不如九小豆腐皮；喝鱼汤，喝羊汤，不如九小出豆浆。"赵浩钦认真地说。

"我还是泥巴工坊经理。"赵浩钦自豪地说，"我管泥巴工坊，一共7个人。我和财务总监商量定价，把我们做的东西摆放好，贴上标签，学校一有活动就会卖出去。"

赵浩钦有一双明亮的大眼睛，笑起来稍稍皱起的鼻子显得有点儿俏皮。

"我从小就喜欢做东西，疫情期间在家看过一本雕塑方面的书，很想体验一下，就报名参加了泥巴工坊。"说着，他从兜里掏出一张纸递给我，"这是我报名时的演讲稿。"

"你们做的东西卖得出去吗？"我有点儿担心。

"从不担心卖不出去。"赵浩钦强调了一句，"我们的东西是纯手工的，是非遗产品啊！"

"你长大后打算干这行吗？"看着他那兴奋劲儿，我也有点儿兴奋。

"我长大后打算开一间泥巴工坊，让更多人体验非遗。"

这些孩子活泼、自信、阳光，对未来充满期待。

木工坊里有适合学生的桌子、椅子。教室不像教室，更像工厂车间，摆着各种工具、设备。老师不像老师，更像匠人师傅，穿着围裙，戴着手套。

两边架子上摆放着学生的作品，一个学生指着一件件作品告诉我：

"灯箱 30 元，剪纸 25 元，还可以定制。印章大、中、小都有，大的 35 元，中的 25 元，小的 15 元。"

"你们已经卖了多少钱呢？"我好奇地问道。

"我们一共卖了 300 元。"

"这些钱干什么用呢？"

"作为爱心基金。"他脱口而出，十分自豪。

六年级的王蓬泽同学说："我是销售中心经理。说出来您可能都不信，原来我只想做好销售，没想到老师提拔我做了销售中心经理，我还挺感动的。"

"我爸在变电站工作，我妈在养老院工作，以前我从来没有接触过销售工作，对它很陌生；现在已经很熟悉了，我学会了如何销售、如何记账，特别是如何与人沟通。做销售得会说话呀！"

望着这群快乐的、敢说话的、眼睛明亮的乡村少年，我的脑海中回响着于海龙的话："培养'脚下有根、胸中有志、眼里有光、人生有为'的现代乡村少年，这是我们的目标、我们的使命。"

7. 乡村教师的别样生活

"我的世界颠覆了。"王青霞老师是土生土长的九渡河人，小学、初中都是在九渡河念的，19 岁从师范学校毕业后回到这里教书。"说实话，基本是我想象中老师怎么教，我就怎么教，一直教了 23 年。"万万没想到，2020 年 1 月 15 日，学校正在举行期末联欢会，王青霞穿着盛装正在跳舞呢，学校大铁门被推开了。"十一学校一分校来人了，咱们学校被接管了。"听到这个声音，她蒙了。

王青霞快人快语，干起工作很有冲劲，早早就是英语教研员了。"说实在的，我已经成老油条了，却忽然发现老油条当不下去了。以前大家都一样，现在比你大的、比你小的都在努力，你得要面子啊！"

"40 岁时我就什么都不想干了，很满足、很安心。"可她心里很清楚，"庸常的生活看上去风平浪静，实际上无形中让人放弃了生命的无限可能。"她轻轻叹了一口气。"现在我是冲在最前面的战士，如果说不累，那是瞎话。累，很累，但我内心有一种满足感，实现了自我价值，好像站到制高点上了！"王青霞脸上洋溢着满满的成就感。

"过去中层干部是上传下达，现在是服务，这个挑战太大了。"让王青霞触动最深的是，学校改造期间，于海龙校长的裤腿从来没干净过，永远是两脚泥，"我的天！原来领导是这么干的呀！"以前除了英语书，王青霞从来不看其他书，现在包里的书多了，家里的书架上也摆满了书。参加一分校的培训时，她一开始听不懂，慢慢地就懂了，越学越有劲，"只要有培训就好好听，生怕哪段没听着"。

"现在的我完全被一种崭新的感觉环绕着。"王青霞快乐地说。

"啥是跨学科呀？"面对全新的改革，语文老师刘秋华在心里犯嘀咕。参加十一学校盟校的研究，与其他学校高学历的年轻人合作，让她既兴奋又担心：通过什么样的任务落实学习目标？如何实现从教到学的转变？

十一学校盟校组成研究团队研究 K-12 学习蓝图，九渡河小学有 11 个人参加，他们的工作量大了好几倍，午休时间、晚上、周末，他们都在研讨，随时随地都在备课。

2021 年，九渡河雨水多，许多村子发了水，有的村子甚至遭遇了严重的冰雹，导致苹果受灾，大部分苹果长得又小又丑，果农为此犯愁，求助学校帮忙想办法。于是，刘秋华和年级组老师设计了一个跨学科学习任务——为九渡河地区苹果受灾问题提供解决方案。这个有意思、有意义、有多种解决方案的学习任务，大大激发了学生的好奇心和好胜心，使他们产生了学习内驱力。

"通过查阅书籍、上网调查、访问果农，学生获得了许多相关知识，找到了关键信息，并且掌握了苹果派、苹果干的制作方法。然后，大家一起切苹果碎、炒苹果馅、准备苹果派皮，包好后煎熟。接下来，大家切苹果片，穿苹果串，晒苹果干……。在这一过程中，学生理解了水的蒸发原理，学会了合作交流，学会了计算苹果制品的成本并确定合理的售价。"刘秋华兴奋地介绍。

"苹果干卖出去了吗？"我问。

"全部卖出去了，苹果派也成为春节时九渡河镇家家户户的饭后甜点。同学们高涨的热情把果农也点燃了。"刘秋华越说越兴奋。

"生活的美妙之处在于，很多事情没做到一定程度，我们是完全没法理解的。"刘秋华的内心十分坚定，"我们只要相信，就要坚定，然后去做，一件事一件事去做，一点儿一点儿去行动，慢慢地就会理解，不能左顾右盼、瞻前顾后、犹犹豫豫。"

一件事一件事做下来，刘秋华有了重拾使命的感觉。她深有感触地说："长久地待在舒适区，会让我们变得麻木、懒惰。"

盛金柱老师是土生土长的怀柔人，他的家乡在怀柔最北端的喇叭沟门。凭借深厚的专业功底和丰富的教学经验，他一直是当地的教学骨干。面对从教到学的改变，他遇到了前所未有的挑战——"听不懂，蒙，但不排斥"。他经常捧着《追求理解的教学设计（第二版）》读到深夜。"为了设计一个任务，让它能承载语文、数学等多学科知识，我不分白天黑夜地干，这么说吧，晚上 12 点以前没睡过觉。"他感觉从头到脚涌动着力量。

盛金柱最深的感受是："我们对学科教学的理解不一样了。过去教知识，我们只是从知识结构入手，生搬硬套。那时我们会问：学生为什么不会写作文？他们吭哧吭哧写出来的作文干巴巴的。现在我们进行逆向教学设计，先明确学习目标，然后给资源、工具、脚手架，让学生自己去学、自己去悟。这下，学生写出来的文章真的不一样了。"

"自学校被十一学校一分校接管后，我才知道教育还可以是另外一个样子，还可以有另外的方式。我们找到了落实国家课程标准的途径和方法，找到了教育的本真。教育本来就应该是这样的，这样做教育很幸福。"

这些乡村教师特别可爱，特别值得尊重，他们身上满满的都是希望、理想、爱与奉献。

8. 校园里的能工巧匠

韩建鹏老师是学校外聘的木工坊指导老师。他曾当过兵，性格直爽开朗，待人热情。退伍回乡后他办起了木器加工厂，后来关闭工厂，开始养鸡、养鸭、养鹅、养鱼、养猪，种花、种菜、种玉米……。他在种植、养殖方面有丰富的经验，于是便把这些经验直接搬到课堂上。

韩建鹏家门口立着一个粗木桩子，上面挂着一块牌子——"怀柔九渡河小学创造工厂（工坊）课外活动基地"。不大的院子四周种着银杏树、山楂树、梨树等，院子里种着玉米，玉米秆上爬着架豆、南瓜，旁边种着白菜、萝卜、紫苏、辣椒，还有玫瑰、吊兰等。

"你怎么会去学校当老师呢？"原来，韩建鹏从微信上看到了学校的招聘广告，他的第一反应是："不可能，学校就没有教这些的。"可又觉得这件事挺吸引人，便打电话确认，得到的答复是"这是真的"。于是，他立刻报了名。

"你会什么？"负责招聘的老师问。"木工。"韩建鹏回答。很快，他接到通知，去学校试课。他给20多位同学讲木头为什么会开裂、木头的质地等。40分钟的课结束时，他赢得了阵阵掌声，学校决定聘任他为木工坊老师。

一天，于海龙问韩建鹏："听说你家还养了鸡、鸭、鹅什么的。"韩建鹏笑了："是啊，我家养了15种动物，种了20多种菜……。"于海龙说："那种植养殖课也由你负责吧。""那敢情好！"韩建鹏爽快地答应了。

2022年临近春节，龙猫要生了，韩建鹏守在一旁帮助消毒。校长室的灯还亮着，他心里感到特别踏实，也特别温暖。有了被重视的感觉，他的劲头可足了，每天从家到学校两点一线的生活成为常态。他告诉我："我喜欢和孩子们在一起。和学校老师以及从外面请来的高校专业教师一起备课、讨论，让我有了许多新发现、学到了许多新知识，接触的人也不一样了。"

"你能举个例子吗？"我说。

"我每天都在学习新东西，比如学习养殖知识，包括动物的繁殖，现在龙猫也会养了。十一学校生物教师朱婉婉告诉我，养鱼的水可以放进养鸭子的水塘里循环利用。我深受启发，回家便尝试，结果鱼养得好，鸭子也养得好。"

自从进了九渡河小学的大门，韩建鹏发现自己"看见的东西不一样了，有了一双发现的眼睛，发现农村处处是宝"。寒冷的冬天，山区修理河道凿冰时，他发现河里有一种鱼——柳根鱼，细细的，7厘米左右长，可营养价值很高，非常珍贵，于是立刻尝试养起来，结果供不应求。

韩建鹏说："我打算结合本地条件养鹿，养娃娃鱼、金鱼、乌龟等，将学到的知识辐射到乡村，带动乡村经济发展。"

这让我再次看到这一办学模式的意义：学校融入乡村，以教育为纽带带动乡村发展，乡村以各种手艺反哺教育，二者互相滋养。

唤起山区学校的办学活力

2021年4月的一天，我来到不老屯中学。学校位于密云区北部山区不老屯镇主街道，不老屯镇是一座千年古镇，位于密云水库北岸。校园里盛开着紫丁香。然而，在这座开满鲜花的校园里，学生并不快乐。

学校建于1962年，目前是不老屯镇唯一的一所初中学校。随着城镇化的发展，越来越多的人离开了不老屯，学校生源一减再减，学生已不足200人。

"这里最多时曾有1800多名学生，现在早已没有了往昔的热闹。教师的工作热情也渐渐消退，他们几乎都住在城里，每天往返100多公里，守着留下来的学生。学校难以发展，又不能关闭，为留下的学生服务，成为学校存在的理由与现实选择。"刚一见面，校长李子臣便向我道苦衷。

农村人口向城市流动，农村学校生源急剧减少，能离开的都选择离开了，留下的多为贫弱家庭的孩子。家长收入低、受教育程度低，教育子女的能力弱。不老屯这座千年古镇的振兴之路在哪里？很显然，精神贫困已成为制约其振兴的主要因素。当前，文化振兴、教育振兴、人才振兴应是重中之重。

1. 领航班来了

不老屯中学的转型经历，缘于校长李子臣的学习经历。

李子臣是怀柔人，在那里读完初中，考入密云二中，1998年从首都师范大学毕业后回到汤河口中学做老师，2001年被调到密云一中。那时他每天上7节课，每周35节课。班额大，每个班近60人，7个班400多名学生，每天 400 多本作业，高高摞起像座小山，他只能站着批改作业："一心想把学生教好，竟然没觉得有多累。"

2012 年，李子臣走上教育管理岗位，2014 年，他来到不老屯中学担任校长。从当校长的那天起，他就想着如何建立一个公平竞争的环境，通过科学的管理方式调动教师的积极性。

为寻找学校内部的发展动力，2015 年，李子臣去新加坡考察。那里学校的奖励机制给了他很大的触动，尤其是表现性评估，将一线教师的教学、教案、作业批改情况等量化，根据量化结果对教师进行评价。他很想借鉴，因为数据最有说服力，但做方案时发现了问题，这样只能将教师的一些显性行为表现进行量化，数据并不能反映教师工作的全部。"精确记录教师的表现很不现实，教师在工作中的付出、对业务的钻研，尤其是智慧、爱心、工作热情、奉献精神等，完全无法量化统计。数据只能解决表面问题，靠它激发人的动力不行。"李子臣感到很沮丧。

2017 年 12 月初，李子臣去加拿大考察，看到学生选课走班、自主管理，每个人都有自己的目标和规划，这样的生活状态深深触动了他。"这是教育应该有的样子。这样的教育产生的力量是不一样的，是内动力，而我们是靠外力。"他期待做这样的教育，让学生有内动力、有追求、热爱生活、阳光自信。

2019 年 10 月，李子臣在一次学习时，被十一学校办学理念深深打动：他们通过过程性评价和诊断、职称评定、双向聘任、绩效考核、学术积分、项目管理，建立起动力系统，点燃教师的工作热情。他好像看到了未来学校的样子，萌生了按照十一学校办学理念做教育的想法。

一天，他在十一学校听完课，李希贵送给他一本书，对他说："回头我去你们学校看看。"

2020 年 12 月 23 日，李希贵来到不老屯中学，下午 4 点去了密云区政府，当天晚上定下不老屯中学与十一学校合作办学的事项。接下来，各项准备工作紧锣密鼓地开展起来。2021 年 3 月 4 日，密云区政府确定不老屯中学为密云区综合改革实验学校，与十一学校开展战略合作，与北京第一实验学校"手拉手"。

此时，李希贵带领的领航班已经开展了两年多的学习、研讨和参访，学员们对学校转型的理论已经有了初步了解。参与一场实战，不仅可以加深他们对理论的理解，还可以强化他们的实践能力。于是，领航班的学习转移到了不老屯中学。

2021年春天，领航班学员走进不老屯中学，他们的到来打破了这里的沉寂，带来了前所未有的蓬勃朝气与活力。

根据学校转型的关键要素，领航班成立了8个项目组，学员们被分配到各项目组中，主要任务是与不老屯中学教师一起确立学校愿景、使命、核心价值观，初步构建以学生成长为中心的组织结构和治理体系，确定教职工双向聘任实施方案，确定薪酬、荣誉与福利体系，研制学校课程体系和资源配置，形成进一步提升教学质量的策略，构建学生成长动力系统。

李子臣面向全校教职工做了启动变革的报告，领航班学员很快进入角色，在真实情境中实践学校转型的理论。

2. 一场决定性的改变

对领航班学员来说，来到不老屯中学，意味着学习不再停留于理论层面，还要付诸行动。

讨论开始后，会议室里就像炸了锅。同一项目组的学员围坐在一起，七嘴八舌地讨论开来。

我想听听领航班学员们的心声。

"工作20年，我参加过不少培训，但从未经历过这样的学习。"来自广东深圳的赵盟很激动，"我们太需要进行一场有利于学生的真正的变革。"

北京学员张玉平说："我也从未经历过这样的学习，不断发现问题、解决问题，越弄问题越多。有时我十分焦虑，但从中我明白了一个道理：工作中我们一定不要怕出问题，出问题后不要回避，要通过改革解决问题。这是对我的价值观最大的冲击。"

张玉平有点儿激动："解决问题时我们可以把视野放宽一点儿，把问题放到一个更大的时空背景下去看，既要有顶天的思考，又要有落地的措施。而且，学校对教师和学生要包容，要发现他们的优点并使其发扬光大，让他们用自己的光去照亮自己，抑制人性的阴暗面。这比整治缺点、弥补短板价值更大，这是一种成长型思维。"

"我有一种顶天立地的感觉，一批教育工作者在做一件十分有意义的事。"北京学员胥庆感到很自豪。

北京学员李树新说："思维开阔了许多。为教师解决后顾之忧，其实，我们可以做很多事，比如将工作餐由份饭改为自助餐，将办公电话由公用改为分机，给每位教师配备电脑，总务处发书由个人领取改为送到教师手中。如果从教师的角度考虑问题，教师的感觉就会好很多。积极性不是管出来的。"

北京学员孙义国说："我对教育有了更深的理解，教育不是上好课、传授好知识、把学生管好就行了。"孙义国发现了许多不对劲的地方，第一次对自己产生了深刻的怀疑。

"我以前做的不是教育，无论付出多少，终究没有落到育人上。"领航班的学习引发了孙义国的持续反思，有些问题甚至是他以前从未思考过的。

"你不是做得挺好吗？不然学校也不会让你来这里学习呀！"我说。

"哪好啊？细想想，日子都快过不下去了！"孙义国有了深深的危机感。

在学习过程中，来自浙江宁波的黄荣生一直在寻找解决学校办学困境的办法。"这是我们期待的教育，但要走到这里，我们还需要做很多工作。"

"组织结构变革，对激励教师的教学积极性至关重要，下一步我们学校要借鉴这一做法。课程体系整体设计，顶天立地，国家课程校本化，这给了我很大的启发，今后我们要朝这个方向走，这是毫无疑问的。"黄荣生信心十足地说。

北京学员刘晓鸥被这种研究氛围深深感染。"我们只有48小时，方案必须完成，真烧脑！一群有教育理想与情怀的人聚在一起做事，每个人都富有热情，都全身心投入。"

北京学员赵宏伟对学校治理方式有了更深的理解："平生第一次这样做事，对如何领导一场学校变革有了切身体会。过去我总考虑当下，眼里都是一件件具体的事，没有从长远去看。这次实战对我触动很大，我对如何做好发展规划思路更清晰了，知道了如何把握重点、如何抓住关键要素。"

北京学员熊永昌说："直面办学中存在的现实问题、真实问题，发挥每个人的创造性，在真实情境和复杂环境中，在各种制约条件下，找到解决问题的方案，这种高难度的挑战，是当下校长培训中必不可少的。这让我们明白，学校治理要有系统性思考、体系化设计。"

帮助不老屯中学进行转型，领航班学员起了关键作用。

3. 激活教师的内生动力

什么是育人模式变革？李希贵描述得很清楚："它由三个体系支撑起来，一个是以学生为中心的治理体系，确保激活每一位教师的内生动力；一个是以成长为核心的课程体系，给每一名学生装上学习的发动机；还有一个是以核心价值观为基础的战略管理体系，让学校拥有持续优质的能力。"

根据 30 多所十一学校盟校的改革经验，育人模式变革有一整套科学方案可以遵循：战略与核心价值观，组织结构和治理体系，薪酬、荣誉与福利体系，人事制度和聘任机制，课程体系和资源配置，学生成长动力系统，进一步提升教学质量策略。这七个方面构成了变革全局，它们相互作用，缺一不可。

不老屯中学有 47 位教职工，有一位校长、一位副校长，还有教导处、德育处、总务处、办公室等职能处室，他们的工作重心是按照程序上传下达、请示汇报。这种组织结构层级多、交叉多，重复管理，效率低下，导致投入教育教学一线的力量明显不足。老师们有多少精力能用在学生身上？

改革从何入手呢？李希贵对李子臣说："学校不能仅仅搞教学或者课程改革，要做就做一场育人模式变革，在育人模式上发力，进行系统性变革，这样才能从根本上实现我们的教育目标。"

要变革，就必然会伤筋动骨，因为避重就轻、小打小闹解决不了问题。然而，李子臣下了决心。他敢啃硬骨头的勇气来自哪里？"一切为了学生的发展，这是最理直气壮的理由，也是最能凝聚人心的价值观。"他说。

任何一场改革都是一次触及灵魂和利益的艰难博弈，这里的教师对此体会尤为深刻。

学校战略高层由党支部、校务委员会、教代会、学术委员会、家长委员会等组成，对学校各类重大事项做决策。原来的办公室与总务处合并成校务处，原来的德育处、教导处合并成教务处，他们的管理职能转变为服务职能，接受教师的评价与监督。

初中三个年级为教育教学一线的核心，是学校的价值中心；教务处、校务处两个处室服务于三个年级；副校长兼任年级主任，管理年级的人、财、物和教育教学工作；年级主任以校务委员的身份参加校务委员会，形成以教育教学一线为中心的治理结构。

4. 对话校长

2022 年 9 月，我再次来到不老屯中学。

以往，每天早上到学校后，李子臣总是先在校园里转一转，四处看一看，对学校里的大事小事尽量想得周到细致，以免出什么差错。这是他多年来的习惯做法。如今，他在哪里？又在做什么呢？

"相当一部分人的积极性被调动起来了，过去无论多小的事他们都找校长，现在这种情况明显减少了。"李子臣兴奋地谈起学校的变化，"在金字塔式管理结构下，最高决策和指令来自塔尖，一些简单的事情，经过中间几个层级的传达，常常就变得比较复杂。特别是一些紧迫的事情，经过层层审批传达到具有决策权的领导手中再传回来时，老师们早已精疲力竭。"

"如何实现快速响应一线师生的需求?"

"我们的主要做法是,构建扁平化组织结构,减少中间层级,缩短信息沟通通道。我们将权力分散至对工作具体负责的单位,赋予年级较大的权力,包括在合适的范围内自由支配预算的权力。"

"这样做最终改变的是什么?"

"改变了以往发号施令、指挥、控制、上传下达的垂直领导关系,形成了组织和个人、整体和局部的服务与被服务、支持与被支持的关系。这一全新的关系,使组织变得既有统一目标又有创造活力,既紧密又富有弹性,既科学又灵动且充满柔性,为全员育人提供了坚实的组织保障。"李子臣笑了。

"变革后,教师的关注点发生了转移,他们开始聚焦学生成长,关注学生的生存环境、成长状态、个人感受、学习过程等,是这样吗?"我问。

"是的。人还是这些人,事还是这些事,在采用不同的方式把人重新组织起来后,人变得不一样了,人与人之间的关系变了,工作方式也变了,将学生摆在了第一位。"

"你认为引发这一变化的关键是什么?"我继续问。

"关键在于动员、改造学校的管理层,变革教育的领导力量,也就是说,要让管理层从管理转向为学生发展服务。我们靠什么实现这种转变?靠全体教师,动员一切力量,自下而上,解放人,唤醒人。这是极高明的设计。"

"你认为要实现学校转型,还需要具备什么?"

"一所所十一学校盟校的嫁接之路,让我们清楚地看到,嫁接不仅需要适宜的土壤、环境,还需要策略、工具和方法。"李子臣深有感触地说。

"从目前的情况看,新的组织结构已经形成,未来,它会沿着特定的轨迹和逻辑继续演变和发展,是吗?"

"是的。"李子臣说,"我们还有很多事要做,我们要做大量工作以缩小现实情况与学校核心价值观之间的差距。如果我们能唤起大部分教师的激情，他们就会带动其他人共同前进。如果大家能坚守这些价值观并为追求教育目标而努力奋斗，学校的未来就一定会很美好。"

5. 教师获得了很大的成就感

学校推行的核心价值观已点燃了教职工心中的激情与希望。

王洪艳老师说不清楚究竟是什么使自己悄悄起了变化，现在她觉得教书挺幸福、挺有价值的，曾经消失的激情又重新回到了她身上。

新的学期开始了。忙了整整一个暑假，王洪艳仍然觉得好多事没有完全准备好。这学期，她是初二年级主任，要操心的事多了不少，好多事得自己拿主意。以前，无论大事小事，她都找教导处，找教学副校长；现在，年级规划、课程实施、质量监测等都得自己掂量着做。虽然很累，且有很多阵痛，但她很高兴。"改革推着我往前走，数学能分层教学多好啊！这对学生是有益的，学生很高兴，学习热情被激发出来了。"

王洪艳从小在密云水库边长大。1994 年，她从密云师范学校毕业后来到不老屯中学。

每天早上 5 点 50 分校车从密云城区发车，5 点 30 分王洪艳就得起床，洗把脸就出门。她一直都是靠闹铃叫醒的，铃声一响，她就被惊醒，脑子常是蒙的，没睡过踏实觉。

冬天的早上，寒风刺骨，满天都是星星，清冷的街上一个人也没有，晚上回家时天已经黑了，每天披星戴月，无论刮风下雨，从未耽误过。

"我经常饿得前胸贴后背，上完两个班的课才能吃早点。"她无数次在心里默念："再教三轮就退休了。"

然而现在，她却像换了一个人。

"我们特别感谢学校当下这样一种管理体制，再也没有那么多领导对你指手画脚了，再也没人查你是否备课、是否在岗了，再也不用今天交这个计划、明天交那个心得了。曾几何时，我们面对教导处、德育处、总务处的各种检查、各种任务，就像低眉顺眼的小媳妇，时时准备解释。如今，这些部门成了真正意义上的服务部门，作为教师，我们体验到了前所未有的被尊重、被重视的感觉。当一个人不再是被监督者而成为主人的时候，他所做的一切就不再是应对，不再是为了别人，而是出于一种责任、一种自觉。这时，他才是真正的教育者。"

"曾经，教导主任理直气壮地开大会、发文件、检查、评比……；现在呢，他完全没有指挥一线教师的权力，而且要放低姿态，主动询问老师们有什么需求，为他们提供服务，还要被监督。天哪！工作方式发生了180度大转弯！"

聂雅男老师负责教务处工作，她抱着一沓表格说："现在我就是一线教师的'服务员'。"教务、德育、学籍、印刷、报表、社团……，改革后大大小小十余项任务都划归教务处，确实压力很大。"一边做一边学呗，还有好几位教师兼职帮我呢！"

何保庆老师教初三化学，曾经他干劲十足，但长期单调、重复、枯燥的教学使他渐渐失去了工作热情。"对将来没什么打算，也没什么想法，就这样了。"他说出了学校变革前自己的感受。

何保庆多才多艺，十分内秀。他从小喜欢在石头上雕刻东西，喜欢弹吉他，在学生眼里他是个"有吸引力的老师"。"我把吉他放到教室里行不行？"一天，他问校长。校长爽快地答应了。第二天放学时，他在教室里弹起吉他，吸引了不少学生。后来，他带了两个社团，一个教玉石雕刻，一个教吉他。

很显然，现在工作量大了不少。"我过去中午可以睡一会儿，现在全部在陪学生，老有学生找我玩儿，他们愿意和我待一会儿。有的学生会秀自己刚刚学的那点儿东西，比如一个学生喜欢说书唱戏，我就给他表演的机会。我们不能只盯着成绩，要激发学生学习的内驱力。这里的学生特别需要陪伴、需要关注。有时候一两句话就把他们感动得不得了……。这时，我就很有成就感，觉得自己特别有价值。"何保庆的神情专注而谦虚。

他拿着一个小本子，说："这是我下一步的计划，都是我内心想做的。我准备把我喜欢的都拿出来和学生分享，把想做的都做了。孩子们高兴了，我就心满意足了。"他表现出了年轻人的干劲与活力。

最后何保庆说："只要你循着学生的需求，就能找到办法。所有办法都是在这块土壤里自然生长出来的。发现一个需求，然后进行变革，以满足这一需求，这样，变革就成了很自然的事情。这是十一学校与其他学校最根本的不同之处。"我惊讶于他敏锐的观察力。

徐云云老师是土生土长的不老屯人。2016 年，她怀着朴素的情怀回到家乡，在不老屯中学教英语。除了教学，她将更多时间用来陪伴学生："我好像有一种天然的责任感，因为这里是我的家乡。"

过去徐云云最苦恼的是学生的成绩上不去，"付出不见回报，失落感很强"。如今，学科活动、口语之星评选、海报展示等开展起来，学生的积极性被调动起来，他们变得阳光自信。英语分层教学效果明显，课堂教学发生了很大变化，学生的成绩呈现上升趋势。

徐云云说，学校每个部门都有微信工作群，比如行动纲要讨论群、课程工作小组、游戏化思维工作室、学生学习路径探究工作室等，这些是大家自发组建或由专人牵头组建的各种工作小组，老师们在群里不断地讨论、探究，快速成长。有些老师周末会主动来学校加班，教务处学生中心的老师每周日都会到学校讨论下周的工作。这些都是老师们自发做的。

6. 学生的全新感受

短短半年，学校里的一切都已改变。

2021 年 9 月 1 日开学，刘艺靓同学走进宿舍后惊喜地发现，宿舍变得宽敞、明亮了。新的木质双层床古典雅致、结实耐用，床边还有摆放书籍和饰品的架子。更让她感到惊喜的是每个同学都有一个密码储物柜、一张书桌。暖心的不止这些，宿舍里还安装了空调。

"我早就想找个机会'吐槽'一下了。"马岩同学急切地表达他的心情，"每天中午到何老师那里听会儿吉他，感觉很放松。学校变了，感觉哪儿都挺新奇的，哪儿都想逛逛。我特别喜欢现在的学科教室，教室里每一个角落的布置都与我们的学习生活息息相关，丰富的学科书籍和工具可以帮助我们学习，在墙上张贴我们的作品、作业表彰了我们的点滴进步和成长。老师也在这里办公，让我感觉很温暖。"

课程的丰富性、选择性、与学生生活的关联性，是学校多彩学习生活的真实写照。开学后，杨振邦同学拿到了一张密密麻麻的课表，仔细一看，激动得跳起来："哇，这么多课，竟然还有摄影、书法、吉他、合唱、轮滑、飞盘、旱地冰球、独轮车……"这在以前想都不敢想，他毫不犹豫地选了钢琴和书法。"另外，学校的伙食太好了！"杨振邦感到自己很幸运。

数学分层教学让刘铭旭同学感觉太好了："每个同学都能被老师注意到，解方程我解不出来时，老师会走到我身边，教我方法、步骤，我听得懂了，数学学习再也不吃力了。现在我每天都非常高兴，每天都特别愿意来学校。"

教育是面向人的工作，教育的起点是人，终点还是人。然而，如何真的为人而教？我们究竟该做什么？

不老屯中学的探索弥足珍贵，它告诉我们，教育是可以改变的。

不老屯中学也许很渺小，微不足道。然而，它在转型路上的每一份痛苦与挣扎，都是极为宝贵的财富，它为中国乡村教育的振兴提供了生动的样本。

未来的尺度

2021年12月1日，我与参加盟校互学共研的校长们一起再次走进北京亦庄实验中学。

教学楼大厅东侧是琳琅满目的学生作品长廊，大家驻足欣赏，不时小声议论着：

"这所学校每一天都是新的。"

"这所学校无时无刻不在发生变化，每一天、每一刻都在生长。"

"它的生长性让人震惊。"

"十一学校的基因太强大。"

"我们学校全面嫁接、移植十一学校育人模式，基因和十一学校一样。"上任一年多的徐友礼校长说。

亦庄实验中学是一所按照十一学校办学理念建设的学校，从2017年开始招生，经过三年，学校就实现了良性运转，以优异的办学成绩赢得了社会赞许。

2020年5月21日，我和这里的首任校长李长青在校园里边走边聊。校园里特别安静，和其他学校明显不一样。"为什么？"我问李长青。

"这得益于建筑设计的用心，教学楼的外墙全部是吸音墙，很好地起到了消音作用。"李长青说。

穿过一片竹林，我们来到下沉广场。"你看，晚上在这里仰头可以看到满天星光。在这里举办活动，学生特别喜欢，就像我们小时候在露天广场看电影，比在电影院里有感觉吧。"李长青笑着说。

校园里种了一排排黄栌，还有杏树、珍珠梅、紫丁香、元宝枫……。李长青指着2016年春天和老师们一起种下的银杏树，越说越欢喜。

校园里每一个角落都有教育价值。

1. 深层变革

"学校是如何想到从标准化入手进行深入变革的？"我开门见山。

"有了扁平化的组织结构，还要有标准化。"李长青的语气十分肯定，"影响教育质量的因素多样复杂，既有人的因素，也有物的因素；既有组织内部的因素，也有组织外部的因素。我们仅仅依靠一种管理方法是不够的。"

"如何保证教育不走样，使其'非常理想，特别现实'？学校实行分布式领导，部门多，人员分散，工作灵活性大，如何做才能既保证组织目标的实现，又保障各部门的灵活性与创新性？我们需要一个工具，使学校的使命、愿景、战略、目标、关键结果与具体任务一致。于是我们引进了OKR目标管理法，即目标与关键结果法，它是连接理想与现实的桥梁。"李长青进一步强调。

"标准化很重要吗？它是必需的吗？"

"标准化建设是促进教育质量提升的策略和方法，也是我们面向未来的一种选择。学校治理体系标准化的建构和实施，是学校治理体系与治理能力走向现代化的过程，是服务于立德树人这一中心工作的重要保障。比如，我们要求学生学会自我管理、自主管理，而没有给他们提供工具，他们怎么做到呢？目标管理既是一种工具，也是一种思维方式。"李长青强调。

"你们有哪些经验？"

"现代学校治理体系是以标准化为基础的，是从个别思维到共同思维的转变、从无序到有序的转变、从随意性到规律性的转变。学校标准化建设是一项系统工程。学校标准化体系的构建应从多个维度入手，兼顾办学条件、队伍建设、教育教学、学校管理等。学校要设置合适的目标，让师生自带标准、自带动力，主动运转。"

"我们从标准化入手，在保障学生平等权益、促进学生全面发展、引领教师专业进步、提升教育教学水平、营造和谐美丽环境、建设现代学校制度六个方面，制定、发布和实践共同的可以重复使用的标准与规则，以获得最佳办学效益。"在李长青看来，这是学校近两年最重要的一项改革。

"请谈谈你们的具体做法。"

"我们以标准制定为核心，强化全体教职工的标准意识，从框架到细节，从整体到局部，全员参与。各部门和年级明确目标要求，厘清职责边界，编制工作手册。例如，教导处负责教务、德育和支持部门的工作，涉及十个方面，相应地，编制出十个工作手册：教务工作手册、排课工作手册、学业成绩管理工作手册、课程办工作手册、团委工作手册、学生中心工作手册、信息中心工作手册、图书馆工作手册、医务室工作手册、学生生活学院手册。"

李长青指着桌上的一摞资料说，到2018年11月，学校初步完成了《亦庄实验中学校务标准化手册》《亦庄实验中学教务标准化手册》《亦庄实验中学总务标准化手册》《亦庄实验中学学生公寓标准化手册》《亦庄实验中学信息化标准化手册》等的编制。

"我们的标准化体系分为三级：第一级针对学校，第二级针对年级和主管部门，第三级针对学科和分布式领导岗位。第一级是在校务委员会的统筹下，以学生的成长需求为中心，构建了年级、职能部门和技术支持部门的标准化体系。第二级是在主管部门和年级的统筹下构建的。第三级是各学科和各分布式领导岗位的工作标准。在标准化建设下，学校宏观调控、合理授权、明确权责，保证纵向的上下级和横向的各子系统、各岗位之间协调一致，并对各岗位进行监督，及时纠偏，以确保学校管理系统的标准化运行。"李长青详细介绍道。

最后，李长青特别强调："整个系统强调自主运行、协调一致。全校教职工360度聚焦'一切工作为了学生发展'，确保学校目标落地。"

2. 指向靶心

学校的每一个标准和流程都指向靶心，靶心就是"学生成长"：在学校层面，突出了以人为本的现代管理理念，"尽一切可能关注人的需求"成为学校管理工作的精髓；在教师层面，以学生为关注焦点，了解学生当前和未来的需求，有针对性地帮助学生，满足学生的需求，使教师的行为更加科学；在学生层面，最终引导学生自己管理自己，助推学生成长。

"OKR 目标管理法很专业、很科学，我们只做了一点点，就发现与以往大不一样。现在做什么、什么时候做、在什么地点做、谁来做、怎样做等都有标准可依。"学生中心的徐星星老师兴奋地说。

"请详细谈一谈。"我说。

"学校成立了若干个学生成长责任中心，各学科教师组成团队，帮助学生进行自我规划、自我管理、自我评价，寻找自己的成长路径和每个阶段的生长点，使学生的目标更加清晰。"

"目前进展如何？"我问。

"点上有突破，比如对需要帮助的学生重点关注，坚持目标导向、问题导向、结果导向。学生在不同的阶段有不同的生长点，我们瞄准每个阶段要解决的主要问题发力。老师们建立了工作群，随时交流沟通。大家过去各自为战，头痛医头，脚痛医脚；现在以目标为导向，整合各方力量，持续跟踪解决问题。"徐星星打开手机给我看。

"这样做的确好，但你们靠什么整合各方力量呢？"我提出了心中的疑问。

"每位教师都有一份任务清单，上面有本周计划完成的关键任务和期望结果，例如何时做何事，要达成什么结果（数据、程度、状态），具体清晰，一目了然。结果要有价值，可衡量。"

徐星星递给我一摞学生成长记录单，她指着其中一页说："每个学生都有成长记录，上面有我们需要观察的内容。"

"内容确定了，如何观察，又如何记录呢？"我知道这个工作很难。

"每一项都由观察点和描述组成。观察点又包括十项内容，我们根据这些内容对学生进行观察，然后将观察结果记录下来，并据此对学生的相关表现进行描述。"

王菁菁老师热情开朗，工作积极性高，非常有活力。

"你在忙什么？"我问她。

"刚刚上完复习课。"她回答。

"2016年冬天，我到十一学校跟着当时的团委书记赵华学习，收获特别大，可以说是满载而归。"王菁菁笑着说。

"回到学校后你是怎么做的呢？"

"每年我们以中国人民抗日战争胜利纪念日、国际和平日、国际减轻自然灾害日、'一二·九'运动纪念日、植树节、学雷锋纪念日、中国航天日、世界读书日、中国消防宣传日等为主题举行升旗仪式。"她翻着一叠表格说，"我们正在研究升旗仪式标准化流程，包括方案、时间、地点、形式、注意事项、场地安排、入场与退场顺序等，做得非常细致。"

"那一定很有意思。"

"实践一段时间后，我们发现了问题。"

"什么问题？"我追问。

"主要是初中、高中学生年龄差异大，知识层次和兴趣点不同，升旗仪式形式单一，学生被动接受，参与度不高。另外，受不良天气影响，室外升旗常常受限。"

"如何改进呢？"我再问。

"我们对升旗仪式进行任务分解，每学期除四次全校性集体升旗外，其他时间由各年级自主组织。这样一来，升旗仪式就成为培养学生策划、组织、演讲、协作能力的平台，成为学生喜爱和期待的校园活动，有利于培养学生自主管理、自主服务的意识和能力。团委不再是组织者、命令者、安排者，而是为各年级提供服务。"

他们善于发现问题，并由问题引发思考，然后积极解决问题。通过这种方式，他们开启了改变现状的大门。

3. 关注细节

他们的标准化手册有一个特点，目标很清晰、很短，但分量很重，与学校的使命相关联。

不仅如此，他们还对目标和关键结果进行了分解。

例如，目标是"落实基于标准的学习，帮助学生认识和完善自己的学习路径"。相应的关键结果如下。

关键结果 1：60% 的学生了解自己的学习路径，并有所完善。

关键结果 2：各学科有 1—2 个实践成功的大单元教学案例。

关键结果 3：各部门为学生个性化成长提供支撑和服务。

关键结果 4：组织四场学习分享活动，全校每位教师至少参与一次。

学校每周将本周的目标和关键结果列成表格，使教师看起来一目了然。

李丽是年级主任，有 20 年工作经验。她告诉我："在借鉴十一学校做法的基础上，我们做了两件事，一是完成组织架构，明确各方职责；二是制订任务清单，减少会议数量，保证各部门顺畅运转。我们的任务清单明确了任务要求，如什么时间完成、按照什么样的流程完成、如何相互协作等，教师拿到清单一目了然。"

"学校目标与年级目标、各分布式领导的目标要对齐。"李丽举了一个例子，"比如，'提高学生的学习力'这一目标如何实现呢？首先，我们将这一目标分解到年级，就是激发学生的学习动力、培养学生的学习能力和学习毅力，然后，我们将年级目标分解到相关人员。"

金术超老师说："一个组织的运行，若仅依靠领导生拉硬拽，必然就会高耗低效。学校标准化体系构建并有效运行后，各部门、各岗位、各项目组就自带标准、自带动力，焕发出前所未有的活力，教师的积极性空前高涨，办学质量明显提高。"

"这样做是否简便易行？会不会增加老师们的工作量？"我提出了自己的疑问。

"并不会增加工作量。这样做既可以保证目标达成，又不缺少创新，还会使我们在繁杂的工作中，能够抓住主要矛盾和关键点，思路更加清晰。"金术超说。

总务主任张军说："标准化建设实现了基于标准的后勤保障和服务。我们首先完善财务制度、财务结算办法、固定资产管理规定、设备设施使用及管理制度、体育场地使用及管理办法等，明确工作职责；接下来完善工作流程，优化服务，比如利用现代化服务手段建立学校服务群。总务工作与其他部门的工作交叉多，应急服务多，原有的沟通方式已不适合，要考虑如何便于协作，减少沟通成本，有针对性地进行服务，变管理'物'为服务'人'，变'防火队员'为'勘察员'，变被动服务为主动服务。"

"标准化建设是厘清边界、尺度、标准、规则，从方案的制订与实施，到规则的制定与落实，再到流程的再造，每一步都是对学校文化的提炼和对教育价值观的统一。看上去比较复杂，实际上按照标准做，工作反而更简单了。一旦标准变成教师的行为规范，内化为可以传承的学校文化，工作就变得不一样了。"张军对此感受特别深。

4. 注重过程

"学校治理体系标准化是如何落地的？"我想知道答案。

校长助理常晟说："学校治理体系标准化是自下而上落地的。每个部门、每个岗位都会根据教育教学实际，针对岗位特点，对照岗位职责，对照各项标准查找问题，对工作流程进行梳理，在反馈中完善，在迭代中优化。"

"标准化建设是动态的、规范化的过程，一个非常突出的特点是强调过程的重要性，注重对过程的管理，强调工作过程中每个环节都符合预定的目标，并消除相关环节造成错误的因素。过程的优化必然会带来结果的优化。"常晟进一步强调。

"过程如何掌控？"我问。

"我们用流程图对各个环节进行直观描述，便于老师们理解。标准化体系是由若干相互关联、相互作用的环节构成的，每个环节既相对独立，又和其他环节相连，形成一个有机整体。"

老师们对此是如何理解的？他们的真实感受是什么？

他们说：

"质量改进是永无止境的旅程，是每一个组织永恒的追求、永恒的目标。"

"质量是一个组织各个活动环节和各个部门所有工作情况的综合反映，其中任何一个环节、任何一个人的工作情况都会不同程度地影响质量，因此，调动组织全体人员的积极性和创造性至关重要。"

"标准不是静止、孤立的概念，而是一个不断循环、螺旋式上升的动态概念。每完成一个循环，标准就会提高一个层次。"

"学校通过优化活动方案和工作流程实现目标管理，使烦琐复杂的工作有序高效运行；强调过程导向，立足管理经验总结，优化管理流程，提高工作效率。例如，晚自习项目组由五位教师组成，他们明确具体分工、岗位职责、工作标准和流程，从周一到周五，按照标准化流程轮流管理学生的晚自习，使其安静、有序、高效。"

……

在学校标准化体系下，借助学期工作时空坐标系、工作标准体系、标准化流程图和各类标准化工具，年级和部门有序开展工作，协同并进。

5. 关键结果

老师们常挂在嘴边的一句话是，"对于课程的实施、国家课程标准的落地，我们都坚持标准流程"。

吕璐老师毕业于清华大学，毕业时，她有很多选择，但她却毅然决然地来到中学当老师。"看到学生取得的成绩时，我越来越坚定地认为自己的选择是对的。"

吕璐说："技术学科依据学校'创造适合每一位学生发展的教育'的理念，制订3—5年发展目标与规划。然后，每位教师制订自己的课程和个人发展目标与规划，明确发展重点，厘清阶段目标，形成可以迭代的发展规划。目前，我们依据国家课程标准开设了机器人、编程、影视技术、服装设计、汽车设计、视觉传达和烹饪等 7 门课。我们先明确学科发展方向，再明确每一门课的教学路线，对齐学校育人目标，从而更好地实现学科育人。"

李娇老师兴奋地告诉我"地理课完全变了"，他们整合内容，提取大概念，围绕大概念进行大单元教学。比如"地球"单元，他们过去让学生看着地图学习，记住区域划分；现在则让学生分小组做地球模型，在实践中掌握七大洲、四大洋、经纬线、地球构造、区域划分等知识。学生用手电筒模拟太阳光，观察地球公转产生的地理现象，兴趣特别高。

姜川老师设计了用英语指路的任务，让学生根据图示运用方位词描述位置，说明路线；要求学生观察周围的环境，画出从宿舍出发去往各个学科教室，最后回到宿舍的完整路线图，图上要标注教室号、教室所在楼的名称；还要求学生灵活运用所学知识介绍物品所处的方位，进行路线指引，并且会使用疑问句询问物品在什么位置。

"这样的学习与以往有什么不一样呢？"我问。

"学生的学习积极性、主动性特别高，他们拿着自己设计的路线图，按照路线找到目的地，可高兴啦！"姜川兴奋地说。

"你们为什么敢于放手让学生去做？"我问。

"因为我们心中有标准，清楚课程标准的要求，并参考国内外优秀教学案例，深入研究了什么阶段学生应该达到什么能力，所以敢于放手。"姜川十分自信地回答。

物理老师景繁凡说："学校治理体系标准化给师生提供了发展机会，给每个人赋能，使每个人自带动力，校长的活力、教师的活力、学生的活力都被激发出来了。"

6. 没有休止符

"工作幸福感特别强。"孙浩老师笑盈盈地评价自己的工作。

"建校之初，我们就有了标准化理念，无论是前期校园建设还是后期使用维护，都按照相关标准，满足选课走班的教学需求。我们还逐步完善了各项制度、机制、工作流程等。随着时代的发展，标准在不断升级。"孙浩对自己的工作很满意。

"学校还加快信息化背景下的教育变革，推动教育管理模式和组织形式的变革与创新。"孙浩进一步介绍，"学校加强网络学习空间建设，并以此为纽带，贯通教学、评价、管理等核心教育环节，推动教育变革，构建人人可学、时时可学、处处可学的'互联网＋教育'新生态。"

"能具体说说吗？"

"我们设计开发了以学生为中心的未来教室和智能化实验室，加强学生的互动参与；构建了可以增强学生真实体验感的远程融合教学环境；打造了不受时间、空间限制的无界限学习空间，学生可以选择合适的方式和时间进行学习。"

"你们能够在多大程度上让这些做法真正发挥作用？"我问。

"我们实现了信息技术设备对学校日常工作的全覆盖，所有教育教学场景都支持在线生成，各种数据可以方便地进行伴随式采集。我们提升了教育信息化的应用价值，加强了数据的流动交互，将其应用在校园综合管理与服务、教学资源管理、教学实施、学生综合素养和学习水平动态评价等方面，推动学校治理体系现代化。"孙浩回答。

"未来，我们将从标准化走向个性化。"孙浩话锋一转，"建设云端实验中学，信息化与标准化是孪生兄弟，我们要筛选出最好的资源提供给学生，实现资源共享。"

"你们打算怎么做呢？"我追问。

"利用大数据，采集海量教育数据并进行汇总、分析和挖掘，使个性化教学成为可能。"

"我们围绕思想品德、学业成就、身心健康、艺术素养、社会实践五大指标，在一个个真实的教育场景中进行观察记录、综合分析，将大量日常行为的小数据汇集到学生成长大数据平台上，对学生进行客观、公正的诊断与评价，并据此调整教学。"孙浩十分自豪地说。

"如何让这一做法真正发挥作用呢？"我追问。

"教师可以通过对教学诊断情况的分析，反思教学行为，调整教学策略；学生可以依据学习数据记录和各类行为分析，建立自我认知，优化学习方式。"孙浩强调。

看来，以学生为中心的学校并非空中楼阁。十一学校盟校的研究提供了鼓舞人心的实践模式。

现任校长徐友礼告诉我，亦庄实验中学在持续探索育人模式，进一步创新课程建设。学校依托区域优势，与周边许多企业达成了战略合作，打破了学校和社区的界限，融通校内外学习资源，设计校企合作课程，邀请企业家到学校做讲座，开展职业考察和综合实践课程等，把学校建设成开放、融合的学习中心，开辟新时代、新学校人才培养的新路径。

筑一个好窝

秋日的一天，我来到北京亦庄实验小学。

1. 一个温暖的"鸟窝"

教学楼一层大厅有一片炫目的蓝色，这是美术课"草木染"学生作品展示。天花板上悬挂着学生做的五颜六色的扇子。这里色彩舒适、明丽，既是学生学习成果的展示场所，也是学校开展审美教育的场所。

"校园不应该是生硬、抽象、单调的存在，而应该是生动、活泼、温暖的精神家园。李希贵校长说过，孩子需要七彩阳光，他们喜欢不同的声音。如果想把学校办成学生向往的地方，就需要在丰富多彩和五颜六色上费点儿心思。"校长史丽英笑着说。

向左一拐，是一片很大的展区，这儿是用废纸箱搭建的"动物家园"，栩栩如生。学校附近有南海子公园，顾春春老师带着孩子们用废纸箱做了立体的"南海子全景"。墙角立着一根粗粗的树桩，旁边许多彩色的蝴蝶上下翻飞，柔和的灯光照在上面，美极了。孩子的审美能力不是教育出来的，而是浸润出来的。

楼道拐角处，立着一个玩偶，学生叫它"快乐小丑"。它身上挂满了各种有趣的东西，有些会吓你一跳，有些会让你哈哈大笑。其实，"快乐小丑"有一段并不快乐的故事。在跟随马戏团演出途中，他和伙伴们走散了。但在短暂的难过后，他振作起来，重拾快乐。他的故事告诉每一个人：快乐会让你有更多勇气去面对挫折！

教学楼五层东面，有一个大大的用树枝搭的鸟巢，周围挂着一群飞翔的小鸟。史丽英告诉了我它的寓意："学校就像一个大大的鸟窝，孩子们则像一只只小鸟一样飞过来，他们在这里生活，一天天长大……。他们把自己的愿望写下来，放在鸟巢里，毕业时再打开看一看自己的愿望是否实现了。"

在亦庄实验小学，每个楼层、每个廊道，都摆放着学生的作品，这些作品质朴、稚嫩、自然，洋溢着生命的气息。史丽英说："学校没有一件买来的装饰品，所有装饰品都是学生学习的成果，它们是学校使命、愿景、核心价值观的具体体现。"这里不像一所学校，更像一座博物馆、美术馆、展览馆。我的视觉被鲜艳的色彩强烈冲击着。

其实，校园中的一草一木、一花一叶都具有教育价值。

每天午饭后，孩子们可以全身心地享受一段快乐时光。上午刚学了"兔"字，中午孩子们就来到学校十二生肖喷水池，兴致勃勃地找兔子，很自然地和课堂学习产生了联结。

操场旁有一条沙道，史丽英说："这里是孩子们最喜欢来的地方。小孩子都喜欢玩沙子。这里原先是校内的一条马路，我们向下深挖一米，填入几百吨海沙，形成了一条一百米长、六米宽的沙道。这里成了沙的王国。沙道开放那天，简直像过节一样，孩子们玩得可开心了。"

利用这条沙道，学校开展了"沙子日"活动，孩子们唱沙娃娃的歌、跳沙娃娃的舞、建沙子城堡、做沙画、读有关沙子的绘本。这时，沙子不再是幼儿时期玩的沙子，而拥有了丰富的课程内涵和育人功能。史丽英指着前方说："围绕这条沙道，学校还开发了一系列课程，比如沙雕、沙画、沙道体育比赛……"

百米沙道旁边是轮滑场。"自从有了这个轮滑场，学校便诞生了第一支轮滑队，喜欢轮滑的孩子在这里实现了自己的梦想，全国花样滑冰锦标赛、北京市中小学生冬季运动会、国际轮滑节等体育赛事中都出现了亦庄实验小学学生的身影。2019 年 7 月，学校被教育部认定为'全国青少年校园冰雪运动特色学校'。"体育教师刘璐告诉我，除了轮滑队，学校还有 14 个体育社团，比如健美操社团、武术社团、足球社团、排球社团等，每位体育教师带 3—4 个社团，毕业时每个学生至少要掌握两项体育技能。

整个操场上都是孩子们的运动设施，如滑梯、攀爬架、足球网等。操场西边放着几个废旧的大轮胎，五颜六色的，孩子们在上面爬来爬去。史丽英说："我们组织过龙卷风跑、呼啦圈对对跳、传接球比赛、迎面接力比赛、篮球赛等丰富多彩的活动，学生的参与积极性和主动性都非常高。"

"每个孩子都能引起我的兴趣，我总想知道他们对什么感兴趣、有哪些疑惑、是如何学习的。"史丽英轻声说，"我常常听见生命毕毕剥剥地长个儿。"

史丽英认为，教育要顺应天性，尊重规律，尊重生命的节律，重视孩子情感的需要、心灵的渴望。对教育工作者来说，儿童观、学生观最重要。

2. 不一样的开学

新学年开学时，一群叽叽喳喳的"小鸟"飞进校园，他们充满好奇，非常兴奋，又忐忑不安。一年级的老师们拉着孩子们的小手，穿过长长的走廊，带他们去认识学校、班级，认识老师、同学，熟悉自己的座位，学习整理书包。

校园里，大同学牵着小同学的手，边走边提醒：

"弟弟，请不要触碰校园里的展品。"

"弟弟，上楼靠右行。来，我扶你。"

"妹妹，我们在走廊里要轻声慢行哟！"

"对新生而言，校园是一个新奇、新鲜的地方。只要适当加以引导，便可让他们对学校产生无限遐想，从而把学校变成他们心中充满乐趣、创意的乐园。"课程研究负责人王婷婷老师兴致勃勃地谈起自己的看法。

刚刚走进学校的一年级学生喜欢什么，想了解什么，最需要什么？如何让他们愉快地适应学校生活，爱上学校，不惧怕上学？老师们认为，他们最需要的是安全感、归属感。为此，老师们设计了"认识学校、认识班级、认识同伴"课程，同时，所有学科都围绕这一课程主题设计活动。

在"逛校园"活动中，老师带着学生从方位、空间开始了解学校，了解餐厅、洗手间、体育馆、美术教室、科学教室等，了解班级区域和功能，给班级起名字。

在"认识同伴"活动中，老师要求每个学生为"我的好朋友"画一张像，贴在楼道里。这项活动深受学生喜欢，满楼道都是他们为好朋友画的像，上面还有一句句充满童稚的话。

老师们还设计了"我在星河畅游"活动，让学生试着把自己想象成一条身姿灵活、色彩斑斓的快乐小鱼，和同伴一起在星河中自在畅游。学生用废纸板做小鱼，画上自己喜欢的图案，涂上颜色，拿到学校来。全年级500多名学生做了500多条小鱼，老师们把它们挂在天花板上，再在天花板上画上蓝色的波浪，500多条小鱼就自由自在地徜徉在星河中，有了集体归属感。

"如果校园是一条蜿蜒的星河，那么学生一定是在星河中畅游的小鱼。新生对校园或许存在许多不解、困惑甚至恐惧。我们生怕那些不必要的纪律与约束限制了他们无邪的天性与笑容。"在王婷婷看来，"学校教育价值观真正的内涵与气韵，就潜藏在这一刀一刻、一笔一画之中。"

在"你好，学校""温馨的教室""学校里有什么"活动中，老师们引导学生去观察、去聆听、去感受，并告诉爸爸妈妈自己在校园里的所见所闻、所思所想，然后和爸爸妈妈一起制作一个理想中的校园空间。最后，老师们把所有学生的作品放在一起，组成"空中校园"。

一个月后，学校迎来家长开放日。每个学生都是小导游，他们要用在语文、数学、英语、礼仪等课上学到的知识向家长介绍学校。他们画出学校简图，在上面写上"学校"一词，标出每一个场所的位置，并准备好相应的解说词，这些场所包括轮滑场、餐厅、科学教室、美术教室、音乐教室、小花园、大操场、阳光农场、廊道、照片墙、小剧场、图书馆，还有孩子们的许多"秘密基地"。

开放日那天，孩子们的表现让家长觉得非常惊喜。在活动中，学生的收获非常大。一名学生这样写道："我们分头行动，实地考察、采访，偷偷告诉你，我们还去办公室采访了老师和校长呢！他们都回答得很仔细。"

还有一名学生写道："我们班两位领路员拿着自己设计的邀请函，郑重地邀请父母和我们一起游览学校。我们班其他小朋友早已在各处就位，而我也早已等在阳光农场的入口，脑海中一遍又一遍地回顾解说词，心里盘算着他们到达的大致时间，真是又焦急又兴奋。"

一段时间后，学生对学校的新鲜感逐渐减弱，各种情绪出现了。于是，学校开展了"一个黑黑、黑黑的故事"探究活动，引导学生关注情绪，并学会如何调节情绪。为了帮助学生学会遵守规则，老师们通过一个声音游戏，让他们知道什么时候要安静、什么时候要小声说话、什么时候可以大声说话、什么时候可以大喊，教室里还张贴着分贝提示。

开学以来，学生在"逛校园"活动中探索神奇的校园，在"一个黑黑、黑黑的故事"活动中了解自己的情绪，在"认识同伴"活动中学会交朋友……。这些活动，给了学生们无数个爱上学校的理由。

3. 枝繁叶茂的课程

亦庄实验小学于 2013 年 9 月 1 日首次开学，一项打破传统学科壁垒的课程实验随之开启。

这里随处是课程、随时见课程，教师的课程意识发生了激变。这里的课程最明显的特征是与学生的生活紧密相连，它不再只涉及书本中的知识，还将发生在学生身边的事情包括进来，它是鲜活的、真实的、综合的、跨学科的……

2020 年夏末秋初的一天，史丽英给王婷婷发了一条微信："婷婷老师，看到消息马上回复，我有非常急的事情找你！"

"什么事情这么着急？今天可是周末呀！"王婷婷心里忐忑不安。

"学校里有七棵大银杏树因为病害死掉了，师傅们正打算把它们锯断拉走，我觉得你一定可以让它们有更好的去处。"史丽英又发去一条微信。

"好的，我去看看。"王婷婷一边回复一边拔腿朝学校跑去。

七棵被锯断的大树留下来了。

很快，它们成为课程资源。

美术老师曹婷婷设计了"纸的前世今生"课程。为了帮助学生了解纸的由来，她带着学生利用银杏树皮制作"捞毛纸"，让他们亲身感受造纸的复杂过程。"捞毛纸"的制作流程很复杂，有淋灰、熏蒸、洗灰、碾压、撞穰、化泡、沉淀、捞纸、压干、贴墙、晒纸、揭纸、点数、打捆等很多道工艺。学生制作了许多美丽的"捞毛纸"，并用它们装点校园。曹婷婷认为，这不仅是在造纸，也是在传承中华文化，她希望能有更多人来学习、传承这门技艺。这门课程让学生体会到每一张纸都来之不易，促使他们更合理地利用每一张纸、每一份资源，唤醒和培养了他们珍惜资源、爱护环境的意识。

"过去我们只盯着教学内容，现在则盯着人，研究如何使人获得发展。我们把社会热点新闻、生活中的大事小事引入课堂，使课堂变得立体而鲜活起来。"谈到学校课程的变化，王婷婷举了一个例子：一则新闻报道说南极的冰在融化，企鹅遇到了生存危机，正好低年级学生在上情绪课，于是教师设计了制作企鹅模型并运用颜色表达情绪的任务。学生们做了形态各异的企鹅，涂上各种颜色，用天真烂漫和丰富的想象力，让每一只企鹅变得色彩艳丽、动作可爱。他们还在楼道里布置了画展"南之极的悲鸣"，希望路过这里的人被这些艳丽、可爱的企鹅吸引，听到它们悲切的鸣叫。

中低年级是学习童话的最佳时期，童话的神奇、诗意、美好可以滋养幼小的心灵，为孩子们插上想象的翅膀。传统的童话学习以教为主，让学生读读写写，然后以阅读理解的方式进行测试，这种学习方式使童话学习变得枯燥乏味。

如何让学生喜欢上童话？三年级老师通过制作"盒子戏剧"，为学生开启了一段奇幻之旅。学习《格林童话》后，学生对里面的人物、故事、情节、场景都熟悉了，老师将他们分成不同的小组讲童话故事、为童话人物画像、根据情节设计角色。然后，学生在父母的帮助下将包装盒粘起来，搭建成剧场和舞台，并表演故事。

学习"发现春天"单元时，老师带领学生发现春天、感受春天、画出春天，在春天里做一件美丽的事。老师要求学生通过戏剧、音乐、美术等来表达对春天的感受。学生用自己的作品构建了一个令人惊叹的世界，这里有彩蝶翩然飞舞，有枯树焕然新生……

张淑霞老师告诉我，学校每天都有来访者，其中有校长、老师、教育管理者。教室的门一直开着，有的来访者一坐就是一天，所有课都是原生态的，有时来访者甚至加入课堂讨论。数学课上，师生把数学生活化、游戏化，研究数学知识的来历，将数学产生的过程展现出来。有的来访者十分惊讶："这是完全不一样的数学课！"

"课程进展到哪里，我们就让学生用自己喜欢的形式将其表达出来。"王婷婷介绍。楼道里到处是学生的作品，它们是课程的呈现，是课程的结果。楼道天花板上盘旋着一条巨大的飞龙，五颜六色，蜿蜒飞舞，很有气势。龙身全部是用油桶做的，学生把家里装食用油的塑料桶涂上颜色，带到学校，老师将它们连接起来，再做一个龙头，然后将龙挂在天花板上，再在天花板上画上波纹，场景很是壮观。每天路过这里，学生都会抬头看一看、数一数，找一找自己画的那一节。

种子、树叶、花草、泥巴、纸盒等都是学校的课程资源，师生都是课程的建设者、创造者。

没有对孩子的尊重与了解，何谈因材施教？认识孩子、相信孩子，才能为他们创造适合他们成长的环境与教育。

4. 让人心动的时刻

一天，美术课上，曹婷婷发给每个学生一张纸，让他们在纸上随便画。学生不敢下笔，有的都急哭了。曹婷婷鼓励他们："不要怕，尝试一下。"一节课下来，大多数学生都敢画了。"再后来，孩子们让我感到震惊！我画不过他们，他们太厉害了。他们的画有很强大的力量，有很深的意义。"曹婷婷被深深感动。

她渴望学生在美术课上能有触动心灵的创作，还能学点儿别的东西。

她认为："过于强调技能训练，会使学生面对白纸时变得胆怯，不敢落笔。上情绪课时，我鼓励学生扔掉橡皮，一个小姑娘画着画着就哭了，那情景特别打动人。"

进入美术教室，她的第一感觉是"要把墙拆掉"，学校很支持。她尝试用综合材料，用丰富的形式，培养学生的视觉艺术素养，学校也很支持。结果，"你好！五颜六色"活动带来了学生创造的、喷涌而出的美丽世界，他们在讲故事、绘画、游戏中了解不同的颜色，建立起对不同颜色的感觉，知道用不同的颜色可以表达不同的情绪，有了自己的审美体验。

如何让艺术走出教室，与生活发生联系？曹婷婷又有了新点子："通过草木染向学生传达色彩的奥秘，让学生体会合作的乐趣，激发学生对环境的思考。"在她的指导下，学生运用泼、洒、滴、染、扎、煮、泡等方法给布染色。学生在体验新的艺术形式时，既感到新鲜，又十分惊喜，他们知道了一块白色的布料最终会呈现出许多可能。不同的染料染出来的颜色不一样；即使染料相同，如果水和染料的比例不一样，染色时间不一样，染出来的颜色也不一样。最终的颜色就像谜底一样令人期待，这正是草木染最吸引人的地方。

"草木染课程的设计与实施，让我感受到课程的力量。一件草木染成品，经双手浸染，又在水中沉淀，最后在阳光下晒干固色。它有自然和时间的记忆，也有手作的独特韵味。初经水洗，它虽略有褪色，却正如岁月漂洗后那样，有一种宁静的、生活的味道。"曹婷婷深有感触地说。

"经历多次失败后，我终于做出了一件草木染成品。在这一过程中，我越来越喜欢草木染。你能想象吗？我简直就像学到了秘诀。当作品摆上架子时，我不禁感叹：'累！但很好看！'这是一次记忆深刻的探究，我很期待下一次的探究。"一个孩子说。

春天来了，曹婷婷在操场旁边的草坪上用竹竿搭了许多架子，晾晒孩子们染的布。风一吹，一块块花布飘起来，很美。

在这个复杂的快节奏时代，草木染就像一个另类的存在。

一天，一张海报《一只熊猫站在火山口呐喊》张贴在校园里显眼的位置，上面每一个细节都能让你感受到戏剧节是如此富有激情。戏剧节为孩子们打开了一个艺术世界，这个世界奇幻、斑斓，洋溢着激情与活力。

王建新老师是学戏剧表演的。"学校给了我创作的空间，儿童音乐剧将音乐、表演、舞蹈、美术、文学等集于一体，以歌舞表演的形式展示儿童的生活，贴近儿童的天性，深受孩子们喜爱。"

除了表演课本上学过的戏剧，他们还自编自演《音乐之声》《玩具王国》《改变自己》等剧目。一群为戏剧而疯狂的学生一直坚持对原创戏剧的探索，他们在老师的指导下自己创作、自己设计服装、自己排、自己演，戏剧已经成为他们生活的一部分。

"戏剧排演的一切工作，如剧本、演员、道具、服装、音乐、灯光、美术和宣传，全部由老师带着学生做。戏剧是综合艺术，戏剧排演是一种集体行为，学生在排演中互相帮助、密切协作。每一部戏剧的排练过程都是一次情感教育，都让学生对生活的感受更加深刻。"

学生说：

"我不仅学会了表演，还改变了许多，拾起了自信，拾起了对生活的热情。我在这里留下了足迹，我会永远铭记。"

"在这里收获的快乐远远超过我的想象。"

"在舞台上我找到了自己的领地，找到了快乐。"

"最有价值的是对现有资源的开掘——学生发现了多少，生成了多少，内化了多少。课程是动的，是变的，是活的。学生身穿草木染的服装演出戏剧、表演舞蹈，把他们对生活的热爱和理解表达出来。他们用报纸做各式各样的纸偶，在戏剧课上利用自己的肢体赋予纸偶新的生命和灵魂。说到底，课程是为人的成长服务的，在通往幸福的道路上，人才是主角。"王建新深有感触。

王建新向我描绘了一幅画面：每当演出时，剧场内水泄不通，连地板上都坐满了人。在两个多小时的演出过程中，紧张的剧情、扣人心弦的音乐、演员的真情投入深深吸引了在座的数百名观众，观众席上鸦雀无声，只有换景时，才会爆发出雷鸣般的掌声。

戏剧节持续半个月，幕起幕落间，呈现出多少生命成长的精彩！校园戏剧的价值无可替代，它是承载学生青春活力和创造梦想的很好的载体。

5. 每一天的生活都是新鲜的

日复一日，年复一年，"鸟儿们"在这个窝里是如何长大的呢？

正午时分，阳光照在一年级王一雪老师的教室里，很明亮，很温馨。

王一雪是语文老师，在教"桥"这个课程时，学生用雪糕棍儿搭建了一座座各式各样的桥。王一雪被学生的创意震撼到了："课程给了孩子们自由的空间，让他们充分发挥想象力，使他们能够更好地表达自己，还促进了教师的专业成长。"她特别喜欢在教室里和孩子们在一起的感觉。

她告诉我，2020 年 5 月她参加了十一学校 K-12 学习蓝图研究。

"这个研究有什么特点呢？"

"我们围绕育人目标设计有意思、有意义、有可能的学习任务。任务小而精，但灵活性很大，教师和学生调整的空间也很大，育人目标实现的可能性也更大了。"她打开电脑，让我看他们的课程设计。

"种子"两个字，一下子吸引了我的目光。"这个主题选得好，离学生的生活近，可研究的东西多，有意义，可以融合很多学科的内容。"

"是的，我们从认识餐桌上的蔬菜开始，让学生了解种子的颜色、形状、大小，认识种子的各个部分；数一数种子的数量，并记录下来，学会使用'<''>''='表示大小关系，学会使用数学语言进行交流；给种子设计一个家让其顺利发芽，观察种子发芽、生长的情况并做记录；写一写小种子日记。"王一雪一边移动鼠标一边说。

"我们不应该教授被割裂的知识，而要让知识服务于学生的成长。教师不再是某一学科知识的传授者，而是学生学习的引导者、支持者。玩了一个多月，每个孩子都按照自己喜欢的方式完成了作业，他们从中体会到了巨大的成就感，学习的内驱力蓬勃生发。"

这里的教与学完全变了，学生全身心地感受和接触这个世界。这促使我们思考：课程是什么？教师与课程之间有怎样的关系？

六年级的韩敬轩同学特别喜欢学校丰富的课程："我参加项目式学习后，一下子爱上了故宫，上网查资料，查找与保和殿相关的信息、故事、纪录片和其他视频。然而，做宫殿模型，到底按照什么比例缩小？我要自己算出长和宽，整整算了两天，去故宫去了好几趟。"

"去故宫做什么？"我问。

"看屋檐啊！"他笑着回答，"研学研学，要先研究后学习，若连研究都不做，拿什么学？"

"你学到了什么呢？"

"做宫殿模型，要先研究宫殿的长、宽、高和结构。研究过程看似简单，实则不易，需要大量搜集资料，并判断它们是否为自己所需，以及如何使用等。还有一些细节数据，我们去故宫进行了实地测量。"

"扎实的数据收集是按照比例绘制图纸的基础，精确的图纸绘制可以保证模型的顺利制作。如果没有精确的数据和图纸，要制作一个比例协调、大小合适的屋檐，往往要返工多次。我们在制作模型的过程中深刻领悟到一丝不苟的研究态度是多么重要。"

"你们是如何合作的呢？"

"先分工后协作。我做PPT，你查资料，他写报告，大家分工合作。每一个任务背后都有团队成员的不断讨论、修改。一个模型、一场汇报不可能出自一人之手，只有大家齐心协力才能成功。不用纠结谁是主演，小角色也能发出光芒！不仅如此，一周的研究还让我们跳出书本，看见更大的世界，发现更好的自己。"

学生的收获远不止这些，这样的学习允许他们天马行空地想象，允许他们质疑教材、质疑权威。学习内容可以根据学生的好奇心和疑问随时调整。学生带着真实的任务，在真实的情境中，综合运用知识解决问题，这样既有挑战又充满乐趣的学习深深吸引着学生。

在这样的学习中，其他同学有什么感受和收获呢？

赵欣怡说："这样的学习有很多值得肯定的地方，也有一些值得反思的地方。比如，团结协作不够，大家常常为一些小事争执，我还会嫌弃一些人不会做事，就不让他们尝试。为此，我感到自责，我不应该那么做，以后一定要学会团结协作。"

武程悦说："一件事，一个人做也许力不从心，两个人做、一群人做，说不定就会变得轻松无比。"

王雨宸发现自己"不仅收获了知识、收获了友情，还收获了和他人的默契"。

温超钥清楚地记得当时的细节："任务进展并不像我想象的那么顺利，剧本屡次推翻重来，制作道具和分配角色时大家争执不休，这些都是任务进展的拦路虎。"但后来，同学们争先恐后地给剧本贡献好点子，擅长手工的同学自告奋勇组建道具组，一些同学恋恋不舍地把心仪的角色让给更合适的人选。他体会到"团队合作永远比展现个人实力更加重要"。

赵月瑶得知剧本需要大改动时，一下子陷入了坏情绪，不少同学给她发信息鼓励她，她鼓起勇气来到电脑前，继续在键盘上敲敲打打，推翻重来。

指导老师余鹏飞发现有学生直接从网上复制粘贴剧本，严肃地告诉他们"不可以这样"。当时一名同学有点儿不服气："余老师真是的，我们的内容不用他管。"但学习任务结束后，她在总结中写道："余老师是为我们好，从网上复制粘贴的东西，永远不会成为自己的；只有自己写出来的，才能成为自己的。"

只有在有爱的环境中，学生才敢表达内心真实的感受；只有在师生平等的、安全的氛围里，学生才会有这样的心声。

对学生而言，这里每一天的生活都是新鲜的，每一天都是值得期待的。

这样的学习重构了学习内容和学习方式，改变了师生关系，改变了管理模式，重塑了教育生态。

6. 一群身体力行者

2015年夏天，来自四川成都的同行到亦庄实验小学参观，问了时任校长李振村一个问题："十一学校给了亦庄实验小学什么？"这一下子把他问住了，他在思索："是啊，十一学校给了我们什么呢？他们是中学，我们是小学，教材不能用，经费单独核算，那么，它给我们的是什么呢？"

这时，他们在校园里见到一个小女孩，刚要与她打招呼，她却十分着急地说："我现在灵感来了，我要把我的灵感谱成曲子，你们不要干扰我。"还有一个 8 岁的孩子，正在观察草莓，要模仿法布尔写观察日记。这两个细节给来访者留下了深刻的印象。

时隔多年，我来到亦庄实验小学，发现老师大多穿着轻便的运动装、平底鞋，老师和学生经常叫校长"史老师"或"英子校长"，老师们总是挎着白色帆布包，上面印着学生的画作。老师们那平和的目光与喜悦的笑容，成为这所学校的集体表情。

赵俊老师曾为在楼道里打电话音量过大而自责，李竹平老师和学生说话时语速很慢……。在这里，你会感受到，"学生第一"不仅是理念，更体现在老师与学生交往的每一个细节中。在这浮华的世界里，他们心无旁骛，静静地守着一方天地，陪伴学生成长，好像这是他们与生俱来的一种责任。

我还发现一个细节，老师们有事找校长，史丽英一般会说："您在哪儿？我一会儿过去。"这让我很好奇。

史丽英告诉我，她每天会与老师聊聊天，不到半年的时间，已经与全校 100 多位老师都聊了一遍。

"有这个必要吗？"

"亦庄实验小学的核心价值观是'把学生放在心上'。这说说容易，真正做到可不容易。管理者的责任是将这一崇高的价值观内化为老师自觉的追求，使其成为老师的行动准则。"

她说："尽管我很忙，但是我要到老师们身边去，而不是让他们来我的办公室。这样做是因为我想让老师们安心陪伴学生。学校是育人的地方，你如何对待老师，老师就会如何对待学生。"

"作为校长，你得有一个明确的价值观，而且要坚定。你得真的相信它，它是你深信不疑的信念。你要在任何时候、任何地方都是这样，言行一致、内外一致，特别是要在关键事件中对信念加以强化。"她语气坚定，不容置疑。

"究竟是什么使你们的教育发生改变了呢？"我问。

"是核心价值观。"史丽英的语气十分肯定，"确立核心价值观，找到办学方向，这是学校最要紧的一件事。"

"那你认为十一学校转型成功的关键是什么呢？"我又问。

"我认为，关键是将'一切为了学生的发展'的理念奉为核心价值观。这一核心价值观的确立是非常重要的，它就像一个巨大的引擎，拉动所有轮子转动起来。"

一次勇敢的尝试

2016 年 6 月 7 日，高考第一天，十一学校教导处主任刘笑巡视完考场，来到考务站旁边的一个小教室，李希贵对她说："有一项新任务，想让你去做。"

刘笑心里咯噔一下："什么任务？"

"去一所职业院校办高中。"李希贵说。

"什么？职业院校？我们为什么要做这个事？"刘笑不太理解。

李希贵认真地说："这是一种战略选择，不是所有学生都适合上高中，我们希望打通一条适合这些学生成长的路径，使他们的潜能得到挖掘，使他们成为职业技术人才。职业院校的学生未来要持续发展，需要有厚重的文化底蕴。我们要做的是为不同的领域培养人才，为实现北京经济、社会的创新发展贡献我们的力量。"

听了这番话，刘笑感觉脑袋有点儿大。"学校在哪里？"她问。

"在昌平。"李希贵回答。

"天哪！"刘笑脑袋更大了，"这么远？"

"学校今年 9 月 1 日开学时实施分层分类综合课程，要把十一学校选课走班的理念落实到位。"

听了李希贵的话，刘笑感到身上的担子很重，学校离家又远，而且与她熟悉的工作差别很大。改造学科教室、建立课程体系、与高校对接……，这对她来说是又一次转型。

刘笑忐忑不安，开车往父母家驶去。父母已经七十多岁了，需要照顾，爱人是军人，在天津驻守，怎么办？让刘笑没想到的是，两位老人非常支持她。这让刘笑稍稍有了一丝安慰。

第二天清晨，刘笑吃过早饭，心事重重地上了校车。"去昌平？"司机问。"是的。"刘笑回答。车子一路疾驰而去，很快进入高速。窗外风景如画，刘笑完全没有心情欣赏。大约一个小时后，车子在一座大门前停下。她抬头看了看门口挂的牌子——北京劳动保障职业学院，心里忐忑不安，这里将是她新的工作单位。

她朝里面望了望，顿觉眼前一亮——宽敞的院落、美丽的喷泉、高大的建筑群……，心里的顾虑也打消了不少。随后，高端技术技能人才贯通培养试验（以下简称"贯通培养"）拉开帷幕。刘笑的大脑迅速切换到贯通培养上：6月10日，与学院对接；6月15日，对新教师进行培训；7月13日，开始改造学科教室……

1. 瞄准首都功能定位

刘笑接触职业教育的时间并不长，可她却像一位老职业教育工作者，对职业教育已经有比较深的感情和了解。

刘笑介绍说，随着教育体制的深入改革，我国职业教育取得了较大的成就，但问题也日益凸显。新时期北京职业教育亟待解决的一个问题是支撑北京城市发展的技术技能人才短缺，对高素质、高水平技术技能人才的迫切需求和职业教育生源不足之间的矛盾日渐凸显。同时，职业教育教学也存在一定的问题，主要表现为学生职业认知缺乏、人生目标模糊、自我认识不足、自我要求较低，普遍缺乏自我发展的内动力。同时，学生的学习基础、学习习惯、家庭背景、成长环境差异很大，两极分化严重。这无疑增加了管理与教育的难度，直接影响到人才培养的质量。另外，职业教育教学过于重视书本知识的传授，而忽视学科思想的培养和学科学习方法的指导，社会实践不足，教学方式单一。与北京市民生活密切相关的技术技能人才供给严重不足，直接影响到北京城市生活品质的提升和经济社会的发展运行。高端技术技能人才的培养缺乏系统设计与整体规划，难以满足国家发展对这些人才的需求。于是，2016年，北京市教委发布了《北京市教育委员会关于2016年开展高端技术技能人才贯通培养试验的通知》，要求进一步扩大高端技术技能人才贯通培养试验范围。

刘笑解释，北京劳动保障职业学院于2016年开始致力于贯通培养项目。这个项目是深化职业教育教学改革，探索实施素质教育的新途径：打破体制机制障碍，整合融通各级各类优质教育资源，探索优质高效育人的教育发展新模式，构建人才培养"立交桥"，为学生成长成才提供更多更好的机会。

"噢！"我点点头，明白了贯通培养的意义。

"2020年，北京市教育委员会、市发展和改革委员会、市人力资源和社会保障局、市财政局联合印发《关于深化职业教育改革的若干意见》。这个文件紧密围绕首都'四个中心'建设和经济社会高质量发展的人才需求，坚持'开放办学、自主办学、创新办学'的原则，推动首都职业教育'高质量、有特色、国际化'发展。"刘笑指着一沓资料说。

"我们把构建横向融通、纵向贯通的高端技术技能人才早期培养体系作为我们研究的主要内容。"刘笑进一步强调。

2. 探索贯通培养模式

"能解释一下'贯通'的含义吗？"

刘笑解释，为加快培养"国际化、高水平、创新型、复合型"高端技术技能人才，北京市教委于2015年3月启动了高端技术技能人才贯通培养试验项目，探索"2+3+2"七年贯通培养模式，即两年普通高中教育、三年高等职业教育和两年本科教育。贯通培养立足一个培育目标和培养体系，分三个阶段实施和管理，每个阶段都立足于后面阶段的发展需求来实施与管理。

"对'贯通'，我们的理解是'一贯的教育理念，联通的学习时空'。学院的贯通培养提出'双向融通，联合培养'的方式，想为职业教育发展找到一条新路。"她说，"横向上，学院与普通高中教育融通，探索联合培养机制。学院与十一学校签署联合培养协议，实现育人目标、课程设置、教学实施、课程资源和管理经验的融通，提升育人质量，确保学生在早期培养阶段打下扎实的基础。纵向上，学院借助七年贯通培养，立足高等职业教育、本科教育阶段专业选择和职业规划的需求，在课程、学制、评价等方面进行衔接，实现师资贯通使用，联合教研，实验室、实践操作场所、图书馆等学习资源共享。"

"你们主要负责哪个阶段呢？"我问。

"我们聚焦早期两年普通高中教育阶段的教育教学研究，立足国家普通高中课程方案中的毕业要求、北京市贯通培养项目的目标、大国工匠精神的要求和职业生涯规划需求，通过横向的普职融通和纵向的高中、高职、本科贯通，构建包括育人目标、课程体系、教学实施体系、管理制度、评价与诊断等在内的全方位培养体系。"刘笑强调。

"这对你的挑战可不小哇，你之前并没有接触过职业教育呀！"我说出了自己的担心。

刘笑点点头说："是啊！不过，这也是机遇。普通教育和职业教育属于两种不同的教育类型。就我国而言，高中阶段学校主要包括普高和中等职业学校，中等职业学校又包括中专、职业高中和技工学校等。在教育目标上，普高主要是升学，中等职业学校主要是就业。然而，读普高的学生和读中等职业学校的学生年龄段是一样的，一般都是 16 岁到 18 岁。"

"对，这个年龄段的孩子你还是熟悉的。"我从她脸上看到了信心。

3. 构建全新的课程体系

"贯通培养项目早期两年普通高中课程，与一般的普通高中课程有何区别呢？是否要兼顾普通高中和职业教育的要求呢？"我问。

"贯通培养项目早期阶段引进十一学校的育人模式和办学理念，但课程和十一学校高中课程肯定不一样。贯通培养项目的课程是独一无二的，课程设置和安排要考虑学生未来的可持续学习与发展，要考虑他们未来的职业选择。我们的贯通培养一定要为落实完善现代职业教育体系、构建人才培养'立交桥'的职业教育改革做出贡献。所以，我们做了两件事：一是通过横向融通和纵向贯通，构建一套分层与分类、综合与专项相结合的多样化、可选择的课程体系，既确保学生达到普通高中的毕业要求，也能为学生较为清晰而明确的专业方向选择奠定基础；二是立足未来专业发展需求，设置多样化、可选择的课程，实施选课走班，学生每人一张课表，最大限度地满足学生的个性化发展需求，极大地激发学生的自我意识、潜能和责任感。"刘笑说。

"能具体介绍一下吗？"我又问。

"我们根据学生的学业基础、家庭背景、学习动机、就业目标、职业素养、人文底蕴、工匠精神、责任使命等设置贯通培养课程，强调课程与未来专业的对接，紧密联系生产生活实际，让学生既打下扎实的基础，又具备一定的职业技能。我们拆分教学计划，重组教学模块，研发、开设了四大类课程：基础文化课程、艺术体育课程、综合实践课程和职业认知课程。基础文化课程又细分为文化基础课程和专业基础课程两大模块。为满足学生对接未来发展方向的需求，我们设置了多种自选课程，每位学生可根据自己的需求自主选择。"

"在课程实施方面有哪些改进？"

"我们立足核心素养、学科素养、专业发展素养，构建以大概念和核心问题为骨架的单元教学体系，实施自主阅读、小组合作、项目式学习、动手实践、游学、课题研究等多种学习方式；同时重视实践育人，坚持教育同生产劳动和社会实践相结合，广泛开展各类社会实践，不断拓展社会实践的平台和路径，让学生在参与中认识国情、了解社会，受教育、长才干。这一适合学生未来职业发展的课程体系，为北京高端技术技能人才贯通培养奠定了坚实的基础。"刘笑信心满满地说。

"比如高中化学教学，哪些方面有变化呢？"我想通过具体事例进一步了解。

"比如，学院开设核心课程'管道腐蚀检测与防护技术'，教学目标是让学生掌握管道腐蚀检测技术及相关仪器的使用，能对管道腐蚀状况进行分析，并提出解决措施。为了帮助学生了解不同材质管道的铺设、腐蚀检测和防护技术，增加对金属材料活性的认识，我们在校本教材《化学与材料》中，设置'金属材料'一章，为高等职业教育阶段的深入学习做好铺垫。"

"我们还在高二开设'材料化学'选修课，与大学老师联合备课，增加学生的知识储备。我们还采取跟岗学习、职业考察、实际操作、聘请名家大师进课堂等方式，为学生提供技术与专业知识的支持。"刘笑又举了个例子。

4. 唤醒学习内动力

"刚才你谈到，职业院校的学生存在自我认识不足、自我要求较低、普遍缺乏自我发展内动力的问题，你们是如何解决这些问题的？"

"职业院校是培养技术技能型人才的摇篮，肩负着培养适应中国经济发展的人才的重任。因此，重视学生专业技术学习的同时，更要注重学生的思想教育，加强学生人文素养的培育，注重社会实践，坚持知行合一，让学生在实践中学真知、悟真谛，历经磨炼，增长本领。"刘笑深有感触地说。

"听说为了增加学生的实践机会，你们还组织学生外出研学？"

"是啊！研学是我遇到的最大挑战。尽管我们前期做了充分的调查研究，确定了研学路线和学习考察的内容，与企业对接好，但没想到，研学方案报到学院未获批准。未成年人的安全如何保障？经费如何解决？这些成为棘手问题。后来我们又重新做方案，争取到给优秀学生部分减免费用等政策。我和几位老师还去了厦门和敦煌，细致安排学生的食宿和学习计划，并让全体老师参与进来。第二次开会讨论，大家仍然心存疑虑，这时，李继延院长说：'我们既然引进十一学校的办学理念，就应当遵循学生的发展规律，尊重学生的发展需要，尊重十一学校的做法。十一学校不只是帮助我们培养一批学生，它带给我们的是一股清流，让我们将全新的办学理念注入职业教育。'这番话感动了在场的所有人。"刘笑停顿了一下，"结果，批了！"

"研学的效果如何呢？"

"哎呀！学生和家长的反响太好了！"回忆起当时的情景，刘笑仍难掩激动。

2017 年 11 月，70 位师生一起用了 10 天时间深入泉州、漳州、德化、厦门四地，从大学到造船厂，从陶瓷作坊到制瓷企业，从旧码头到博物馆，咨询专家教授，走访工程师，一起寻找海上丝绸之路的踪迹，探寻"一带一路"的历史背景，感受当地的人文历史风貌，梳理"海丝文化"的传承脉络。

2018 年 5 月，30 位师生穿越 4 座城市，重走丝绸之路，追忆汉风唐韵，重拾被历史风尘湮没的明珠；考察干旱的湖积平原，感受亿万年的风吹水蚀，聆听戈壁荒滩的魔鬼之音。

回来后同学们热情洋溢地写下自己的感受：

"最让我流连忘返的是张掖的丹霞地貌，其气势之磅礴、场面之壮观、造型之奇特、色彩之斑斓，真的令我惊叹。虽然地理课上老师讲过丹霞地貌的形成原因，但我当时一直在想：真的有这种七彩景观吗？如今亲眼看到了，印象深刻。"

"研学归来，我收获颇丰。我领略了祖国的大好河山，感受了西北和沿海地区的不同文化，这让我更加热爱我的祖国。我用实践验证了书本上的知识，亲身体会了什么是'一带一路'以及'一带一路'的意义何在。"

"看到陆上、海上丝绸之路的繁盛对世界经济发展的促进，我更加坚定地选择劳动经济管理学院。在现在的专业课中，我痴迷于国际经济与贸易学专业课。研学中的所见所闻，为我的专业课学习奠定了很好的基础，使我能够更好地理解现代国际经济与贸易环境，培养了我的国际视野。未来，我将投身祖国建设，贡献自己的力量！"

5. 进行职业生涯规划教育

"我们开设了职业生涯规划必修课，使学生早早明确自己未来的职业方向，并为之努力。"刘笑继续介绍。

"提前介入学生的职业生涯规划？"我有点儿拿不准地说。

"是的。哈佛大学进行过一项长达 25 年的实验研究，他们在一群智力、年龄、学历、家庭环境等客观条件差不多的年轻人中进行了一次关于人生目标的调查，发现，3% 的人有十分清晰的长远目标，10% 的人有清晰的短期目标，60% 的人只有模糊的目标，27% 的人根本没有目标。25 年后，他们对这些人做跟踪调查，结果令人十分震惊，那 3% 的人几乎全部成了社会各界精英、行业领袖；那 10% 的人几乎都事业有成，成为各行业、各领域的成功人士；那 60% 的人大部分都胸无大志，事业平平；那 27% 的人几乎都过得很不如意，工作不稳定，入不敷出，怨天尤人。这项研究告诉我们，人生目标具有巨大的导向性作用。人生目标越清晰，学习动力就越足。"

"缺乏职业生涯规划意识，往往会导致学生缺乏人生理想，责任感不强、学习动力不足。在高中阶段，学生应该开始思考人生和个人发展问题。这一阶段正是一个人职业生涯发展的关键时期，学校通过职业生涯规划教育，可以帮助学生发现自己、思考未来、规划未来，明确人生目标和努力方向，激发责任感、建立自信心，主动获得发展。"

"那么，学校是否在课程规划和设计时就要考虑职业生涯规划教育？"我问。

"是的。我们要培养具有家国情怀、国际视野、工匠精神、人文底蕴的人才。要为北京输送高端技术技能人才，我们就要突出对学生职业认知意识的培养，帮助学生从一入学开始就将某个专业或者行业作为自己的发展目标，增强学习主动性，为将来的专业学习奠定基础。为此，我们从三个方面加强学生职业认知意识的培养：第一，学院增设职业认知课程；第二，为满足贯通培养项目学生的专业发展需求，各学科进行课程内容的贯通设计；第三，学院设置与专业相衔接的游学课程和丰富多彩的综合实践课程，增加学生的社会实践和职业体验。"

让刘笑感到欣慰的是，自从开设职业认知课程后，学生提前了解、接触未来的职业，有了学习内驱力，学习态度也发生了巨大转变。职业认知课程能帮助学生正确认识自己，了解自己的兴趣、爱好、性格、气质，了解社会需求，认清个人与社会的关系，学习与人交往的方法，学习沟通与合作。

6. 选择不一样的人生

选择性课程让志同道合的人走到一起，他们成为朋友，一起学习，相互交流，共同成长。

新学期开学，教室全变了，一间教室同时承载多种功能：学科教室是学生阅读室，这里放有大量学科书籍和刊物，方便学生自主阅读、自主学习；学科教室是学生上课教室，学生在这里听课，进行小组合作学习；学科教室是教师办公室，老师在这里备课、批改作业等；学科教室是教研组教研室，教研组的老师们在这里进行课程开发和课程研讨。物理、化学、生物学科教室还是实验室，在这里老师一边讲理论，一边做实验；学生一边理解知识，一边动手操作。

语文教室在细节上体现文学特色，历史教室能让学生感受历史文化，思想政治教室可以引领学生树立社会主义核心价值观……。学科教室充满学科资源，具有学科味道。上课时，老师向学生传授知识，引领学生思考问题；课后，老师为学生答疑解惑，进行心理疏导，引导学生的职业发展方向。在一间间学科教室里，老师成为学生成长的陪伴者。

"在贯通部，一切都是选的。"这让龚申杰同学兴奋不已。他是人力资源管理专业2016级学生，他爱上了这所自由温暖的学校。年级成立了戏剧社团，他报名参加，亲身经历了招募社员、协调时间、筛选改编剧本、排练、制作道具、联系场地、定做幕后背景等过程。在这段经历中，他开始思考如何才能更好地管理、协调社团成员和资源，如何培养自己的沟通表达能力、管理能力、组织协调能力与服务意识。

选择意味着要对自己的行为负责，学生可以在选择中重新认识自己，了解自己的兴趣点。"林子里有两条路，我选择了行人稀少的那一条，它改变了我的一生。"从当演员到做导演，龚申杰有了不一样的感受，"戏剧的成功展演点燃了我，我开始从内心深处接纳自己、认可自己，并敢于挑战自己。我用勇敢和毅力迎接一切困难与挑战，想要取得成功，就必须坚持到底！从不敢说话到能说好每一句台词，我逐渐有了自信。另外，对'小角色'的换位思考，使我学会了如何更好地理解他人。"

7. 有了全新的视野

回望在北京劳动保障职业学院工作的三年，刘笑的内心涌起一阵阵感动。

"这段经历彻底改变了我对职业教育的看法。"刘笑感慨良多，她发现了职业教育的伟大之处，以及它对一个国家的未来是多么重要，"我对职业教育有了敬畏感，对人才培养的'立交桥'有了切身体会。未来的教育必定是多元发展的，必定有多条路径。普职融通不仅高中阶段可以做，初中阶段也可以开始。我打算把职业教育的元素引进初中，在初中渗透职业教育，减少社会和家长的焦虑。"

这段宝贵的经历，给了刘笑全新的感受。

后来刘笑来到北京十一学校丰台中学担任校长。她发现，重新回来做基础教育，看待基础教育尤其是初中教育，有点儿不一样了，感觉自己站位高了、眼界宽了，再也不像从前那样为中考殚精竭虑了，对升学率也没有那么紧张、焦虑了，内心比较淡定，心态更加平和，"不再与学生较劲、死磕，相信学生会有更多的选择、更好的发展"。

虽然那段经历不长，但职业教育的情愫已经在刘笑心里深深扎根，丰台区职业教育的发展给了她很大的鼓舞。每当见到职业学校校长时，她都会感到兴奋，渴望与其沟通交流。"实施普职融通，这是一个大战略。我有幸参与其中，觉得特别有价值感、有成就感。它已成为我今后努力的方向。"

尾声

前方是什么

2021 年 11 月 30 日下午，我和几位十一学校盟校校长一同来到北京十一未来城学校。这是一所探索 K-12 学习蓝图、面向未来的新学校。学校建在昌平区未来科学城，服务于国家面向未来的发展战略，满足周边科技人才子女入学的需求。

吴凤琴校长对学校的探索进行了介绍："课程的三大核心特征是丰富、多样、可选择，丰富指的是对社会生活的覆盖面大，多样是指与学生个性的契合度高，可选择是指学生可以根据自身情况进行选择。随着学生学习半径的不断扩大和认知能力的不断发展，基于国家课程方案和学科课程标准，我们将贯通 12 年的学习蓝图定位为：一至五年级实施超学科课程，围绕五大领域展开；六至八年级实施融学科课程，也围绕五大领域展开；九至十二年级实施跨学科课程，至少提供 18 个学科门类供学生选择。"

"我们通过学习目标、挑战性任务、一致性评估来驱动学习。"最后，吴凤琴特别强调。

她的介绍虽然十分简短，却向我们释放出强烈的信号——这里正在发生一场静悄悄的学习革命。

1. 全新的学习理念

接下来的参观，更是让我们耳目一新，体会到完全不一样的学习。

教学楼里的空间采用开放式设计，设置了适合对话、交流、沟通的座椅、会议室等，每个场所都承载着促进学生成长的任务，使学习半径不断扩大。它以一种静态方式诠释着"我们需要什么样的教育""我们需要什么样的教室"。

一年级教室里，菊黄色的椅子围在半圆形的桌子四周。墙边的矮柜里摆放着一个个箩筐，里面是孩子们的学习用具和玩具。教室前面是学习区域，后面是活动区域，活动区域摆放着软软的大垫子，可供孩子们嬉戏玩耍，充分体现了交互、分享的新学习理念。

教学楼东面有以剧场为中心的表演艺术学习社区，有以创客空间为中心的工程、技术社区，有以策展为中心的视觉艺术学习社区，有以阅览室为中心的语言、文学学习社区，还有以实验室为中心的科学学习社区……。很显然，他们正在为连接教室与现实世界付出努力。"在一个学习社区里，不分文理，没有年级界限，学习内容充分融合，各类学习资源汇总到学生最需要的地方，方便学生在一个空间里自由选择，也方便他们实施合作学习。"吴凤琴介绍道。

陪同我们参观的姚雪莹老师说："我们所做的并不局限于在课堂中将教学内容与现实生活联系起来，我们还引导学生将所学知识运用到真实世界中，教会学生应对真实世界中各种问题的能力。"她的眼中闪烁着兴奋和喜悦。

二楼走廊里摆着几枝枯荷，柔和的灯光打在上面，秋天的意味很浓。"这是七年级学生的语文作业，他们以此表达对秋天的理解以及他们敏锐的感知。这样的作业贴近学生的生活，素材取自他们身边。"姚雪莹说。

学生先阅读有关秋天的作品，从经典中了解秋天，通过文人的视角看秋天。接下来，我们举办以秋为主题的非视觉展览。这是一项很有难度的任务。

"为什么举办非视觉展览呢？"我感到很奇怪。

王英杰老师说："我们想通过非视觉展览，调动学生的听觉、味觉、嗅觉等去感受秋天。"

"如何让盲人感受秋天呢？通过声音？通过风？展品还要具有艺术美感。学生想了许多办法，有的学生收集了一些干枯的树叶，踩在上面发出沙沙的声响，以此来感受秋天；有的学生将碎纸片悬挂在头顶上方，有人走过时，纸片随风摆动，沙沙的声音就出现了；他们还在楼道里摆上茶具，沏上一壶桂花茶，满楼道里都飘着桂花的香气，让大家可以通过嗅觉感知秋天。"王英杰很有兴致地把前不久举办过的活动略略讲述了一下。

"为表现某些观点或意义，学生还尝试制作轻黏土拓印、烧制陶土作品、制作风铃、创作 3D 打印作品等。"王英杰继续介绍，"一个大主题，牵动起一个又一个小任务、小活动，巧妙地将教学目标融进去，让学生在真实情境中解决问题。这一主题的学习持续了一个多月。"

"这样学习的鲜明特点是选择性课程体系、合作性学习文化、支持性学习环境，强调内动力、深度体验、问题解决。"我边看边梳理内心的感觉。

"学生以往是单纯学习描写秋天的文章，现在是通过一个个任务，从盲人的视角去审视秋天。对这样的学习，学生很喜欢、很期待。"王英杰说。

2. 可以实现的理想

他们是如何实现从教到学的？

"我们已经探索了多年，并不是现在才开始的。"未来城学校研发团队成员曲奕竹老师十分认真地说。

"要取得突破性进展，我们就必须触及真问题，并找到解决问题的路径和方法。我们研发团队在这两点上同时发力。"曲奕竹说，"我们将课程分为五大领域，分别为'我与我们''我们与社会''我们与自然''我们与世界''我们与未来'，培养学生认识世界的五大方式（模式、归因、变化、联系、视角）、改造世界的七大关键能力（沟通与多样表达、设计与创造价值、适应与协同共存、审辨与持续反思、选择与负责任决策、目标与自我调节、创新与迁移应用），锻造学生的四大品格（爱国、责任、诚信、友善）。"

"培养面向未来的人需要怎样的教学设计？每个教学环节怎样指向未来？小小的教学设计如何实现宏大的培养目标？"我提出自己的疑问。

"我们所做的探索是以完全超越学科的方式学习，找到能够打破学科边界的学习路径。最重要的目标就是落实核心素养。"曲奕竹说，"也就是说，我们要将课程承载的要培养的正确价值观、必备品格、关键能力揭示与提炼出来，贯穿在课程设计中，加强课程内容与学生生活、现代科技发展的联系。"

他们将宏大、高远的培养目标，细化为一张张学习蓝图，织进一项项学习任务中，于是目标变得形象、具体，变得清晰、适切、可操作。小小的学习蓝图，连接着学生成长的每一天。它既符合国家人才培养的要求，又能满足学生个性化成长的需求。

"如何在课堂上落实呢？"我问。

"课程要有明确的学习目标，有能驱动学习的挑战性任务，有辅助学习的工具，有监测目标是否达成的测量指标体系。"曲奕竹回答。

"我们将学习目标、挑战性任务、一致性评估称为驱动学习的三根指针。学生的学习应是在学习目标引领下通过完成挑战性任务来展示学习成果，并且通过一致性评估进行矫正。"她进一步解释。

"如何撬动学生学习呢？"

"我们有时通过目标来撬动学习，有时通过代入角色，有时通过提供具有挑战性的情境为学生创造更多思考空间。最重要的是，每个学习任务都要有产品或表现来展示学习成果，都有对应的标准。"曲奕竹说。

"学习任务有哪些特点呢？"我又问。

"学习任务要有意义、有意思、有可能。有意义，即能解决真正的问题，使学习成果'有市场'，能提升思维品质，促进关系构建；有意思，即有趣，能引起学生的兴趣；有可能，即能让学生认识和发展自己的潜能，并愿意尝试。"曲奕竹说。

"设计学习任务时，我们需要思考学生所学在真实生活中、在现实世界中有什么价值，生活中的大事小事到底是靠什么知识、能力、品格来完成的。不断从这两个角度思考，我们慢慢就能找到既真实又有承载力的学习任务。"曲奕竹补充道。

小小的学习任务承载着大大的成长目标，这些研究已经触及学习最核心、最本质的东西。

K–12 学习蓝图研究团队由十一学校及其盟校的教师组成，每个人都有自己的研究内容，同时他们的研究又相互关联。他们全心投入这项事业中。

在 2022 年初的一次研讨会上，来自各盟校的代表踊跃发言，大家对未来充满信心：

"这是可以实现的理想。"

"我们一起坚持走下去，总有一天能到达我们想去的地方。"

"大家共同研究，我们就能看到我们想要的东西。"

"也许我们不能预测何时才能真正实现教育的转变，然而，可以预见的是，这种探索取得的阶段性成果足以引发教学领域的巨大变革。"

这是他们共同的梦想、共同的志向，他们正在为之奋力一搏。

从某种意义上说，这是一次伟大的探险，他们的努力具有开创性，能给人们带来新启发。

3. 迈向未来的关键一步

"功之成，非成于成之日。"回顾十一学校转型的历程，我清楚地知道，它从时间深处走来。

2019 年 2 月，中共中央、国务院印发《中国教育现代化 2035》。这是以教育现代化为主题的中长期战略规划，其中明确提出，"到 2035 年，总体实现教育现代化，迈入教育强国行列，推动我国成为学习大国、人力资源强国和人才强国"。

2016 年 9 月，"中国学生发展核心素养"正式发布，确定了三大方面、六大素养、十八个基本要点的框架体系。六大核心素养，被看作是 21 世纪中国学生应该具备的、能够适应终身发展和社会发展需要的必备品格和关键能力。

核心素养将教育目标指向"人"，超越了传统学科教学的知识和技能目标，是人的思维、精神和意志品质的综合表现。因此，单一学科教学已经无法满足培育核心素养的要求。顶层理念的巨大变化要求我们在路径探索中打破已经习惯的分科思维，进行学校课程整合的顶层设计，做到全面、全程、全员育人。

到 2035 年、2050 年，今天校园里的学生成长为国家发展的中坚力量时，他们会学习吗？具有学习力吗？能够带动别人学习吗？这是十九大后，十一学校在一次内部会议上提出的问题。对这些问题的深入思考与破解，将关系建设教育强国、学习大国的目标的实现。

面对未来，李希贵有一个敏锐的观察："将来，孩子们要生活在一个现在无人能预料的世界，从事一些我们从来没有听说过的职业，好的教育必须赋予他们面向未来的能力。种种迹象表明，未来教育已经来临。再靠教师在课堂上讲已经行不通了，一条新路正在慢慢形成。今天的教育必须帮助孩子们做好迎接未来的准备。"

作为当代教育工作者，李希贵总有一种危机感。在他看来，以大数据、云计算、人工智能为标志的信息革命，正在对持续了 300 多年的现代教育体系提出挑战；无处不在的学习、没有教室的学校、一人一张课程表以及"互联网+"时代、移动技术、物联网、沉浸式技术、人工智能等的快速发展，为学习空间的拓展和创新提供了有力的技术支撑。那么，如何借助云端智慧校园和学科教室，改变传统课堂单一模式的空间建构体系，重构适切的学习空间，变革育人模式？

从 2010 年至 2014 年，在全体师生的共同努力下，十一学校构建了新型育人模式的整体框架，它包括办学的核心价值观、可选择的课程体系、选课走班的教学组织形式和扁平化的学校组织结构，获得了首届基础教育国家级教学成果奖特等奖。然而，十一学校从未停止过变革的脚步。

李希贵认为，学校转型是转向更加关注个体，使学生通过自主选择，慢慢发现自己、唤醒自己、发挥自己的潜能，成为更好的自己。转型过程是漫长而艰难的。把整体框架建起来很艰难，而要将其真正落实到课堂上、落实到每天的教学活动中，就更不容易了。

在谈到对未来学习的构想时，李希贵如此表达："当每一个学生的学习起点、学习进度、学习深度都不一样的时候，我们怎么办？我们能不能提供一套东西给学生，然后他们能够根据自己的进度，以适合自己的方式去学习？这样，每个学生的学习体验过程和结果就都不一样了。学习诊断和评价也要有，是否达到学习目标要可测可评。一定要有可见的东西，有了这个东西，我们才能知道学生是否达到了目标。"

2016 年 12 月 12 日，这是一个值得被记住的日子。在十一学校第十二届教代会上，在一阵阵热烈的掌声中，通过了一项重大决议——学校将开启从教到学的转型。

"一旦我们完善了这个学习系统，我们对中国基础教育的贡献将不可估量。"李希贵的声音沉稳而有力。这发出一种强烈信号——中国教育工作者面对时代挑战，不畏艰险，正以昂扬的姿态勇敢出征。

这是十一学校继育人模式创新后的持续攻坚，被称为"深水区转型"。

"这很难。"我说。

"难也要做。"李希贵语气坚定，"我们需要从实际出发，从容淡定地、慢慢地做，想清楚，一步一步往前走，无论走得有多慢，我们都会越来越接近目标。"

"这件事很难，急不得。"他面带微笑说，"我们为什么要登月？不是因为它很容易，而是因为它很难。"从他的神情可知，尽管眼下困难重重，但丝毫不会动摇他对这一目标的信念。

从那天开始，以李希贵为代表的一批教育工作者踏上了从教到学的漫漫征途。

目前，这方面的研究正在持续、缓慢、扎实、稳步地推进，尽管进展很慢，但每一步进展都极具力量。许多教育界同行对此感到兴奋："这正是我们想做的！"一些课程研究专家感慨："这是教学领域的一场革命。"甚至有人惊呼："如果这条路走通了，它将是教育的胜利，更是所有教师的胜利！"

4. 道阻且长，终点可期

目前，改革的难点正在一个一个被突破，因为他们已经找到了通向学习大门的钥匙。

到 2024 年春天，随着北京和外省市一批学校的加入，十一学校盟校已发展到 30 多所。这些学校都加入了 K-12 学习蓝图的研究。

自 2020 年 9 月开学起，学习蓝图已经在新开办的盟校的起始年级展开。

每天清晨，所有学生几乎在做同一件事——他们背起书包走出家门，走向课堂，开始一天的学习生活。然而，在一间间教室里，他们体验到了什么？经历了什么？收获了什么？每个课堂上，他们是怎么度过的？日复一日的上学与放学之间，他们到底学到了什么？这对一个人生命之初的时光到底意味着什么？

在北京和其他一些地方，有一批学校，正在进行学习蓝图实验；有一批朝气蓬勃的中小学生，正在经历完全不一样的学习和别样精彩的人生。

后 记

2019 年夏天，受李希贵校长之邀，我去山东青岛参加领航班的学习，一场写作就这样在一次旅行中缓慢地开始了。

之后，我走进一所所热气腾腾的校园。它们分布在经济开发区、高科技人才聚集区、城乡接合部、山区甚至边疆地区，无论是老旧的薄弱学校，还是新崛起的未来学校，这嫁接出来的一株株"接穗"如雨后春笋般蓬勃生长起来。

应该说，十一学校已经成为教育界一道不容忽视的风景、一个引人深思的现象。

2014 年，十一学校荣获首届基础教育国家级教学成果奖特等奖，它的改革为中小学教育改革提供了一个新的方向。

那么，会有多少教育者、多少学校朝着十一学校提供的新的方向走去？

一直密切关注十一学校改革发展的资深媒体人李斌，曾对此有过观察：近 10 年过去了，十一学校不再"孑然一身"，仅其盟校就已达 30 多所，还不论无数的仰慕者、追随者。

这一趟写作之旅，让我看到了改变中国教育的真实力量。在十一学校盟校的一座座校园里，我真真切切感受到了中国教育现代化的脚步声已经离我们越来越近。我历时三四年的跋涉、写作，就是为了记录这一真实的声音。

本书是《中国教育寻变：北京十一学校的 1500 天》和《教育者的转型：追寻更适合学生成长的教育》两本书的续作。三本书都是纪实作品，书中的人物和事件都是真实的，书中的对话都来自我和当事人的谈话。

一本书所能反映的只是现实的一个片段，十一学校的办学理念朴素而深远，呈现在这本书里的，只是十分有限的一部分。

从书中的对话里，读者可以约略窥知这些教育者身上的那种精神、那种力量、那种热情。

我由衷地敬佩他们，希望通过这些文字向他们表达敬意，亦希望分享这种精神、力量和热情。

如今，这场变革已经惠及越来越多的学校，它或许是未来教育的一个范例。我希望以此为窗口，让大家看清教育的未来。

出 版 人　郑豪杰
责任编辑　何　薇
内文设计　许　扬　沈晓萌
责任校对　贾静芳
责任印制　叶小峰

图书在版编目（CIP）数据

构建未来教育图景：实践以学生为中心的育人模式／
李建平著．－－北京：教育科学出版社，2024.9.
ISBN 978-7-5191-4052-6

Ⅰ. G632.0

中国国家版本馆 CIP 数据核字第 20245LY801 号

构建未来教育图景：实践以学生为中心的育人模式

GOUJIAN WEILAI JIAOYU TUJING: SHIJIAN YI XUESHENG WEI ZHONGXIN DE YUREN MOSHI

出 版 发 行	教育科学出版社				
社　　　址	北京·朝阳区安慧北里安园甲 9 号		邮　　编	100101	
总编室电话	010－64981290		编辑部电话	010－64981277	
出版部电话	010－64989487		市场部电话	010－64989009	
传　　　真	010－64891796		网　　址	http://www.esph.com.cn	
经　　　销	各地新华书店				
印　　　刷	运河（唐山）印务有限公司				
开　　　本	720 毫米 × 1020 毫米　1/16		版　　次	2024 年 9 月第 1 版	
印　　　张	18.25		印　　次	2024 年 9 月第 1 次印刷	
字　　　数	260 千		定　　价	78.00 元	